“十二五”国家重点图书
出版规划项目

《东南亚研究》第二辑

老挝经济社会地理

LAOWO JINGJI SHEHUI DILI

郑茗戈 陈嵩 编著

中国出版集团
世界图书出版公司

图书在版编目（CIP）数据

老挝经济社会地理/郑茗戈，陈嵩编著. —广州：世界图书出版广东有限公司，2014.12 （2021.10 重印）
ISBN 978-7-5100-9106-3

Ⅰ.①老… Ⅱ.①郑… ②陈… Ⅲ.①经济地理—老挝 Ⅳ.①F133.499

中国版本图书馆CIP数据核字（2014）第283403号

老挝经济社会地理

项目策划：陈 岩
项目负责：卢家彬 刘正武
责任编辑：程 静 李嘉荟
出版发行：世界图书出版有限公司 世界图书出版广东有限公司
（广州市新港西路大江冲25号 邮编：510300）
电 话：020-84459579 84453623
http：//www.gdst.com.cn E-mail：pub@gdst.com.cn
经 销：各地新华书店
印 刷：广东虎彩云印刷有限公司
版 次：2014年12月第1版
印 次：2021年10月第4次印刷
开 本：787mm × 1092mm 1/16
字 数：280千字
印 张：15
ISBN 978-7-5100-9106-3/K·0270
定 价：60.00元

《东南亚研究》第二辑

《东南亚经济社会地理》丛书编辑委员会

总　序

东南亚(Southeast Asia)位于亚洲的东南部，分为中南半岛和马来群岛两大部分，包括位于中南半岛的越南、老挝、柬埔寨、泰国、缅甸和位于马来群岛的菲律宾、马来西亚、文莱、新加坡、印度尼西亚、东帝汶共11个国家。东南亚地处亚洲与大洋洲、太平洋与印度洋的“十字路口”。东南亚各国拥有丰富的自然资源和人力资源，为经济发展提供了良好的条件，形成了以季风水田农业和热带种植园为主的农业地域类型，但经济结构比较单一。20世纪60年代以来，东南亚各国大力发展外向型市场经济与国家宏观调控相结合的经济发展模式，一是大力发展制造业，二是扩大农矿产品的生产和出口，三是深化各个层面的区域经济合作，这使得东南亚成为当今世界经济发展最有活力和潜力的地区之一。

东南亚是中国的南邻，自古以来就是中国通向世界的必经之地。在历史上，绝大多数东南亚国家就与中国有友好往来，在政治，经济，文化上关系密切，中国人民和东南亚各国人民结下了深厚的友情。在未来的历史进程中，随着中国和东南亚国家经济建设的飞速发展和社会的进步，以中国—东盟自由贸易区为代表的双边和多边的友好合作关系也将进入一个不断发展，更加密切的历史时期。

作为一个地理范围广袤、地缘位置重要、人口众多、多样性突出的地区，东南亚各国的经济和社会发展也各具特色。在未来新的世界政治、经济格局中，东南亚在政治、经济上的作用和战略地位也将更加重要。而加强对东南亚国别和地区研究，特别是加强对东南亚经济社会的研究与交流，可以帮助中国人民加深对东南亚的理解。为此，云南大学东南亚研究所在相关高校和研究机构同仁的大力支持之下，与世界图书出版广东有限公司成功组织并申报了2014年国家出版基金项目——《东南亚研究》第二辑，本丛书即该项目的最终成果。

本丛书试图从经济地理学的角度，结合社会经济因素、自然因素和技术因素三要素，来研究东南亚国家经济活动在一定地区范围内的时空分布、形成和发展规律。具体而言，就是研究东南亚国家及其境内各地区的农业、工业、交通运输业、旅游业、贸易、投资等的布局规律。本丛书认为，在一定生产力条件下，人类总是把争取以最小的劳动消耗，取得最佳的经济效益，作为发展生产的基本目标。为实现这个目标，除了劳动者和劳动手段的有机结合以外，还必须进行经济布局，即把经济活动的场所选择在生产条件最好的地区或地点进行。但是，经济布局不是凭主观意志来确定的，而是社会经济发展的需要与客观条件相结合的产物。东南亚国家的地理环境及其与周围地区或国家的关系，对该国经济的发展起着不可忽视的作用。优越的地理环境，良好的区位优势能为其经济发展提供便利条件，反之则会制约其经济的发展。

参加本丛书编写的作者主要为云南大学东南亚研究所的专家学者，解放军外国语学院、广西大学、广西社会科学院、华南农业大学的专家学者也参与了本丛书的编写工作。本丛书参编人员长期从事东南亚经济和社会研究，精通英语和东南亚语言，有赴东南亚留学、工作或访学的经验，并与东南亚各国相关专家长期保持交流与合作关系，也掌握了大量资料和数据，这为完成本丛书的编写奠定了坚实的基础。我们希望本丛书的出版有助于国人加深对东南亚经济和社会发展的认识，有助于深化中国—东盟自由贸易区、21世纪海上丝绸之路以及南方丝绸之路的建设，从而为夯实“亲诚惠容”周边外交新理念、打造周边命运共同体添砖加瓦。

由于丛书涉及面广，和资料收集、学术水平诸多因素的限制，书中的分析与论述难免存在疏漏与不足，恳请各位专家和广大读者批评指正。

《东南亚经济社会地理》丛书编辑委员会

2014年11月 于昆明

前 言

中国与老挝山水相连，有着深厚的传统友谊，两国人民自古以来和睦相处，交往频繁。自1961年4月25日两国正式建交以来，双边关系稳步发展，政治互信不断增强。

多年来，中老关系在“长期稳定、睦邻友好、彼此信赖、全面合作”的方针指导下得到了稳步发展。特别是进入新世纪以后，中老两党两国关系全面深入发展，呈现多领域、多层次发展的良好态势。双方领导人接触频繁，真诚交流；立法机构、政协组织、政府各部门和群众组织交往密切；国防、公安、教育、青年等领域合作持续加强，地区事务中合作密切。老挝在台湾、西藏、人权等重大问题上一贯给予中方坚定支持，坚定地奉行一个中国政策，赞赏中国为促进世界和平与发展发挥的积极作用。中国支持老挝坚持社会主义发展方向和革新开放路线，支持老挝为发展经济和维护社会稳定所作的努力。两国在政治、经济、军事、文化、卫生等领域的友好交流与合作不断深化，双方在国际和地区事务中保持着密切协调与合作。

这些年来，在政治关系迅速发展的同时，根据“平等互利、讲究实效、形式多样、共同发展”的合作原则，中老经贸合作也取得了突出的进展。随着投资合作的发展，今后几年中老经贸将继续保持健康、协调增长的趋势。

当今世界，资本正以前所未有的速度与广度在国际间流动和传播，“全球化”浪潮席卷世界各地，极大地影响着世界历史进程，对中国的发展也产生极其深刻的影响。面对不同以往的变局，中国已经并将继续以更加开放的姿态、更快的步伐全面步入世界，迎接时代的挑战。近年来，中国与东南亚的关系处于一个良好的时期，双边的经济技术合作进入了一个新的历史阶段，现在的东盟已成为我国经济贸易的重要合作伙伴，而老挝，也在东盟与中国的合作中扮演着越来越重要的角色。在中国与老挝交往日益密切，人员交往越发频繁的趋势下，为了帮助人们了解老挝的基本情况，对老挝经济社会发展现状有一个较为清晰的认识，助力老挝研究和中老经济贸易合作，我们组织编写了此书，对老挝的自然地理、人口地理、经济区划、各产业发展和布局进行了较为详细的介绍，希望能对老挝研究和中老两国进一步开展合作等问题做些力所能及的工作，提供尽可能详实的基础资料和情况报告。

全书共分为五章，其中，云南大学郑茗戈负责撰写第一章、第二章，云南师范大学商学院王欢欢参与了第一章的编写工作；云南艺术学院陈嵩负责撰写第三章、第四章，玉溪师范学院张卓参与了第三章的编写工作；云南大学国际关系研究院的黄德凯、佟建强负责撰写第五章；全书由云南大学郑茗戈、云南艺术学院陈嵩统筹定稿。

本书编写过程中，我们参考了国内外大量的著作和有关论文，在此对相关作者表示感谢。我们还得到了云南大学科技处副处长李晨阳研究员，国际关系研究院毕世鸿教授、梁晨老师等多位老师的支持与鼓励，是他们的存在令我们在困难面前不低头，不懈怠，更使我们平添了毅然前行的决心和勇气。此外，世界图书出版社的程静编辑等同志为了本书的出版出力尤多，本书每位参编人员都为本书的付梓倾注了大量的心血，在此一并谨致谢忱。

由于个人能力水平有限，本书难免存在错漏之处，敬请各位专家、学者和读者批评指正。

编　者

2014年10月

目　录

第一章　自然地理及经济区划

老挝素有“中南半岛屋脊”之称，国土狭长，地形像一只向西北方向生长的蘑菇；地势由北部山区向南部湄公河沿岸逐渐降低，以山地和高原居多。目前，老挝划分为16个省和1个直辖市，自北向南分为北部8省，中部3省1市，南部5省。全国共有139个县，11 047个行政村[①]。

第一节　地理条件

一、区位与国土

老挝，全称老挝人民民主共和国，首都万象。老挝地处北回归线以南亚洲大陆和南洋群岛之间的陆桥位置，位于中南半岛北部，北纬13°54′～22°05′和东经100°05′～107°38′之间，是东盟唯一的内陆国家。

老挝与周边5国有边界接壤。老挝北面与中国云南接壤，边界长为710公里；东面与越南为邻，边界长为1 957公里；西面与泰国相邻，边界长为1 730公里；西北面与缅甸相邻，边界长为230公里；南面与柬埔寨相接，边界长为492公里。老挝的最北段是丰沙里省的班拉里忒，位于北纬22°30′、东经101°46′。最南端是占巴塞省的班克雅克，位于北纬13°54′、东经101°06′。东南端是阿速坡省的南西卡曼，位于北纬15°19′、东经107°36′。东北端是华潘省的纳坡班陶，位于北纬20°05′、东经104°59′。最西端是波乔省的班宽，位于北纬20°21′、东经100°05′。

老挝国土面积为23.68万平方公里，[②]其中水域有0.6万平方公里，陆域有23.08万平方公里，境内80%为山地和高原，且多被森林覆盖，有“印度支那屋脊”之称。老挝为多民族国家，人口628.8万（2011年）[③]，主要有老龙、老听、老松三大民族，居民多信奉佛教。全国共划分为16个省、1个直辖市（万象市）和1个特

① 古晓松：《东南亚》，广西民族出版社，2013年，第203页。

② 《国际统计年鉴：自然资源和环境，2-1国土面积与人口密度》，世界银行WDI数据库网站，2009年。http://publications.worldbank.org/WDI/

③ 《老挝人民民主共和国主要统计资料》，联合国粮食及农业组织网站，2013年。http://www.fao.org/countryprofiles/index/zh/?iso3=LAO

区（赛宋蓬特区）。老挝货币名称为基普（KIP），1美元约合9 600基普。

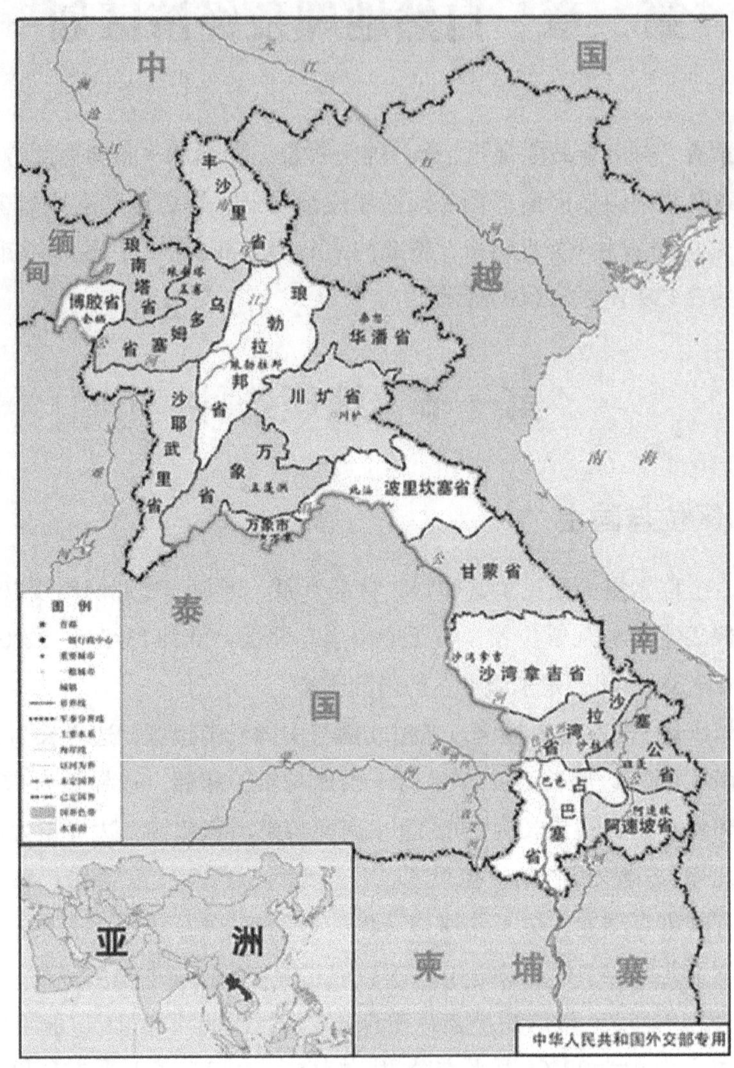

图1-1 老挝人民民主共和国地图

资料来源：绿站地图库，http://www.onegreen.net/maps/m/lao.htm

二、地形地貌

老挝地形南北长、东西窄，南北长1 050公里，东西最宽处500公里，最窄处105公里。全境地势北高南低，西北向东南倾斜。北部与中国云南的滇西高原接壤，东部老（挝）、越（南）边境为长山山脉构成的高原，西部是湄公河谷地和湄公河及其支流沿岸的盆地和小块平原。全国自北向南分为上寮、中寮和下寮，上寮地势最高，高原海拔2 000～2 800米。最高峰普比亚山海拔2 820米（猫儿山2 142米）。发源于中国的湄公河是最大河流，在老挝境内全长1 877公里。

山地和高原占全国总面积的80%。境内著名山脉有：比亚山山脉、宋山山脉、来山山脉、鞘山山脉和赛富良山山脉（即长山山脉），其中比亚山海拔2 817米，为老挝最高山峰。老挝境内山脉构成四大高原，即自北而南的会芬高原、镇宁高原、甘蒙高原和波罗芬高原。镇宁高原又称川圹高原，在上寮川圹境内，海拔2 000～2 800米，为老挝最高地区，有老挝"屋顶"之称；会芬高原在上寮，地跨川圹省东部和华潘省，海拔2 000米；甘蒙高原，在中寮的甘蒙省境内，海拔1 000米；波罗芬高原在南部，地跨巴色省和阿速坡省，宽约96公里，长约80公里，面积10 000多平方公里，海拔300～1 000米之间。老挝的平原主要分布在万象以南的湄公河沿岸，较著名的有：万象平原、沙湾拿吉平原及巴色西南面的湄公河低地。在万象以北地区，流经老缅和老泰边境地区的湄公河及其支流沿岸有许多小盆地，即班班平原和查尔平原。查尔平原面积100多平方公里，是东部山地进入西部地区的门户。

老挝全国有20多条流程200公里以上的河流，其中最大的是纵贯全国的湄公河。湄公河全长4 880公里，是世界第12大的河流，每秒流量达15 000立方米，流经中国、缅甸、泰国、老挝、柬埔寨和越南。湄公河在老挝境内大多流经丘陵和平原地带，每年河水泛滥后，在两岸沉淀下一层肥沃的土壤，沿岸的冲积平原成为老挝的农业区。万象以北为湄公河上游，河床多石滩，水流湍急，万象以南河面转宽。湄公河老挝段水力资源丰富。

三、气候条件

老挝属热带季风性气候，气温终年常热，季节性温差变化不大，全年没有春、夏、秋、冬之分，只有雨、旱两个季节，除北部高山地区外，各地气温差异不大。老挝全境处于北回归线以南的中南半岛北部，中南半岛北为亚洲大陆，东、南、西三面为海洋环抱，海洋和大陆对老挝气候影响都很强烈，是季风亚洲区之一。每年5月至10月，温湿气流从海洋吹向大陆，成为西南季风，形成雨季，11月至次年4月，干冷气流从大陆吹向海洋，成为东北季风，形成旱季。另外，因为老挝地势北高南低，自东北向西南从高到低，在老挝国土东侧有长山山脉，山脉与风向垂直相交，使西南季风迫降形成地形雨，同时减弱东北季风和西太平洋季风的影响。而上寮地区的山脉走向有利于孟加拉湾的暖湿气流北上，暖湿气流在湄公河流域地区使地形雨迫降，然而，由于桑坎通山脉和豆蔻山脉横于上寮地区，影响了暖湿气流北上，因此，上寮地区的西部和东部的气温相差比较大。①

老挝常年较热，季节性温差变化不大，年平均气温在20℃～26℃之间。5月份气温最高，月平均气温20℃～29℃，但最高气温一般不超过40℃，仅琅勃拉邦和北汕地区有时可达到45℃。1月份气温最低，月平均气温在10℃～20℃，但最低气温一般在0℃以上，仅丰沙里省的山区、川圹高原和波罗芬高原的部分高地可达0℃～5℃。

老挝的南北气温相差不大，北部的琅勃拉邦市和南部的巴色市相距525公里，虽然纬度相差5℃，但是年平均气温仅相差2.2℃。老挝北部和东部地区的旱季昼夜温差较大，一般在10℃～20℃之间。同时，老挝的地形对气温有较大的影响，同一纬度的气温，因海拔高度的不同而有很大的差异。在湄公河谷地，特别是他曲、沙湾拿吉等地则常年高温。而在山区，气温一般只有14℃～15℃，并且夜间时常接近零度。如川圹和北松的海拔高度均在1 000米以上，其年平均气温比邻近海拔为500米左右的河谷地区要低5℃～7℃。丰沙里、华潘、南塔、川圹等省的山区和高原边缘地区，最低气温会降至零下1℃以下，甚至会出现结冰、霜冻和降雪等现象。

老挝全境雨量充沛，近40年来年降水量最少年份为1 250毫米，最大年降水量达3 750毫米，平均年降水量1 600～1 800毫米。因为纬度和地形等方面的差异，雨量分布不平衡，通常南多北少，高原和山地多，平原和谷地少。

老挝年降水量大多集中在雨季，雨季的降水量与旱季的降水量之比约为7：1。5月中旬至9月、10月之交为西南季风期（雨季），降水量占年降水量的90%，各月降水量均在100毫米以上；10月中旬至次年3月为东北季风期（旱季），月降水量一般为10～30毫米。月降水量以12月～1月最少，以后逐月增多。7月～9月为降雨高峰期，以后逐月减少。上寮西北部深处内陆，降雨较少；下寮东半部接近海洋，降水量多，波罗芬高原最高降水量曾达5 880毫米。

由于气候湿热，雨季又有西南季风，盛行的西南风会带来印度洋上比较湿润

① 马树洪、方芸著：《老挝·列国志》，北京：社会科学文献出版社，2004年版，第18页。

的空气，这样，老挝城市上空成云致雨机会增多，气候就会变得非常潮湿。当雨季来临，各月的空气平均相对湿度达到85%～87%，一月之中常常半月以上有雨，5个月总降水量1 430毫米。碰到多雨的年份，月降水量甚至可以达到700毫米以上，一个月就能下全年45%的雨量。老挝雨季降雨通常会持续数天连绵不息，或者急促而下再骤然停止，强度不一。24小时最大降水量达190毫米以上时，老挝气象局才会称为“大暴雨”。每到暴雨或大暴雨骤降之时，湄公河的水便急剧上涨，河岸两旁因而常常泛滥成灾。不过，水灾过后，两岸滞留下的大量冲积沃土，使得沿岸平原成为老挝富庶的农业种植区。

以万象为例，在雨季，虽然气温有所下降，但由于城市上空终日云层覆盖浓厚，昼夜温差并不大，平均在5.7℃左右，而各月平均气温仍徘徊在27℃～28℃之间。生活在这样的雨季环境，人们会感觉如同热带雨林一般的闷热。也正是这样温高湿重的气候，极其有利于各种热带、亚热带林木和果树的生长。万象意即“檀木之城”，就是得益于这四季暖热，雨季降水丰沛的气候条件。

第二节　自然资源

一、水资源及其利用情况

（一）水资源储备情况

老挝水资源总量为1 900亿立方米/年，人均水资源为35 000立方米/年，境内主要河流有湄公河及其支流、南汕河（朱江）和南马河（马江）的上游段。

水资源是老挝最丰富的自然资源，老挝全国有20多条流程200公里以上的河流，其中最长的是纵贯老挝的湄公河。湄公河发源于中国的青藏高原，全长4 880公里，在老挝境内全长约1 887公里，占总长度的44.4%，落差484米，流量巨大。湄公河在老挝境内可分为四大自然段：第一段从老中边境的南腊河口至琅勃拉邦，长600.2公里；第二段从琅勃拉邦到万象，长417公里，河宽400～500米；第二段从万象至巴色，长715公里；第四段从巴色至老柬边境的康瀑布南部的坤南，长197公里。

湄公河在老挝境内的大小支流多达100多条。主要大的支流共6条，分别为南塔河，发源于老中边界的摩登山，经南塔和波乔两省在乌多姆塞省的巴塔汇入湄公河，全长325公里；南本河，发源于孟赛西南部的班纳巴山，经乌多姆塞省的孟本、洪沙、北本等县，在北本汇入湄公河，全长251公里；南乌江，发源于丰沙里省海拔1 400米的班兰堆地区，流经丰沙里省的孟桑潘、孟迈、孟夸和琅勃拉邦省得孟艾、南巴和孟北乌等县，全长448公里，流域面积2.5万平方公里；南俄河，从东北向西南经川圹和万象省，流入万象市以北地区的南俄水库，再由水库的出水口流经班巴恩汇入湄公河，总长354公里，流域面积1.65万平方公里；色邦发河，发源于甘蒙省东南部布拉帕县的老越交界地区，流经布拉帕、马哈赛、农波等县区，在甘蒙与沙湾拿吉交界地区汇入湄公河，全长239公里，流域面积8 500平方公里；色邦亨河，发源于越南广治省的普东金山，流经东邦、孟平、塔邦通和宋坤等县区，于宋坤县西南的色邦亨汇入湄公河，全长338公里，流域面积1.94万平方公里。

湄公河全部流域占据了老挝约90%的土地，使老挝拥有丰富的内陆水资源。此外，老挝雨水丰沛，年降水量在1 250～3 750毫米之间，年径流量为270亿立方米，相当于湄公河年径流量的35%。河流的径流量与降水量紧密联系，5月～10月为雨季（集中了全年80%的降雨），11月至翌年 4 月为旱季（20%），在中南部地区的一些河流旱季的降水量仅相当于年径流量的10%～15%。①水资源对老挝的社会经济发展贡献很大，尤其是在电力和农业灌溉方面，丰富的水资源为国家赚取了大量的外汇，为国家水力发电提供了得天独厚的条件。

老挝全国有60多个水资源较好的地方可以兴建水电站。经电力勘察设计部门勘查，老挝境内水电资源理论蕴藏总量约为3 000万千瓦，技术可开发总量为2 347万千瓦，其中湄公河干流1 225万千瓦（国际界河按1/2分摊水资源），约占全国技术可开发量的52.2%；湄公河支流及其他支流1 122万千瓦，约占全国技术可开发量的47.3%。

（二）水资源政策

1996年10月11日，为了保护水资源的可持续利用，确保水资源满足人类生活用水，农业和工业用水，森林生长，发展经济的同时又不污染环境。老挝国民大会第三议会第九次例会提出了关于采用水资源的第005号决议，颁布了《水和水资源法》，进一步规范探索、开发、使用水资源的基本原则。②老挝的水资源归

① 《老挝》，亚欧水资源研究和利用中心网站，2011年。http：//cn.asemwater.org/sitepage/em42.jsp

② Law on Water and Water Resources（1996）.

国家所有，国家实施管理权，完整合理的配置到各个地方。个人、合法实体或组织都可以从官方机构获得批准，从而有权在一些活动中拥有和使用天然水资源。同时，为了利于老挝人民民主共和国的社会经济建设和环境开发，将水资源的利用按照以下用途进行了分类：

1. 饮用水源：用于人们的日常使用。

2. 预留水源：用于动植物、生物、非生物、自然环境以及其他重要事件。

3. 灌溉水源：用于农、林、畜牧业的生产用水。

4. 工业水源：用于工业生产用水。

5. 运输水源：用于船只和水上交通工具的用水。

6. 旅游水源：用于支持旅游产业的用水。

7. 保护健康和卫生的水源：用于支持医疗保健用水。

同时，为了确保使用水资源的权利和水源配置安排相一致。在使用水资源的权利范围，也分为三个等级：小规模、中规模、大规模。

1. 小规模使用

小规模使用指的不是水和水资源的业务性质，而是在相关部门或当地管理部门允许的条件下小规模的使用。主要包括：

（1）居民家用或者以发展文化运动产业为目的用水；

（2）养殖鱼类或者其他水栖动物的用水；

（3）汇聚土壤、岩石、砂砾、泥浆以及其他在水源中或水源周围的植物的水资源利用；

（4）用于家庭层面的农、林、畜牧业的用水。

2. 中规模使用

中规模使用指进行以下范围活动的用水：

（1）建造小规模的堤坝，拦阻水流或转移水流流向，建设水坝或者提高堤岸使水流适合航行，建造小型水库用以发电、灌溉、畜牧、捕鱼以及其他活动；

（2）对自然环境造成较小破坏的情况下，利用水资源使周边的石头、砂砾、土壤、泥浆、矿藏、树木以及其他植被维持生存；

（3）安装小型机械水泵提供非家用的生产或服务的用水；

（4）提供旅游、运动、文化等产业服务的用水。

3. 大规模使用

大规模使用指进行以下范围活动的用水：

(1)建造大中规模的水库用以灌溉、生活使用、发电；

(2)在水资源周围建造建筑，建立企业、工厂，安装设备、大型机械等。

(3)用于工业生产用水。

总之，为了有效保护水资源，个人、合法实体或者组织必须严格遵守水资源的管理条例。除重大规模使用须经政府同意、注册或者签署协议外，一般中规模使用须经相关部门的批准，小规模使用不需要政府专项批准，另外，大规模使用必须进行对环境和社会是否有影响的可行性研究并通过一定的标准。由相关部门或者当地的行政机构负责管理督查。①

(三)水资源利用情况

老挝政府高度重视本国水电资源的开发和利用，提出要将老挝建成"中南半岛蓄电池"的目标，为实现摆脱国家贫困和逐步实现工业化和现代化提供战略依托。在第六个五年经济社会发展计划(2006—2010年)期间，老挝政府大力招商引资开发本国水电资源，将境内5万千瓦装机以上50多个可开发水电站项目悉数批给国内外公司，但截止目前大部分项目还未进入实际开发阶段。据老方统计，已投入运营的水电站有12座，总装机容量187万千瓦，仅占全国技术可开发量的8%。目前在建项目有7个，总装机容量282万千瓦；有15个项目已签署开发协议，装机容量585.2万千瓦；有47个项目已签署合作备忘录，装机容量1 270万千瓦。未来5年还将有7座总装机344万千瓦水电站投入运营，届时老挝全国建成水电站总装机容量将达到502万千瓦。

目前，老挝已建成4个水电站，装机容量41万千瓦。南俄河水电站建在万象以北96公里的南俄河水库上，装机容量15万千瓦；在南部的色塞水电站，装机容量4.5千瓦；色拉拿水电站，装机容量0.5万千瓦；老挝的水电90%出口泰国，1998年全年售电收入达4 960万美元。老挝政府在同泰国政府签署2000年向泰国售电150万千瓦协议的基础上，1996年6月两国政府又签订备忘录，即在2008年老挝将向泰国售电总量提高至330万千瓦。目前老挝政府采用BOT方式建成的水电站主要有：南吞欣本水电站，装机容量为21万千瓦，1998年3月建成发电。

---

① Law on Water and Water Resources (1996).

1. 南勒河水电站（Namlruk）

电站位于赛宋蓬特区，装机容量6万千瓦，该项目为老挝政府项目，利用亚洲银行和日本海外基金组织贷款，造价1.1亿美元，1996年开工，2000年6月建成发电。

2. 会贺水电站（Houayho）

电站位于巴色以东125公里，装机容量15万千瓦，投资2.4亿美元，其中韩国大宇公司持股60%，老挝政府和一泰国公司各占20%股份，项目由大宇公司承建，1994年开工，1999年建成发电。

3. 色便—色南诺水电站（Xepien-Xenamnoi）

电站位于占巴色省北宋地区，装机容量39万千瓦，投资6.88亿美元，老挝政府持股35%，计划于2002年建成（现已停止）。

4. 洪沙火电站（Hongsa）

电站装机容量60万千瓦，投资方为泰国、德国公司，投资8.02亿美元，计划2000年完工（现已停止）。

5. 南吞2号水电站（Namtheun 2）

电站装机容量109万千瓦，投资方由法国、意大利和泰国等公司组成，投资额11亿美元，老挝政府持股25%。目前有关项目的合同已签署6项，尚有购电和贷款合同待签。

（四）水资源开发成效及存在的问题

近年来，随着老挝政府不断强化革新开放政策，扩大对外合作，外资企业纷纷进入老挝寻找投资商机，水电资源开发已成为外国投资老挝的重点领域之一。以中国为例，中国企业积极参与老挝水电资源开发，已有14家专业企业进入老挝参与水电站投资和工程承包，以及输变电的工程承包项目。据统计，截至2010年9月，中资企业与老挝政府签署开发MOU及投资开发的水电项目共19个，总装机约535万千瓦（约占可开发总量的22.8%），其中正式开始商业运营的一个，即：中国水利电力对外公司以BOT方式投资的南立河1-2号水电站（10万千瓦、投资1.5亿美元，发电量为7 200度/月，平均超出设计30%）；在建项目一个，即：中水电建设集团以同样方式投资的南俄5号水电站项目（装机10万千瓦，投资2亿美元）。此外，中国企业积极参与老挝水电站建设工程和输变电线路项目工程承包，占有较大市场份额，未来仍有很大发展空间。

然而，老挝水资源的利用面临着很多的挑战：

1. 目前对水资源的利用主要在农业方面，比如灌溉、养殖、渔业以及畜牧业，除此之外主要是水电开发和水运，开发利用程度较低；

2. 水资源浪费以及污染严重，包括农业、工业及矿产开发，目前这些问题不是非常严重，但如果不采取措施，问题将会扩大；

3. 水资源的开发利用水平仍然相当低，全国仅20%的地区实现了灌溉，至今仅开发了3.7%的水电资源。

同时，老挝对水资源的利用也做了如下改善：

1. 制定了法律，通过改善水资源管理及综合管理方法的应用，增强了水资源与土地利用协同作用的效果；

2. 政府部门为水电开发和农业灌溉等领域制定了一系列的优惠政策；

3. 制定了河流流域发展规划，积极参与地区水资源管理合作。

二、土地资源

根据老挝土地法规定，土地所有权属于国家，本国公民可拥有土地永久使用权，继承和租赁，政府一般不强制征用本国公民土地。1997年，老挝制定了《土地法》。1999年老挝制定了《城市规划法》。2003年老挝又对《土地法》进行了较大的修改，制定了《土地修改法》和《老挝地方行政管理法》，进一步明确了土地所有权、权力机构的职责和各管理机构的管理内容，并成立了老挝国家土地管理署。2005年老挝制定了《土地法实施条例》。2006年，老挝制定了《城市规划条例部长令》。2009年，老挝制定了《土地测量、分类和土地权通知》。2011年，老挝又制定了《国有土地使用规划》[①]。

根据2003年老挝修改后的土地法规定，将老挝土地管理机构分为国家级、省市级、区级和乡村四级。同时也明确了土地四区八类的划分，即城市区、农村区、特别经济区和特殊经济区；八类土地即农业用地、林业用地、工业用地、水资源地、交通用地、文化用地、国防安全用地和建设用地，分别归属于不同的部

① 王正立:《老挝土地管理机构》，载《国土资源情报》，2011年第3期。

门[①]，如下表：

表1-1　老挝土地分类和管理部门[②]

序号	土地种类	用途	管理部门
1	农业用地	用于种植、养殖和农业试验研究，包括水利的土地。	农业和林业部
2	林业用地	所有被森林覆盖，或没有被森林所覆盖，但已明确被国家森林法确定为林地的土地。	农业和林业部
3	水资源地	被水淹没或包围的土地，如被水淹没的土地、河流来源、河岸、岛屿土地、水退去时形成的新土地，或由水路变化或转移所形成的土地。	农业和林业部
4	工业用地	国家规定作为工厂、工业园地、工业科技研究所、工业废料处理站、污水处理站、能源原料源、输电线路、能源和天然气管道、自来水管道线路用地、矿产区和用于其他工业目标的土地的范围或土地界限。	工业手工业部
5	交通用地	已经被确定或储备用来新建公路、便道和水渠、桥梁、道路建设、通讯线路、电讯站，以及机场、码头、货物站和旅客运输站、铁路、隧道、仓库、交通和运输其他用途的土地。	交通、运输、邮政和建设部（建设部2006年更名为公共工程与运输部）
6	文化用地	建有文化遗产的土地和具有历史路线、传统物体、考古遗址、寺庙、自然景观、文化建筑和其他国家确定为文化和旅游点的土地。	国家信息和文化部
7	国防安全用地	用于国防安全工作的土地，如哨所、营房、办公楼、培养军区技术的学校和训练场地，警察局、炮兵阵地、军用机场和码头、军、警仓库、医院、工厂、休息场所，以及用于其他国防安全工作的土地。	国防部和内政部

① 联合国粮农组织网站：http：//www.fao.org

② 表1-1：根据王正立：《老挝土地管理机构》，载《国土资源情报》2011年第3期，第34～35页内容整理。

续表

序号	土地种类	用 途	管理部门
8	建设用地	规定用于住宅、楼房、工厂、办公楼、机关、公共场所的建筑土地。建筑用地分为四大类，即为公共利益的建筑用地，住宅的建筑用地，工厂建筑用地，办公楼、机关的建筑用地。	国家土地管理署

为加强国有土地管理，提高其开发利用效益，老挝政府于2007年实施了颁发土地使用证制度。截至2012年，根据老挝土地管理署资料显示，中国企业在老挝取得土地特许经营的项目共有299个，涵盖农林、畜牧、矿产、建设、电信等行业，土地特许经营面积19.9万公顷，占老挝国土面积0.84%，项目数量为老挝外来投资之最。[①]

三、生物资源

老挝是一个农业国，地广人稀，农业人口约占全国人口的90%。潜在耕地面积800万公顷，实际耕地面积80万公顷，主要农作物是稻谷，其中糯稻占90%。稻谷种植面积占全国农作物种植面积的85%，主要分布在万象地区、沙湾拿吉省、沙拉湾省和占巴色省等，其中南部三省稻谷产量占总产量的40%。目前，老挝政府重视发展农业生产，加大农业投入，兴修水利，鼓励扩大旱稻种植面积。咖啡是老挝重要的出口农产品，质量优良，种植区主要分布在南部占巴色省、沙拉湾省和色贡省。

老挝“七五”规划实施两年半以来，在农业领域取得了较好的成果，年增长率在2.8%～3%（五年规划年增长率目标为3%～3.5%），占国内生产总值（GDP）的27%（规划目标为占GDP的23%）。老挝政府高度重视农林业的发展，成立了国家农业研究院，下设10个研究中心，8个研究基地和1所疫苗生产厂。老挝政府大力加强发展农业灌溉系统，全国现有24 695套耕地灌溉系统，旱季可浇灌21.5万公顷耕地。农作物主要有水稻、玉米、薯类、咖啡、烟叶、花生、棉花等。近

① 《土地换资本 十年五十倍》，中国日报网站，2013年2月19日。http://www.chinadaily.com.cn/hqgj/jryw/2 013-02-19/content_8290 019.html? bsh_bid=194604 884

几年，老挝主要农产品产量如下：

表1-2　2011—2013老挝主要农产品产量表（单位：万吨）

项目	2011年	2012年	2013（预计）
稻谷	251.99	292.51	310.5
甜玉米	10.6	18.3	18.5
薯类	25.2	60	61
水果	46	66.2	84.7
蔬菜	85.4	——	118.5

数据来源：《老挝农产品生产情况》，中华人民共和国驻老挝经济商务参赞处，2013-7-4。http://la.mofcom.gov.cn/article/ztdy/201307/20130700186325.shtml

老挝的养殖业和渔业发展良好，年平均增长5%。其中水牛黄牛的增长率超规划目标约2%。猪及家禽增长率与规划目标相同，鱼产量速度增长，这意味着老挝能够满足国内市场的需要，很多动物产品还能对外出口创汇。近几年主要畜禽存栏数如下：

表1-3　2010—2013老挝主要农副产品产量表（单位：吨）

项目	2010—2011年度	2012—2013年度
猪	36 886	49 397
鱼	129 600	143 650

数据来源：《老挝农产品生产情况》，中华人民共和国驻老挝经济商务参赞处，2013-7-4。http://la.mofcom.gov.cn/article/ztdy/201307/20130700186325.shtml

林业是老挝政府当前关注的重要行业，出产许多珍贵木材和林特产，例如紫檀、柚木、红木、安息香、打玛树脂、虫胶、葛藤、砂仁、茴香、花梨木、胖大海、紫胶、松木等。老挝是世界安息香市场主要供应者，年出口量曾达30吨左右，占世界市场供应量的70%，质量也居世界的首位。老挝也是出产紫胶的主要国家之一，年出口量曾达100吨以上。老挝有超过16.7万公顷种植园。6 510个村庄的19.2万公顷林木和36.4公顷耕地分配到户。2005年，刀耕火种的农作方式在全国范围内基本停止。此外，1 061.1万公顷森林得到有效管理。老挝划分了20个国家级自然保护区，面积达315.6万公顷，占全国森林总面积的25%；188个省级自然保护区，总面积290.7万公顷；494片保护林，总面积216.45万公顷；456片生产林，总面积234.86万公顷；164片临时封育林，总面积18.2万公顷。

此外，老挝的农林部门已能够争取大量的外国无偿援助和贷款。当前有73个项目。包括总资金为1.11亿美元的63个援助项目和总资金达1.08亿美元的贷款项目。

尽管老挝林业资源非常丰富，森林面积曾达1 700万公顷，木材蓄积量将近16亿立方米，产木材15万立方米，但是老挝近年来的森林面积也急剧下降。据数字显示，20世纪50年代末，老挝森林面积约1 700万公顷，占全国土地面积的70%；60年代初，联合国资料显示，老挝森林面积已减到1 500万公顷，占全国土地面积的63.5%；70年代初，据老挝报纸提供的资料称，又减少到1 270万公顷，只占全国土地面积的50%；80年代初，通过航空摄影和卫星勘测的报告估计，再减为1 120万公顷，只占全国面积的47%；进入90年代，老挝官方公布，目前老挝森林面积只有1 100万公顷，仅占全国土地面积的40%～46%；到90年代末，老挝的森林面积剩约900万公顷，全国森林覆盖率约42%。40多年间减少将近一半，平均每年约减少20万公顷，这种趋势还在继续下去。森林面积的减少已给老挝带来了严重的后果，如气候反常、水灾、旱灾、土地沙石化等等；老挝森林面积减少的原因主要是战争、游耕、火灾和盲目砍伐等人为因素。对此，老挝已意识到问题的严重性，并出台了一些政策和措施，截止2011年，森林面积已达1 230万公顷，森林覆盖率52%，但要实现复原目标，还需要付出更大的努力。

四、矿产资源

老挝的矿产资源分布广泛而丰富，许多地方的金属矿产具有很大的找矿前景和开发价值。目前，老挝已经发现各类金属矿床矿点及矿化点近450处，其中：铜矿68处，金、银155处，铅、锌、锑91处，铁、锰、铬56处，铝土矿5处，钨、锡、钼69处。

（一）矿产资源种类

1. 金属矿

老挝的金属矿产主要集中分布在沙耶武里、琅勃拉邦—川圹—华潘一带和川圹、华潘—甘蒙—沙湾拿吉—阿速坡一带。现已发现10个主要矿区，即，沙湾拿吉省色崩矿区；沙湾拿吉省孟平矿区；万象省沙拉坎矿区；万象省赛宋本和万荣东部矿区；琅勃拉邦省南森河下游矿区；波乔省巴塔矿区；万象市桑通矿区；万象省与川圹省交界地区矿区；色功省色功河沿岸矿区；阿速坡省色功河与色南河交汇处矿区。

2. 铜矿

老挝的铜矿主要有三种类型，一种是第三系—侏罗系中的砂岩型铜矿，主要分布在老挝北部的南塔、乌多姆赛和丰沙里等省以及南部的占巴色、阿速坡一带。该种类型铜矿分布广泛，南部普遍含金，有找到大中型矿床的可能，但找矿难度较大。第二种类型是矽卡岩型铜矿，分布广泛，铜的品位较高，常与铅锌伴生，有岩浆岩分布的地区，在其接触带附近均有分布，估计有较大经济价值。第三种类型是斑岩型铜金矿，主要分布在沙耶武里、万象省和川圹—沙湾拿吉—阿速坡一带，矿床规模很大，一般与金共生，有较大的找矿前景。现已发现9个主要矿区，即，丰沙里省丰沙里县东部矿区；乌多姆赛省和南塔省交界地区北部矿区；琅勃拉邦省南森河下游矿区；沙耶武里省孟南矿区；川圹省查尔平原南部矿区；占巴塞省苏库玛矿区；占巴塞省占巴色矿区；阿速坡省赛色塔矿区；沙湾拿吉省威拉布里矿区。

3. 金矿

金矿在老挝分布非常广泛，大小河流的冲击层中普遍有砂金产出。金矿类型主要有四种，即冲积型砂金矿、斑岩型与铜伴生的金矿，石英脉型金矿和卡林型微细粒金矿。金矿按地域主要集中分布于八个片区，即波乔—南塔片区，乌多姆赛—琅勃拉邦片区、川圹—赛松本片区、华潘片区、万象盆地西沿片区、玻里坎赛片区、沙湾拿吉片区、阿速坡片区。斑岩型铜金矿和卡林型微细粒金矿有很大的找矿前景。

4. 铅锌矿

铅锌矿主要分布于老挝的乌多姆赛省、琅勃拉邦省、万象省、赛松木特区和川圹省等中北部地区。主要有三种类型，即矽卡岩型、构造热液型和喷气沉积改造型。老挝的一家公司已经在万荣地帕峦山区找到了一个大型规模的铅锌矿，其地表氧化带锌品位平均达到32%，氧化锌矿金属储量达10万吨以上，估计在深部有较大规模的高品位铅锌原生矿。在老挝发现更多较大规模高品位铅锌矿的可能性很大。现已发现7个主要矿区，即华潘省万赛北部矿区、华潘省桑怒东部矿区、乌多姆赛省孟阿北部矿区、沙耶武里省孟平东南部矿区、万象省万荣东部矿区；川圹省普毕山北部矿区、沙湾拿吉省色崩西部矿区。

5. 铁矿

老挝的铁矿主要集中在赛松本特区帕莱地区和川圹省的富诺安地区。这一地区矿点密集，主要类型为矽卡岩型磁铁矿和赤铁矿。富诺安铁矿的局部已经由越南人于1975—1982年对可露采部分进行了初勘，计算C+D级储量2 600万吨，矿石品位全铁34%～68%，有害成分很少，其中全铁大于60%的为1 600万吨。矿体呈层状或透镜状产出。估计该矿床铁矿石量应大于1亿吨。赛松本特区帕莱铁矿露头绵延10余公里，厚度巨大，矿石品位全铁一般大于60%，估计矿石量应大于2亿吨。现已发现6个主要矿区，即：川圹省查尔平原东部矿区、华潘省莫坎矿区、琅勃拉邦省湄公河东岸矿区、川圹省南部矿区、甘蒙省辛崩西北部矿区、万象省赛宋本矿区。

6. 铝土矿

铝土矿主要分布在老挝南部菠罗芬高原及阿速坡—色公之间的高原地带。该地区广泛覆盖喜山期玄武岩。玄武岩风化后，在高原低洼地形处堆积成优质三水型铝土矿。据老挝地质矿产局资料，矿石含氧化铝49.7%、二氧化硅2.7%、二氧化钛2.27%、氧化铁16.22%，矿石质量极好。该地区玄武岩风化物的分布面积约5 000平方公里。该铝土矿分布区属于越南南部四十亿吨铝土矿分布区的西延部分，属于同一个铝土矿成矿区。现已发现的有占巴塞省和色功省交界地区的矿区。

7. 锡矿

锡矿矿点分布主要位于华潘、川圹—甘蒙—阿速坡一带，是老挝的优势矿产之一。该区域当地淘洗砂金时普遍发现砂锡。锡矿与岩浆活动有密切的关系。老挝目前在开采的锡矿是甘蒙省南巴坦锡矿，其锡金属量达13万吨，主要为残坡积、堆积型砂锡矿，深部已经发现原生矿，但未作深入工作，估计还有很大的远景。其他地区的锡矿点工作程度均较低。估计在华潘省、玻里坎赛等地还会发现较大规模的锡矿。现已发现的主要有甘蒙省辛崩矿区和玻里坎赛省与甘蒙省接壤的涠公河东岸矿区。

8. 锰矿

现已发现的主要矿区有乌多姆赛省北部的磨丁矿区和华潘省的桑怒东南部矿区。

9. 宝石

现已发现的有波乔省孟门县西部矿区。

10. 盐矿

现已发现8个主要矿区，即万象平原矿区(钾盐矿)、万象省南俄湖南岸矿区、川圹省孟龙北部矿区、沙湾拿吉省坎塔武里西北矿区、乌多姆赛省涠公河西岸矿区、丰沙里省略乌东部矿区、丰沙里省本怒北部矿区、丰沙里省本岱东北部矿区。

11. 煤矿

现已发现7个主要矿区，即南塔省圆普卡矿区、丰沙里省北部矿区、丰沙里省丰沙里县东部矿区、琅勃拉邦省南坎江下游西部矿区、万象省班真东部矿区、万象省丰洪北部矿区、沙拉湾省沙拉湾县西北部矿区。

12. 石膏

现已发现5个主要矿区，即丰沙里省丰沙里县的南乌江东岸矿区、沙湾拿吉省占盆矿区、甘蒙省他曲矿区、甘蒙省色邦发矿区、沙湾拿吉省东兴矿区。

综上所述，老挝金属矿产最集中的地区和最有远景的地区是琅勃拉邦—华潘及其以南的川圹—甘蒙—阿速坡一带，该区域总面积约75 000平方公里。①

(二)老挝矿产法

老挝现行的矿产法规，一是《老挝人民民主共和国矿产法》(1999年4月12日国会通过，同年5月31日国家主席颁布实施)；二是《老挝人民民主共和国矿产投资标准条例》(2005年12月29日工业和手工业部颁布实施)。现将两部法规摘录如下：

1. 相关许可②

(1)矿产证许可及期限

对以下事项，新《矿产法》要求取得矿产能源部(MEM)的批准：

1)基本地质数据收集；

2)在老挝国内外进行矿石样品分析；

① 老挝工业和手工部编:《老挝工业和矿藏分布图》, 2005年版。

② 老挝新《矿产法》主要变化。http://blog.sina.com.cn/s/blog_89372d8001012lun.html

3）预探、勘探和开采许可证的颁发；

4）矿产加工厂的设立。

投资人完成勘探工作后，若要申请矿产许可证或与政府谈判矿产特许权协议，需完成可行性研究。

预探许可证的初始期限最长为2年，可延期1年。勘探许可证初始期限最长为3年，可延期2年。开采许可证的初始期限最长为20年，可延期5年。未经批准，禁止投资人将许可证抵押、转让、受让、保证或出售给另一方。

（2）与政府协定特许权协议

国外投资人若要在老挝开展矿产预探、勘探、开采或加工，必须与政府协定特许权协议。

（3）政府股权入股选择

根据新《矿产法》，政府有权入股矿山企业。政府自收到可行性研究报告120天内，应通知企业其参股意愿。政府参股可以通过现金、从应付政府收入中扣除、或以双方约定的方式支付。

（4）开采权

根据新《矿产法》，持勘探许可证的投资人若在勘查区发现经济上可行的储量，并不必然会被授予矿产开采许可证。

（5）税收和财务体制

在老挝，目前还没有专门的适用于矿产勘探的财税规定。老挝一般的税法针对矿产投资征收下列税费：利润税、所得税、增值税、进出口关税和印花税。

（6）矿产经营移交

矿产经营许可证临近终止时，矿产经营包括，设备、机械、地质数据以及其他矿产资产必须无偿移交给国家。

2. 经营者的权利[①]

矿产商业经营者主要权利和任务如下：

（1）可开展建设组装工具设备、工厂及建筑楼等用于开采、运输、加工、化验分析、选洗、冶炼和储存；

① 《[政策研究]老挝国矿产法（2008年颁布实施）》，华夏土地网网站，2011年5月5日。http://bbs.hxland.com/forum.php?mod=viewthread&tid=7455645

（2）有权从矿产商业经营的财产所有权；

（3）依法从项目开采矿产品的销售；

（4）依法得到公平的自身权益保障；

（5）除了国家之外，不公开自己经营的商业或科学技术机密文件材料给其他个人和法人；

（6）依法把自己投资公司或企业转型；

（7）依照国家同意可开展其他业务有充分起因说明与矿产开采相联系的；

（8）如发生不可抗拒事件并造成自己不能按期开展业务的可向能源矿产部门提出暂停业务活动申请；

（9）将获得相关便利如：可以进入或穿过个人或其他组织至自己的矿石权区，但必须与地方国家和土地使用权者进行沟通协调后方可执行。

3. 经营者的义务①

矿产商业经营者有如下义务：

（1）按已认可的开采计划经营，在国家相关主管部门检查开采工作中给予合作便利；

（2）尽量使用地方或国内产品；矿产运输服务与国内的企业或公司合作；依据老挝籍劳动者个人能力安排在每一个工作领域里；关注劳动者的社会福利事业及政策；有高效的防控污染的技术，为劳动者提供便利于安全健康的物资器具等；

（3）以长、段其为老挝籍技术员传授熟练的技艺；

（4）由于矿产商业经营影响当地老百姓的，应当合理支付搬迁、土地、庄园种植、安置点、谋生地等费用；

（5）保存矿石样技术信息材料、图纸、地图、开采信息、文件注释及记账体系和矿山财产、放置和回填废弃物质的方法以符合《环境管理计划》；

（6）及时向能源矿产部门汇报已发生或将要发生的事故或事件。关于勘探、开采、财务等信息材料以月度、季度和年度上报能源矿产部门；

（7）依法缴纳矿石权土地租金、个人所得税、进出关税、股票买卖手续费、

① 《［政策研究］老挝国矿产法（2008年颁布实施）》，华夏土地网网站，2011年5月5日。http://bbs.hxland.com/forum.php?mod=viewthread&tid=7455645

许可证手续费、技术服务费和组建各基金如：环境保护基金、人类资源开发基金、地方发展基金、矿区可持续发展基金和项目管理基金等。

4. 申请投资者的资质①

关于矿产的投资者除了在本法第三十五条的第一、第二和第三款项规定的基本条件外，即：

（1）必须是合法注册成立的矿产企业或公司。

（2）有雄厚的资金、足够的其他资金来源和依法抵押的证券。

（3）有可信任和良好的矿产经营历史背景。

（4）还需有专业的技术及开采矿产经验。

除此之外，投资者必备有：

（1）普查、勘探工作成果信息资料及可行性经济—技术研究论证。

（2）能源矿产部认可有效的矿产开采计划和可行性经济—技术研究论证。

（3）使用高科技术开采矿产。

（4）相关科室部门出具的社会环境影响的管理和解决方案证明。

（5）在国内、外法人未进行矿产普查和勘探工作而申请关于区域矿产勘探工作成果信息报告的，但在之前已做勘探工作的前提下，有意愿做可行性经济—技术研究及开采的。

由此可以看出，老挝的矿藏资源丰富且基本尚未有效地开发利用；老挝政府十分重视矿藏资源的勘查和矿业的发展；老挝寄希望于国际实业界参与老挝的矿业开发合作；老挝政府对矿产开发投资者已有明确的法律保障。这向世界各国、国际集团和金融界参与老挝矿业开发发出了重要信息和召唤。同时，老挝矿业开发的国际合作与竞争已经开始，竞争还在继续而且将会加剧。老挝的矿业开发和发展为有关企业走出国门和产业外移提供了良机。但这一产业的国际参与和竞争又面临着严峻的挑战。②

① 《[政策研究]老挝国矿产法（2008年颁布实施）》，华夏土地网网站，2011年5月5日。http://bbs.hxland.com/forum.php?mod=viewthread&tid=7455645

② 马树洪：《老挝的矿业开发及其国际合作》，载《东南亚南亚研究》，2009年第3期，第51～55页。

第三节　经济区划

一、行政区划

老挝历史上又被称为寮国，自北向南可划分为上寮、中寮、下寮3个地区。1975年老挝人民民主共和国政府成立后，将全国划分为13个省和1个直辖市。1982年，老挝新增3个省。1994年，赛宋奔行政特区从万象省和川圹省分出来，即老挝划分为16个省，1个直辖市，1个经济特区（赛宋奔特区）。2006年，赛宋奔行政特区又归复于万象省和川圹省。目前，老挝划分为16个省和1个直辖市（万象市）。全国共有142个县，10 912个行政村。上寮地区包括丰沙里、南塔、乌多姆赛、波乔、琅勃拉邦、华潘、沙耶武里和川圹等8个省及沙耶武里和川圹两省以北地区。中寮地区包括沙耶武里和川圹两省以南地区，甘蒙省及其以北地区，该地区还包括1个直辖市（万象市）、3个省即万象省、玻里坎省、甘蒙省。下寮地区包括甘蒙省以南共5个省，即沙湾拿吉省、沙拉湾省、塞公省、占巴塞省、阿速坡省。如下表所示：

表1-4　老挝行政区划名称表[①]

序号	中文省名	英文省名
01	万象市（首都）	Vientiane Prefecture
02	丰沙里省	Phongsali
03	南塔省	Namtha
04	乌多姆赛省	Oudomsay
05	波乔省	Bokeo
06	琅勃拉邦	Luang Phabang
07	华潘省	Houaphan
08	沙耶武里省	Sayabouri

① 表1-4，来源于老挝国家统计中心编：《老挝社会经济统计资料》，2012年。

续表

序号	中文省名	英文省名
09	川圹省	Xieng Khouang
10	万象省	Vientiane
11	玻里坎塞省	Borikhamsay
12	甘蒙省	Khammouane
13	沙湾拿吉省	Savannakhet
14	沙拉湾省	Salavan
15	塞公省	Sekong
16	占巴塞省	Champassak
17	阿速坡省	Attapeu

（一）万象市

万象是老挝人民民主共和国的首都，位于万象平原南端，处湄公河中游的左岸，与泰国进城廊开市隔河相望，是世界上少有的位于边境的首都。万象省的人口85.6万，为老挝全国人口之最，万象市人口有13.3万。人口以老龙族为主，通用老挝语，居民多信奉佛教。①

万象始建于公元前4世纪，以后为几朝都城，素有“万象之邦”之称，是一座历史悠久的古城。在当地语里，“万象”的含义是“檀木之堡”。万象这个名称，是当地华侨对这座城市名称的音译。据说，万象这个地方曾盛产珍贵的檀香木，故有此雅号。②从14世纪以来，万象就是老挝的首都，至今已有500多年的历史。1893年至1975年为法国的殖民地，其间第二次世界大战中被日本占领。1975年12月，老挝建立了人民民主共和国，万象被定为首都。

万象是老挝的文化中心，也是老挝经济比较发达的地区，是全国的贸易中心和工厂最多的城市。工业以纺织、木材加工、碾米、卷烟、肥皂、火柴等轻纺日

① 《图书标签：万象》，孔夫子旧书网，2009年。http://bq.kongfz.com/description_3292/

② 《老挝万象——城市名片》，中国—东盟博览会官方网站，2006年10月13日。http：//www.caexpo.org/gb/charm2006/wanxiang/city_wanxiang/t20061013_64 298.html

用工业为主。万象地区气候温暖湿润，日照和水源充足，适合各种热带、亚热带作物的生长，稻谷、蔬菜、绿豆、烟叶、甘蔗的产量均在全国名列前茅。

由于万象濒临湄公河，水路交通主要依靠这条在老挝被称作“万物之母”的河流，从万象北上琅勃拉邦，南下沙湾拿吉，全年通航。湄公河在万象地区的支流南姆河、南滕河和南布昂河，是当地居民自古以来行驶大小木船的主要航道。万象市没有铁路，陆路交通主要依靠公路。公路是主要交通系统、有1万多公里、全天候里程不多、以大致南北行的13号公路为主干、连接各支线、沟通国内主要城镇。

位于万象市西湄公河畔的瓦岱国际机场，是老挝最大的机场，有通往河内、曼谷、胡志明市、金边、莫斯科等地的国际航班。城北的南俄水坝提供充足的水电并向泰国输出电力。市内有老挝军事博物馆、独立塔及许多寺庙和古塔。

（二）丰沙里省

丰沙里省地处全老挝的最北端，西、北邻中国云南，东邻越南。面积16 270平方公里，人口17.44万。下辖有5个县，404个村。首府丰沙里北纬21°45′15″、东经102°11′21″，海拔1 380米，是老挝最北部的主要山城，也是上寮地区通往中国的重要门户。丰沙里省地势上正位于两股高压区（华中高压区和青藏高原高压区）之间，来自赤道炎热的海洋气流易于在泰国湾和柬埔寨一带北上，至云贵高原的南面，使丰沙里省，不论夏季冬季，一日温度都会由夜间的最低10～15℃，回升至日间最高28～30℃。同样地，丰沙里省因在冬季时常处于东西两股冷锋的末端之间，在两股冷锋夹杂之相关低压区影响下，冬天的雨水也相当的多，与云贵高原晴朗干燥的天气截然不同。而在夏天，赤道低气压活跃和北移，但由于地势高，丰沙里省的天气既有云贵高原“四季如春”的亚热带气候及高地气候之余，也有酷热多雨的热带气候特色。

（三）南塔省

南塔省是老挝北部的一个省，西南与博胶省相接，东南与乌多姆塞省毗邻，西北与缅甸接壤，东北与中国云南省相交。省会南塔位于南塔盆地中央、南塔河、南元河和南通河的交汇处，海拔500米，城区面积1平方公里，是老挝上寮地区通往中国的主要贸易口岸。此外，中老两国之间唯一的边境口岸设于此省的磨丁镇，它也是老挝生产鸦片的地区。

（四）乌多姆赛省

乌多姆赛省位于老挝北地区中部，是老挝西北部山区省份之一，北邻丰沙里省和勐腊县，东靠琅勃拉邦省，西连南塔省，南接沙耶武里省和泰国难府。面积15 370平方公里，山区占85%，农业生产用地占17%。人口23.98万。下辖有7个县，即勐赛、那莫、勐拉、勐边、勐混、巴边、勐阿县，有725个村。老挝北部地区的1号、2号、4号及贯穿南北的13号公路在此交汇，是北部地区的交通枢纽。

乌多姆赛省境内山峦起伏，谷狭坡陡，有众多的小盆地。如长2公里、宽2公里的纳莫盆地；长5公里、宽1.5公里的孟拉盆地。稍大一点的盆地有孟赛盆地，面积约25平方公里，海拔660米，楠赛河纵贯盆地，是乌多姆赛省的产粮区之一。孟洪盆地为东北—西南走向的宽阔谷地，长28公里、宽4公里，海拔450米，是该省主要产粮区。目前，农林业是该省的主要产业。乌多姆赛省一年分为旱、雨两季，年平均气温25℃，极端高温可达40℃(孟本)，最低气温7.5℃(孟赛)，年降水量约900毫米。[①]

（五）波乔省

波乔省位于老挝西北地区，全省辖5个县：郭蓬县、勐蒙县、会赛县、帕乌隆县、巴塔县，共有15种民族。全省土地面积6 196平方公里，其中山区占70%。森林面积254 000公顷。经济发展增长率保持在7.4%左右。农业占国内生产总值(GDP)的50.8%、工业及贸易占18.3%、服务业占31%。人均国内生产总值(GDP)达451美元。地理位置优越，北与缅甸接壤，边境线长98公里，西与泰国接壤，边境线长145公里，东北与南塔省、乌多姆赛省交界。陆路R3(昆曼公路)公路与泰国相接，水路有连接中老缅泰的湄公河。[②]

（六）琅勃拉邦省

琅勃拉邦市是老挝著名的古都和佛教中心，琅勃拉邦省首府，位于南康江与湄公河汇合处，其状似“L”形半岛。面积818平方公里，人口7.8万。城市市区沿湄公河左岸延伸，依山傍水，气候凉爽，地势平缓，平均海拔290米。14世纪

① 云南电子口岸：老挝乌多姆赛省，http://www.dh.gov.cn/egms/15537528665590 9888/20110 904/299 732.html

② 云南电子口岸：老挝波乔省，http://www.dh.gov.cn/egms/155375286655909 888/20110904/299727.html

澜沧王国在此建都，1975年前曾为国王驻地，有古王宫。古王宫1976年改成国家博物馆。金银饰品镶嵌、象牙雕刻、丝绸、制陶等传统手工艺十分著名。有水产养殖。附近有铜、锑、铅、锌和煤矿。市郊群山耸立，市东和市南7公里处的海拔均在1 000米以上，宛若一条绿色屏障。

琅勃拉邦市依山傍水，风景秀丽，气候宜人。市容古雅幽静，街道宽阔平坦，寺庙、佛塔和古王宫掩映在花木修竹之中。市内屹立着372米高的普西山，山上植被葱茏，山顶建有一座金色的尖塔——普西塔（普西意为“光辉祥瑞”），金塔在阳光之下熠熠生辉。如登山俯瞰，全市景色一览无遗。在普西山麓是古王宫，1975年老挝废除君主制度前曾为国王皇宫的驻地。

琅勃拉邦市历史悠久，早在2000年前，这里就是一个老挝部落的都城，当时称孟沙瓦，意为“王都”。8世纪中叶，坤洛建立澜沧国（亦译南掌国），即定孟沙瓦为王都，并易名香通，意为“金城”。相传14世纪50年代（一说为13世纪），当时的国王得其岳父柬埔寨国王所赠的一尊高1.3米的勃拉邦金佛（意为“薄金佛”），并把这尊佛像视为“王国的保护者”，作为国宝珍藏在市内一座古老、精美的宝塔中。1560年，塞塔提拉王迁都万象后，将勃拉邦佛留在旧都作为镇城之宝，该城也由此更名为琅勃拉邦，意为“勃拉邦佛之都”。时至今日这座金佛仍供奉在一座古老、精美的宝塔中。

现今，琅勃拉邦市内共有寺庙30多座，其中香通古庙以其构筑别致、陈设堂皇、宏伟的大殿、玲珑的佛塔以及精美的雕刻和华丽的镶嵌而闻名于世。这里生产的金银饰品镶嵌、象牙雕刻、丝绸、制陶等传统手工艺品在国内也享有盛名。此外，琅勃拉邦市还是上寮地区的交通要冲，也是安息香、药材、木材、柴炭和粮食的集散地。1995年12月，联合国教科文组织在德国柏林举行的一次会议上决定将琅勃拉邦市确定为世界文化遗产。①

（七）华潘省

华潘省原称桑怒省，位于老挝东北部，与越南接壤，面积16 500平方公里，人口29.55万人。②华潘省下设8个县，857个村。省会桑怒市位于会芬高原北侧一峡谷中，海拔994米，面积1平方公里。桑怒是老挝东北重要山城，是上寮地区

① 山西省人民政府外事侨务办公室网站：老挝琅勃拉邦省琅勃拉邦市，http://www.sxfoa.gov.cn/yhcs/263112.shtml

② 《华潘省》，百度百科网站，2010年。http://baike.baidu.com/view/2345357.htm

通向越南的重要关口。其余7个县是：香科县、万通县、万赛县、华孟县、桑岱县、锁宝县、艾得县。

（八）沙耶武里省

沙耶武里省位于上寮地区西部，与泰国接壤，面积16 389平方公里，人口35.24万人。沙耶武里省下设10个县，543个村。省会沙耶武里座落于普帕山、帕基门山、普帕卡山和普云山之间的虹河河畔，是一座风景优美的小城。其余9个县分别是：阔扑、洪洒县、怒县、香虹县、偏县、巴莱县、肯陶县、波顿县、通迈赛县。[①]

（九）玻利坎塞省

玻利坎塞省，也译“博里坎塞省”，是老挝中部的一个省。玻利坎塞省在1983年前是万象省和甘蒙省的一部分，1984年划出成立为省，面积为14 863平方公里，人口为21.49万人。其下辖有6个县，330个县。首府为北汕，位于万象市东面150公里处的湄公河与南灿河交汇处，是中寮地区的重要城镇，通过此地区的有13号和7号公路。

（十）川圹省

川圹省是老挝东北部的一个省，东邻越南。川圹有大象挡路的意思，是南诏人改名的。城建于公元7世纪，四周山坡上有许多历史古迹。气候宜人、土地肥沃、种植蔬菜。附近有铁、锑、锌、银、铜、砂金和煤矿。老挝东北部交通要冲，有水陆路线通万象、琅勃拉邦及越南。首府川圹。下分8县。人口26.22万人（2004年估计），面积15 800平方公里。面积的五分之一为平原，五分之四为山地、高原，其北部平均海拔1 500多米，最高的山比亚主峰位于川圹省，它的海拔高达2 820米。

（十一）沙湾拿吉省

沙湾拿吉省是老挝南部的一个省，位于老挝内陆河湄公河左岸，西隔湄公河与泰国相望，东邻越南。面积为21 774平方公里，是老挝最大的省份，人口约有110万，是老挝国内人口最多的省份。沙湾拿吉省东部是富良山脉西坡，西濒湄公河，宾汉河蜿蜒于南部，宾汉河流域形成老挝最大的河谷平原之一，产稻米。内地山区有森林和矿藏（岩盐、石膏），大量肥沃的土地和水利资源，多元的天然

① 西双版纳新闻网：http：//www.bndaily.com/Templates/NewsTemplate.asp?

和文化旅游景点。国内各领域生产总值：农业（60%）、服务业（22%）、工业（18%）。主要出口品有石膏、木制品、天然色染布料、外贸时装、木材。可通过第二湄公桥梁直达泰国，抵达南中部也很方便及省时，地理位置适中，是国内的中心点，同时也位于国内由南至北和从西到东的主要道路上。有9号和13号公路通越南和全国主要城镇。其下分15县。

省府为沙湾拿吉市，是老挝第二大城市，第7届中国—东盟博览会魅力之城。人口约5.5万，位于中西部湄公河左岸。有锯木、缫丝、酿造、碾米、砖瓦等工厂。是历史上的下寮中部重镇，水陆交通要冲，老挝南北各地和国内外经济文化交流的枢纽，与湄公河对岸泰国的木克是一对重要渡口城镇。城东20公里有国际机场。沙湾拿吉所在的沙湾拿吉省是老挝的经济中心，是老挝与泰国、越南贸易的重要商埠；亦是老挝前国家主席凯山·丰威汉的故乡，蕴藏着丰富的石膏、黄金、铜、天然气、石油等矿产资源，把“人杰地灵”的光环戴给它一点都不为过。近年来，占尽地利优势的沙湾拿吉表现不俗，与仅有一河之隔的泰国Mukdahan省相连接的老泰友谊大桥二号桥已经建成，所形成的东西经济走廊已经成为吸引投资者的新亮点。此外，沙湾拿吉省级项目之一——沙湾—色诺经济特区也是吸引外资的主体，吸引了来自周边国家泰国、马来西亚、新加坡、日本及其他国家投资者们的目光。在老挝和日本公司的合作项目框架下建立的物流快捷通道，是整个东西经济走廊的重要部分。①

（十二）甘蒙省

甘蒙省是老挝的一个省份，位于老挝中部近南部。甘蒙的西面是泰国，东面是越南，北部是玻利坎赛省，南部是沙湾拿吉省。面积为16 315平方公里，人口约有35.88万。下辖有9个县。首府为他曲，位于13号公路和10号公路交汇的在湄公河东岸，与湄公河对岸泰国的那空拍侬形成重要的渡口城市。他曲面积为4平方公里，人口约5 000人，是老挝中部重要的城市，亦是商业和贸易中心。

（十三）占巴塞省

占巴塞省是老挝西南部的一个省，与泰国和柬埔寨接壤，是老挝王国南掌分裂而成的三个国家之一。面积为15 415 平方公里，人口约为57.56人（2004年估

① 《老挝第二大城市——沙湾拿吉》，通商东盟网站，2012年2月21日。http://www.tasenit.com/zi/National_Page.asp?National=Lao&Type=4&Id= 22 476

计)。占巴塞省自北方起顺时针方向与沙拉湾省、公河省、阿速坡省相邻，南部和西部分别与柬埔寨和泰国接壤。占巴塞省农业生产、工业服务、自然资源以及旅游业是其四大发展优势。作为古时候老挝王国曾经的首都，占巴塞省有着历史悠久的古建筑和美丽的自然风光，确实具备丰富的旅游资源。首府是巴色，但以原占巴塞王国首都占巴塞命名。湄公河流经该省，大部分是湄公河下游平原，东北部的是波罗芬高原。土壤肥沃、雨量充沛、河网众多，是老挝南部的鱼米之乡，是热带经济作物重点发展区与养畜业基地。

(十四)塞公省

塞公省又称公河省，是老挝南部的一个省，1984年从沙拉湾省划分出来，东邻越南。面积为7 665平方公里，人口约7.32万。首府班蓬，下分4县。塞公省发展程度低，老挝中央和省领导层重视吸引国内外资金用于本省的发展。此省发展的潜在优势有：与越南交界，这是开发边贸区的有利条件；有适合种植经济作物、果树、蔬菜的丰富的土地资源，尤其在波罗芬高原地区；有适用于发展畜牧和家禽养殖业的草原；有丰富的森林资源，它既是保护水源之所，又可作为本省农业发展资金来源加以开发利用；有众多河流，不仅是人们的谋生之所，又可用作交通通道，还可开发中、小型水电站；有珍贵的矿产资源可加以开发利用；有森林、河流等秀丽的自然风光为发展旅游业提供条件。

(十五)阿速坡省

阿速坡省是老挝东南部的一个重要省份，位于公河上游盆地中心。面积1.032万平方公里，人口11.43万(2004年估计)，下辖5个市、县，209个村。有16号公路往西，翻越波罗芬高原到巴色，往东南通越南西部高原重镇昆嵩，循公河而下，木船通往柬埔寨的上丁，交通、战略地位重要，附近山区产品在此集散。20世纪60年代曾为“胡志明小道”(援助越南抗美战争的森林交通线)的主要物资转运站。省会沙玛奇赛，又名阿速坡，位于塞公河和色南河交汇处的色公河西岸，是下寮地区的主要商业贸易城市和咖啡、橡胶、烟草及药材等主要出口商品的集散地。

(十六)沙拉湾省

沙拉湾省是老挝南部的一个省，西隔湄公河与泰国相望。首府沙拉湾。下分8县。面积为10 691平方公里，人口约为33.66万(2004年估计)。东部为富良山脉西坡，南部为波罗芬高原北麓，湄公河支流公河与洞河分别流贯东、西部。矿藏有铅、铜及煤。河流谷地种水稻。洞河有水利开发。首府为沙拉湾，位于洞河上游左岸，富卡特山西北麓，人口约2 400。下寮山区棉花、林矿产品与牲畜的贸易中心，附近有煤矿，市内有水生生物研究机构，有公路分别连接芒菲、北松、巴色与阿速坡。

二、经济区划

从老挝经济发展的过程来看，老挝属于一种内陆经济发展模式的国家。它经历了殖民地经济发展阶段和战争时经济阶段（1954—1975年）。1975年12月，老挝建立了老挝人民民主共和国，老挝党和政府实行了一系列的经济发展措施，国家进入了共和国初期的经济发展阶段（1976—1985年）。如今，老挝全国从北向南分为北部8省、中部3省1市、南部5省。

从历史发展来看，老挝北部8省与中国的经济往来比较密切，主要是南塔、乌多姆赛、丰沙里、波乔和琅勃拉邦5省。该五省位于北纬19°至23°，东经100°至104°之间，属于热带季风型气候，全年无四季之分，只有旱季和雨季。其面积占老挝全国面积的三分之一，人口约87.6万，约占老挝全国人口的20%。该五省自然资源丰富，其农作物有水稻、花生、橡胶、甘蔗、麻、茶叶、烟叶等；热带植物药材和香料有安息香、肉桂、沉香、苏木、紫胶、砂仁、鸡血藤等；水果有椰子、菠萝、香蕉、桔子、芒果、番木瓜、荔枝、西番莲、红毛丹等；森林资源有柚木、乌木、檀香木、龙脑香木、红木、椿木等；水利资源有以湄公河北段为主的南塔河、南本河、南乌江和南湘河等水系；矿产资源有锡、锰、锌、铜、锑、金、铂、钾盐、石膏、宝石、玉石等；旅游资源有独特神韵的自然景观和别具风采的人文景观。

中部地区位于湄公河次区域，地域优势独特，有良好的人力资源和较好的基础设施；有连接老挝境内其他地区、次区域国家和世界其他国家的便利条件；拥有广袤的平原和灌溉设施，适宜于发展农业和畜牧业。因此，中部地区的主要目标是发展成为全国的经济中心，带动全国的工业化和现代化。鼓励发展高科技产业，开发多种类的商品，发展电力能源，开采和加工矿产品；发展加工农业和非木材船业；扩大旅游和国际贸易。投资36.2万亿基普，占全国投资总额的49%，在9号公路沿线建立工业园区。

而南部地区，位于“老、越、柬”和“老、柬、泰”两个三角国际经济合作区之中，也是南亚经济通道必经之地，具有很重要的战略地位。这一地区有丰富的土地、水电、矿产、渔业等自然资源。波罗芬高原的土地可用于农林业开发，丰富的铝土矿资也在这个地区。老挝政府鼓励企业种植咖啡、茶叶、橡胶、沉香木、蔬菜和水果，发展饲养黄牛、水牛、生猪等畜牧业。同时鼓励投资食品加工业和其他农产品加工业。在色塞河、色坎姆等4条河上兴建5座水电站。改造和维修15号、16号、18号公路，扩大老越、老泰过境服务，吸引更多的游客。①

（一）老挝的经济特区和经济专区概况

根据2002年1月21日总理令，在沙湾拿吉省沿泰老边境地区设立占地325公顷的“沙湾－色诺”经济特区，在老中边境设立“磨丁边境贸易区”。自2003年以来，老挝政府已经批准了3个经济特区和2个经济专区项目，即：南塔省的磨丁黄金城经济特区、波乔省的金三角经济特区和万象市的挪通贸易工业园区、甘蒙省的普乔经济专区。上述5个经济特区和专区共占地面积1万多公顷，创造就业3 000多人。目前政府正在审批的还有14个经济特区和专区，即：万象市的东坡喜专区、会山专区、塔銮湖专区、赛萨坛专区；占巴色省的西潘敦专区、巴松菠罗芬高原专区、万道专区；甘蒙省的甘蒙黄金城专区；沙耶武里省的南横口岸专区；玻里坎赛省的万坎开发区；华潘省的浓康专区；沙湾拿吉省的老堡边境贸易区；川圹省的石缸平原专区和波乔省的湄公河大桥桥头专区等。②以下对几个主要的经济特区进行介绍：

1. 沙湾拿吉经济特区工业园

沙湾拿吉经济特区工业园坐落于老挝中部的沙湾拿吉省内的第9号公路上，距离第二友谊大桥仅2公里，地理位置非常优越。特区连贯的东西经济走廊，从缅甸的毛淡棉海港至越南的岘港，全长1 450公里，衔接西边泰国的穆达汉，东边越南的寮保，北边中国的云南及南边的柬埔寨。离Kaysone Phomvihane区的国际机场仅5公里，以应付东西经济走廊上的人流和货物运输。投资者除了获得特区有关法令的保障以外，均得老挝政府的法律保障或政府所参加的国际条约允许

---

① 徐延春：《谈老挝经济及其发展战略》，载《东南亚纵横》，2006年第12期，第11页。

② 《老挝政府计划新批14个经济特区和专区》，中国东盟中心网站，2011年9月28日。http://www.asean-china-center.org/2011-09/28/c_131164 268.htm

保护，所拥有的财产不得被征用或转为国用。特区内设有115kV/22kV的变压站，确保电供稳定。提供一系列的免税措施，最高免税期长达10年之久。

2008年2月4日，老挝政府与马来西亚太平洋发展股份有限公司签署了一份经贸协议，同意在老挝的沙湾拿吉省内研究和开发一个全新的商务和工业中心。在此项合约下，马来西亚太平洋发展有限公司将与老挝政府设立一家名为沙湾太平洋发展有限公司的联营机构，以建设和开发沙湾拿吉经济特区。为了促进沙湾拿吉经济特区的发展，沙湾太平洋发展有限公司推广新的经济运作程序，让计划经济体制转换为市场经济，吸引外商直接投资老挝。作为合作伙伴，沙湾太平洋发展有限公司将配合中央和省级政府成立特区委员会，共同管理、监督、执行及评估有关劳工和环境问题的国家政策和条规。沙湾拿吉免税工商业经济特区目前享有世界42个先进国家包括欧洲与日本提供的“一般优惠关税制度”（General System of Preferences—GSP）以及美国所提供的“正常贸易关系”（Normal Trade Relation – NTR）。没有反倾销及任何的配额限制问题，这样的优惠条件最少可以维持30年或以上，因此投资生产鞋子和服装等消费品，出口到欧美市场最为适合不过，甚至大有可为。[①]

2. 南塔省的磨丁黄金城经济特区

老挝磨丁黄金城经济特区，位于老挝北部的南塔省磨丁国际口岸，与中国磨憨口岸相邻，距勐腊县城58公里。磨丁是老挝通往中国唯一的国家级陆路口岸，同时也是中国通往东盟自由贸易区的必经之路，即将完成的昆曼大通道经过磨丁黄金城。磨丁黄金城经济特区占地面积约21平方公里，规划建设商贸、生活居住、酒店、高尔夫别墅四大功能区，计划10年内完成所有项目投资，总投资额约10亿美元。该特区享有老挝政府给予的国际旅游、进出口贸易、免税仓储物流、国际经济技术合作、加工业、国际客货运输等特许优惠政策。目前，黄金城项目完成了包括星级酒店、300多间商铺、3公里区域道路、区域内网络通信以及部分市政建设工程等在内的一期工程建设，已进入试营业阶段。[②]

3. 波乔省的金三角经济特区

老挝金三角经济特区位于老挝、泰国、缅甸三国交界的地方，在波乔省东

① 中文百科在线，www.zwbk.org

② 《老挝磨丁黄金城经济特区开发建设项目完工四周年》，新华网网站，2010年8月23日。http://news.xinhuanet.com/tech/2010—08/23/c_12475787.htm

鹏县境内，紧邻湄公河，与泰国的清盛、缅甸的大其力隔河相望，是名副其实的金三角。老挝金三角经济特区是经老挝政府批准，于2009年9月9日正式成立的。老挝政府全面授权金三角经济特区行使特区的管理和开发权，是除国防、外交、司法权外实行高度自治的特区，特区内部设立金三角经济特区行政管理委员会和经济管理委员会。老挝金三角经济特区的前身是2007成立的老挝金木棉集团有限公司，项目规划建设827公顷。2008年7月1日，老挝金木棉集团有限公司正式向老挝政府申请设立金三角经济特区，规划建设3 000公顷（含827公顷）土地及7 000公顷国家自然森林保护区（金龙山）。2010年2月4日，老挝人民民主共和国总理波松·布帕万签署《关于在老挝人民民主共和国博乔省墩鹏县设立金三角经济特区的活动和管理的第090号总理政令》，批准成立金三角经济特区。政令规定金三角经济特区的的期限为99年（自2007年4月27日始），金三角经济特区的范围包括金三角天堂827公顷，苏万那空佛教文化发展区2 250公顷、班磨工业区1.5平方公里，金龙山原始森林保护区70平方公里，共10. 227平方公里土地。老挝政府全面授权金三角经济特区行使特区的管理和开发权。

老挝总理政令颁发后，考虑到发掘、抢救和开发苏万那空古代文化遗产，再现塞塔提腊国（古澜沧王朝）王朝时代文化艺术圣殿的需要，经与老挝政府协商，金三角经济特区放弃原划定的北部与缅甸隔河相望的部分土地，由老挝政府另行安排与泰国清盛码头隔河相望的苏万那空佛教文化发展区，金三角经济特区的面积由此扩大三倍。加上这里自然风光秀丽，有尘封古朴的人文生态环境，具有独特的地理位置与区位优势。自特区成立以来，在城市基础设施、公路与水运交通的建设方面取得了巨大的成就。

目前，在金三角经济特区通用中文，人民币，时间采用北京时间，而非万象时间。除当地村民外，在此工作的特区政府雇员、各个公司的员工90%以上是来自中国大陆、香港、澳门、台湾地区的中国人，只有不到10%的员工是来自老挝和泰国的。正在建设的昆曼（中国昆明—泰国曼谷）国际高速公路老挝段将横贯金三角地区，即将开建的中国云南昆明至老挝的高速铁路也将经过该地区附近。2004年，中、泰、老、缅四国政府达成协议，由中国政府出资500万美元，疏浚了湄公河河道，300吨级的船可以当日从中国西双版纳的景洪港直达缅甸大其力市及老挝金三角经济特区。金三角经济特区正在张开双臂，以她热情好客，妩媚迷人的异国风情，迎接来自世界各地旅游观光的人们。根据老挝政府公布的资料，老挝政府2008—2009年度的财政收入为84 500亿基普，相当于67亿人民币，2009—2010年度前6个月的财政收入相当于42亿人民币。而仅仅一个金三角特区，由中国商人就投资了近28亿人民币，可见金三角特区的投资在老挝这个国家的国内生产总值（GDP）中的分量有多重，因此，才引得老挝这么多高层官员视察该特区并称赞和肯定该特区的发展模式。从2011年开始，金三角特区开始正式接待游客和吸引更多的公司进驻及开业，该特区在老挝的国内生产总值（GDP）中的比重在未来的几年里，将会依然保持绝对的比重。①

（二）老挝主要城市的发展战略

随着老挝的地缘优势及能源潜力初步凸显，以老中高铁为龙头的一批重大基础设施建设项目相继启动或建设，老挝将成为连接东盟—中国自由贸易区陆上重要交通枢纽。老挝塞公、沙拉湾、阿速坡南部三省是越、老、柬三角经济区的有机组成部分，该三角经济区由日本倡导，得到有关国家的积极响应，经济区于2007年进入实施阶段。同时，老挝南部三省还是越—老—泰“东西经济走廊”的中间一环，这三个重要的省市有如下发展战略：

1. 塞公省②

当前，塞公省正在实施一些重点发展项目，以为将来的发展打下基础。这些项目包括：（1）能源发展项目。塞公省河流众多，水电发展潜力大。目前，色卡蛮-3水电工程正在施工中，塞公-4工程处于合同签署阶段，塞公-3、塞公-5、色卡蛮-4、打伊门水电项目正在勘察当中。（2）矿产勘探项目。目前，老挝政府批准在塞公省实施的矿产勘探开采项目有8个：卡棱县金矿勘探项目2个、卡棱县铁矿勘探项目3个、煤炭勘探项目1个，达真县铝土矿勘探项目2个。（3）基础设施建设项目。当前，正在修建几条对经济社会发展有重要意义的道路和重要的出省通道，16B国道（塞公—达真—老越边境）、达棱—班划—老越边境公路于2009年初开工。（4）县级通信发展项目。目前已基本建成使用，2009年将继续进行升级改造，以提供更加便利的通信、信息服务。（5）农村发展和示范村工程。四县共建设28个

① 《金三角经济特区，正在力争成为老挝几个经济特区的样板》，新浪博客网站，2011年2月。http://blog.sina.com.cn/s/blog_55ee69ea0 100 od4y.html

② 《老挝塞公省2008—2020年经济社会发展蓝图》，51.com网站，2011年8月。http://home.51.com/wei20060 510/diary/item/10050 963.html

示范村。(6)边境定居定耕工程(达蒙区建设项目)。(7)粮食生产和商品生产工程。(8)教育发展项目。(9)卫生发展项目。(10)基层和农村全面发展项目。

同时，在分析本省经济社会发展优劣势的情况下，确定塞公省各行业发展战略如下：

(1)农林业发展战略

农林业发展与农村发展势在必行，因为当前大多数群众生活在农村，生活贫困，以旱地种植为主，靠天吃饭，教育、卫生落后，文盲比率高，产妇和婴儿死亡率高。这些因素制约了塞公省经济社会的发展。根据塞公省经济社会发展状况和土地、水资源丰富等情况，农林业成为优先发展领域。当前，农业生产效率低下。改良品种、集约种植、加大农业试点、提高农业科技含量显得尤为重要。提高农民的农业知识、推广农业新技术，有助于提高他们的生产积极性，在自给自足的前提下加大商品生产，增加家庭收入，从而实现脱贫致富。

在发展种植和养殖业的同时，进一步改善农林基础设施(兴建水利、修建试验中心和农业研究所)。发展养殖业不仅增加了农民的就业，也增加了农民的收入，为未来的发展积累了资金。因此，塞公省重视牧区的规划和动物疫情的预防，建立了有质有量的兽医站。为减少商品价格季节性波动对农户的影响，大力发展农业合作经营模式，加强农业与工业特别是与加工业的联系，以提高农产品增加值，把加工残余物用作饲料或肥料以节约成本。除水稻种植外，还扩大木薯、甘蔗、花生等经济作物的种植，以满足市场需求。赛公省政府鼓励以生物肥代替化肥，使用生物肥有利于农业的持久发展，产品也更受国际市场的欢迎。

(2)能源矿产发展战略

充分利用塞公省水力蕴藏量丰富的优势开发水电资源，既可满足工业发展和本省乃至全国经济社会发展的需求，也可出口到周边国家。利用这一优势，大力发展水电项目，加快实施色卡蛮-3、塞公-4、塞公-5、会蓝潘水电工程，力争在2015年完成全省中、高压电网建设，以满足各行业生产用电和电力出口需要。此外，塞公省还有煤、铜、金、铝土、铁、石、沙等丰富的矿产资源，可加以开发并加工成成品、半成品销售，为塞公省发展筹措资金来源。在进行矿产开采前须进行社会、环境影响评估，以免造成环境破坏和资源枯竭，与此同时，应加强矿产开采的管理力度。另外，由于周边各省砖、沙、瓦、大理石、各类木料的市场需求量日益增多，而塞公省建材工业原料丰富，通过加快建材工业的发展，为各种工程项目提供建筑材料，也成为塞公省开发优势资源，增加政府财政收入的重要途径之一。

（3）工商业发展战略

工商业在经济社会发展方面具有重要意义，应予优先发展。为实现塞公省经济社会发展目标，应大力发展优势突出、投资风险小、创收能力强的工业产业，以带动其他产业的发展。根据塞公省农林业发展现状和当地实际情况，鼓励中、小型农林产品加工企业的发展，如各类食品加工、经济作物加工、民间药材加工、传统纺织布以及家庭工艺品、旅游纪念品和陶瓷工艺品生产等。在2020年前，重视各类生物油的生产加工，在拉蛮县或他丁县建成一座现代化屠宰厂，并考虑兴建生物化肥厂、饲料厂、罐头厂。与此同时，鼓励家庭作坊式加工业的发展，以推动工业逐步向农村地区扩展。

（4）市场开发战略

市场是生产者和消费者进行交易的地方，是接纳商品的场所。因此，市场与商品有着不可分割的内在联系。当前，塞公省的市场开发进展相对缓慢。其原因主要有：交通不够便利、群众缺乏商品生产的意识、缺少扶持机制、新技术转化能力差，最主要的还是资金短缺。过去，市场培育相当滞后，特别在农村地区几乎没有什么进展。商品种类单一、出口商品增加值低。这种情况要求塞公省加快市场开发特别是农村市场的开发，以适应中转服务战略的需求。

开发市场也有利于繁荣当地的商品买卖。市场开发应着眼于原材料如农林产品、矿产品、畜产品的充分利用。应建立国内贸易和出口贸易促进会（中心），举办商品交易会，为国内外的生产者提供商品供求信息。上述促进会（中心）将为生产者和投资者创造更多的商品购销签约机会，为不同商品和类似商品的生产者进行交流和协调价格提供平台。同时，应在老越、老柬边境口岸建立特别贸易区以促进边贸的发展。

此外，生产增加值较高的商品必须吸引外国资金的投入。在开发市场的同时，要注重提升商品在质量、价格方面的竞争力。今后，在开始落实东盟自由贸易区协定和加入WTO后，老挝面临的竞争将越来越激烈。到那时，农民生产的产品必须要有地区竞争优势。在这种情况下，必须引入竞争机制。在市场开发计划中，提高竞争力的关键是提升产品质量和增加值，只有质量提升了产品才具有国际竞争力。同时，生产者还须提升自身能力素质，提高市场分析能力，提升产品质量，保证按时、按质、按量供货；必须提高市场开发人员的创造性，按行业组织相关座谈和交流。

（5）交通运输发展战略

为使塞公省摆脱落后局面，必须加大基础设施建设力度，其中应把道路交通建设放在首位。建设县际之间、县村之间的道路，是加快农村建设、发展商品经济、提升旅游服务、开发农村市场的必然要求。同时，应重视区域干道如连接周边国家的道路建设，以促进本省与本区域内周边各国的经济社会联系。目前该省已有16号国道和11号公路同18B号国道（贯通东—西经济走廊）相连。为把该省建设成为过境服务大省和经济、旅游通道，发展交通运输业十分必要，这有利于该省吸引外来资金、发展商品经济和服务业，有利于该省摆脱贫困。

（6）旅游发展战略

塞公省有丰富的历史、人文和自然景观资源，旅游业在本省发展中具有重要地位。本省各族人民仍保持原生态的生活方式和独特的传统习俗，这是吸引外国游客的一大亮点。丰富的林业资源和多样的物种是发展自然景观旅游的又一资源。由于许多景区都位于农村地区，因此，村民们应在促进旅游业发展方面发挥自己应有的作用。本省重要旅游景点包括：人头涯、双胞涯、大滩、汀洞、通恁平原等。发展旅游业可大幅增长农民收入，为农村创造大量的就业机会。此外，旅游业的发展带将带动住宿、餐馆、纪念工艺品等服务业的发展。为开发利用塞公省旅游资源，须加大通往旅游景点的道路建设，加大景区水电、导游及其他配套设施建设，成立旅游公司，为游客提供旅游咨询服务。同时，还须维护好当地社会治安稳定，保护当地生态环境。

发展旅游业，应鼓励私人投资，如鼓励私人资金参与景区建设/维护、投资餐饮业等。政府应加大旅游基础设施建设，为旅游业开发提供必要的便利，如保障游客人身安全、加大旅游宣传、提供旅游资讯、给予必要的政策扶持等。

（7）人力资源开发战略

人力资源对于发展意义重大，提高人力资源水平非一朝一夕之事，必须着眼长远。因此，在塞公省的长远发展战略中，把人力资源开发摆在了重要的位置上。

人力资源开发涉及范围广、时间跨度大，通过培训、岗位锻炼、经验总结交流等，来提升工人的工艺水平和应用新技术的能力。这是一项必须长期坚持、需要大量投入的艰巨任务。根据以往经验，光注重基础设施建设而不重视人力资源开发，基础设施将无法发挥其应有效用。因此，必须加大人力资源开发力度，把它和教育事业紧密结合起来进行，动员各行业力量参与其中，并重视年轻后备干部的培养，力争到2015年每个行业有1～3名博士、5～8名硕士，到2020年力争使这一数字翻一番。条件允许的话，应安排中、高级干部进行学历进修，使他们达到本科学历。到2020年，各行业的领导干部应具备本科文凭。

工人技艺是塞公省应予重视的一项工作。目前本省熟练工人十分匮乏，应建成省内工人工艺培训中心，2010年前拉芒县至少建成一个工人技艺培训中心、年培训工人50～100人；2015年前在他丁县建成一个培训中心，年培训工人400～500人，到2020年培训能力提升到1 000人/年。重点培养建筑工人、木工、美容师、缝纫师和修理工。如有条件，2010—2015年应建成面向高中毕业生的职业学校。此外，为高中毕业生创造更多的深造机会，使本科、硕士和博士生的入学人数逐年增加。力争使从现在到2020年塞公省接受硕士教育的人数累计达到30～50人、博士达到10～15人。塞公省人口知识层次的提升，有助于本省经济的发展、社会的稳定、资源的可持续开发和环境的保护。

（8）教育发展战略

塞公省重视教育事业特别是小学教育的发展。今后，将增加四个县城的小学数量，每2至3个村至少有1所设有一至三年级的小学，每个发展村群至少有1所完全小学。同时，须加强教师队伍建设，特别要加强少数民族教师的培养，对边远教师和基层教师给予政策上的照顾。此外，对教材进行适当修改，使之更适用于农村地区。到2020年，塞公省按教育部规划，推进4个优先工程的落实，并就此制订了三大工作计划：扩大入学机会计划、质量提高计划和教育管理计划。2020年前，应进一步提高师资力量和师资水平，进一步发展塞公省教育事业，使本省教育水平登上一个新的台阶、与本省经济发展水平相一致，使每一个适龄儿童都能步入课堂；要继续加大扫盲力度，力争到2020年彻底消除文盲。力争到2015年在全省建成10所幼儿园，2020年增加到20所；力争到2015年，在边远农村地区建成17个小学，到2020年数量又有所增加，保证2020年的入学率达到98%～100%；在贫困农村地区新建中学校舍，使初中学校数量在2015年达到36所；在有条件的地区建设高中学校，使高中学校数量到2020年达到13所，2015年高中入学率达到53.1%、2020年达到85%。改进和加强对中等职业学校的管理，提升学校管理人员和师资队伍能力素质，改进教材和教学方法，使毕业学生能够自力更生、自谋职业。对干部队伍、军警和各族群众开展继续教育活动，使他们具备小学或中学学历。力争使2020年政府对教育投资占到政府总投资的21%。

（9）医疗卫生发展战略

除教育和人力资源开发外，另一重点领域是医疗卫生的发展，它与人民的生命健康息息相关。因此，医疗卫生事业的发展意义重大，必须与其他行业的发展同时推进。塞公省人力资源开发离不开卫生基础设施的改进。必须加大县级医院的建设，使之成为医疗工作的主体。同时，应加强基层医疗卫生工作，把它作为一项长期任务来抓；出台相关政策，鼓励医生到贫困边远地区行医。加强对传染疾病如性病、艾滋病、疟疾、肺结核等的预防和控制。可成立传染病监控组，同各省交流传染病信息，在边境地区成立传染病防控小组。

到2020年，在农村和偏远地区建成较为完善的医疗系统；2020年全省需建成24～26个卫生所、建立420～455个村医务室。加大县级医院建设，改进其医疗设备，提升医务人员专业水平，使县级医院能够接待普通住院病人。同加，加强医疗卫生监管，力争到2020年产妇死亡率降到0.08%以下、婴儿死亡率降到2%以下，到2015年儿童注射疫苗率达到70%～80%、2020年达到100%。

（10）农村发展战略

加大农村建设力度，选择某些地区作为试点进行开发，然后将试点地区的成功经验推广到全省；加大农村公路、电力、自来水等基础设施建设；发展农村卫生、教育事业；加大农村旅游开发，加大商品生产力度，开展农业、手工业协作经营。为使农村发展战略取得实效，中央、省级政府和各有关部门须密切协作，指导农村的商品生产，及时为农户提供商品供求信息，鼓励农户种植商品粮，从事编织、纺织、印染等手工艺生产；鼓励各族人民发展酿酒、养蜂等传统产业；成立村级发展基金，为农户创业提供资金支持；成立养殖小组（协会）、手工业小组、绿色食品种植小组等行业组织，为相关产业的发展提供技术援助。各行业小组（协会）内部要团结互助，以提高产量质量和抗市场风险的能力。

加快省—县、县—县、县—村公路建设，重点把塞公—达真—越南边境、塞公—卡梭—越南边境、达真—卡梭三条道路建成旱、雨两季均能通车的公路，在2015年完成这三条道路的全线柏油路面铺设，到2020年实现通往国外道路的全线柏油路面铺设。力争到2015年实现农村电网覆盖率80%、2020年达到90%～100%；在2015年前完成色卡蛮-3、塞公-4、塞公-5水电站建设。鼓励经济作物种植和规模养殖；开垦农田，促进定居定耕；鼓励家庭式小型手工业发展并逐步朝规模发展方向转变。

2. 沙拉湾省[①]

（1）农林方面

继续转变小规模的自然、半自然农业生产为商品生产，发展农产品加工业，提升产品质量和增加值；加强农业新技术的培训和新品种的推广；继续加强环境和水资源保护，实施退耕还林工程，种植经济林木，逐步减少乱砍滥伐现象。加大农田水利建设，维护、修复现在水利设施，保证水利灌溉面积超过1万公顷。继续落实分林分地政策，把土地交给农民使用，各县要明确划分生产区、投资区。

（2）能源矿产方面

继续建设各型水电站如车邦-3、色拉农电站等；继续向偏远山区架设网外电网，确保全省70%的村能用上电；继续加强同外国在煤炭、石灰石、石油天然气勘探开采方面的合作，批准部分矿产开采项目以满足生产加工需要。

（3）服务方面

为各类商品特别是拳头产品的生产创造条件，实施“一县一个拳头产品”工程；升级改造老越、老泰边贸市场，成立中、小型生产—销售—服务集团，进行价格干预，鼓励生产者参与市场（竞争）、降低税率、减少壁垒。继续加大工业项目和工厂建设力度，建设水泥厂、淀粉加工厂、木材加工厂、建材厂等，鼓励传统手工艺生产和出口。

（4）交通通信

实施重点工程项目，把本省主要城市建成重要的过境通道，重视县城的全面

① 《老挝沙拉湾省2008—2020年经济社会发展蓝图》，51.com网站，2011年8月。http://home.51.com/wei20060510/diary/item/10050963.html

建设，加强县城治安秩序维护和绿化美化工作，为农村地区树立榜样。加大招商引资力度，为15A公路、班兵—他丁公路、沙拉湾—那崩公路、1G公路筹集建设资金，解决省—县、县—村路桥不便问题。加大通信、邮政建设，提升通信效率和现代化水平，改善各偏远县区的邮电服务能力。为各县自来水、废水管线铺设进行规划设计。

（5）旅游

加强现有景点建设，促进省内旅游业的发展，重点突出自然观光和文化旅游，加强同周边省份包括越南、泰国各省的旅游合作与联动，力争旅游收入年增长5%～10%。

（6）财政工作

加大开源力度，力争使财政收入占到国内生产总值（GDP）的15%；加强节流管理，实现财政预算的节约和有效利用。

（7）土地开发计划

继续进行土地种类和用途的划分，合理、高效利用土地资源：划分政府用地、县城土地、县郊土地、农村土地等土地区域，划分建筑用地、农业用地、工业用地、边贸用地等土地类别，以便根据土地区位、类别制定合理的土地租用金。

（8）脱贫工作

加强基层政治工作力度，有效落实各项扶贫工程，有力调动社会各力量和资金参与扶贫工作，加大农村基础设施建设，继续进行居住用地、生产用地规划，努力改善人民生活水平，力争使90%的村有学校，86%的村有自来水，70%的村有电，70%的村可通大车，45%的村有水利设施。

（9）教育

加强义务教育，限制辍学率，使适龄人口识字率达到95%以上；落实小学义务教育制；村长、村支书必须能读会写，最好有初中以上文化。强制不称职的政府职员授受进修，在3所民族学校及其他学校增开专业和课程，提高各年级的考试及格率。

（10）公共卫生

继续建设医疗卫生服务网点，加强对疟疾、出血热、肺炎、霍乱等疾病的管控，以预防为主，以西药和老（挝）药结合治疗为重点；加强对医务人员的责任监管，提高医生职业道德水平；发动群众搞好环境卫生工作。关注妇女儿童，做好计划生育工作；增加偏远地区驻村医务人员数量，减少迷信治疗；争取86%的群众能用上纯净饮用水、50%的村建有厕所；鼓励少生优生、晚婚晚育，减少新生儿和产孕妇死亡率，提高人口寿命。

（11）新闻文化

继续提升新闻文化工作质量，培养各民族人民道德情操，提升他们的革命品质，帮助他们树立正确的人生观、价值观；充分发挥新闻传媒在宣传党和政府方针、政策方面的作用，提高新闻媒体的现代化水平。继续加大新农村、新文化村建设。

（12）劳动和社会福利

扩大就业机会，减少失业的发生；落实革命优抚政策，动用国家财政和社会捐助继续向退休干部、战士、烈士家属发放扶助金。

（13）对外经济合作

继续推行对外经济合作政策，重点发展同越南各省的经济联系；同时做好老泰、老越边境维稳工作，以保障边贸的发展；继续加强数据搜集工作和项目计划制订工作，以争取国际机构的无偿援助和信贷支持，为当地商品生产和脱贫工作寻找资金来源。

同时，沙拉湾省根据不同地形区位制订了以下发展方针：

（1）平原地区

重点发展水稻以及花生、黄豆、木薯、蔬菜等经济作物种植；大力发展羊、猪、家禽、鱼等畜牧和渔业养殖；根据各县优势，努力培植中小型加工企业、建材企业，提高贸易、旅游服务水平。

（2）高原地区

在娄安县、沙拉湾县和空塞墩和瓦比地区，大力发展林木和咖啡、砂仁、姜、果树、豆类、药材等经济作物种植；在20号公路沿线建设各类农产品加工厂；加强同塞公、占巴塞省各县的生产合作。

（3）山区

达威、沙梅两县重点发展种植和养殖业，鼓励经济作物种植；落实定居定耕和分林分地政策；传承、弘扬各民族优秀文化传统，发展民俗旅游和生态旅游，维护生物多样性；加强基础设施建设和扶贫工作力度，提高政策服务能力，出台针对老越边境地区和贫困地区的招商引资政策，努力解决贫困问题。

3. 阿速坡省[①]

（1）土地开发计划

在全省范围和各县进行土地普查，规划土地用途，制订土地及其他相关资源的开发计划，以满足中央和省级优先项目对土地的需求；把土地及其资源转化为本省发展资金（出租、出售、入股等）。编制全省农林用地地图或示意图，以明确农业及其他行业发展的用地区域。加强对土地的统一、集中管理，制止私圈乱占土地，加快落实各村、村集授地授林工作，同时把土地上的作物/林木交给农户管理。尽快为那些合法使用土地的农户开具土地证；依法严肃查处海外侨民、外国人未经政府批准进行的土地买卖和土地圈占行为。

（2）农林业

农林业在全省经济结构中仍居于首要地位，到2020年还将占国内生产总值（GDP）一半的比重。应立足本省潜在优势和未来五年发展方针及主要任务，推广科学技术在农业生产中的应用，大力发展集约型农业，重点放在平原和水利设施较好的地区。把粮食生产放在首位，在实现自给自足的前提下，把粮食作为拳头商品销往国内和国外市场（包括就地出口）。应优先生产大米、肉类、鱼、蔬菜、淀粉类作物、经济作物、果树和经济林木。

在粮食和作物生产方面，力争每年生产大米5万～7.5万吨、每年增加3%～4%的稻谷种植面积；提高早稻出产率，争取达到3.5～4吨/公顷；争取晚稻种植面积达到1 000～5 000公顷，亩产量达到4～5吨/公顷；蔬菜、豆类及其他作物种植面积力争达到1 000公顷/年，总产量达到1 500吨/年；玉米、木薯种植争取达到5 000公顷。

在畜牧和渔业方面，鼓励大牲畜饲养，使黄水和水牛养殖以年增长6%、猪和羊8%、禽类15%的规模发展，渔业养殖形成一定的规模。鼓励扩大农场（牧场）规模养殖，以满足国内市场的需求并就地出口。

（3）水利方面

充分、有效利用现有水利设施，加快完成已规划水利项目的建设，力争使水利灌溉面积达到1 000～5 000公顷。继续调研未来水利设施建设的可行性，如车

① 《老挝阿速坡省2008—2020年经济社会发展蓝图》，51.com网站，2011年8月。http://home.51.com/wei20060 510/diary/item/10050 962.html

边、南公、会色蒙及其他地区水利项目的可行性等。此外，还须对当前拟投资的水电项目或未来可能兴建项目对农业生产的影响进行研究。

（4）林业方面

力争育苗8 800万株，具体划分林业种植用地，采取有效措施彻底消除毁林开荒现象。把发展经济林木作为今后的工作重点，争取橡胶种植面积达到5万公顷，坡垒、花梨木、红木等种植超过5万公顷，腰果、沉香各2万公顷，胶木超过2万公顷；种植各类果树400公顷，产量达到200吨/年。重视对林木采伐的管理，按中央批给省里的砍伐配额进行开采。同时，考察森林资源，掌握可开采森林资源情况，如水电站、道路、电网、水利设施、工业区、服务区等建设项目区域内的林木情况，做好采伐计划并上报中央审批。

（5）技术开发与服务

继续推进农林试验中心（基地）建设，系统地、有重点地开展农林科研工作，为农林业的商品化生产提供技术支持；与中央、南部其他省及周边国家邻近省份进行经验、信息交流，为农户和社会提供必要的资讯，提前发布动植物疫病爆发、气候条件变化等灾害预警信息，以便他们采取相关的应对措施。

（6）工业方面

为今后的工业化和现代化打下基础，实现宏观经济预期目标，应重点做好以下工作：在工业区，明确划定各省工业区和各县工厂的建设区域，加大招商引资力度，并做好交通、电信、水电、学校、医院等公共基础配套设施方面的服务工作。在投资中，立足本省现有优势，如农林产品加工、食品加工、农业生产服务（肥料、饲料、农用机器维修、非化学品杀虫剂等）、民族传统手工艺、电力、矿产等，加大引资力度。同时，对部分已投资但未经营的项目进行重新评估和研究。

在电力发展中，扩大高、中、低压电网，发展小型水电站和计划外电力项目，使50%的家庭和所有县城能用上永久性电力，保障农业生产、工业加工和服务业的用电。重点加快架设至汕赛、普翁两县县城和至普哥—伯伊国际口岸两条网线。同时，对汕寨县旺达金矿开采项目的电网建设进行可行性研究。在矿产发展中，会同中央有关部门对本省矿产资源进行普查并绘制全省地质图，以促进矿产领域的投资；协助各县、各部门和投资者加强对本省矿产勘察和开采项目的监管。改进、规范传统（手工式）的金矿、玉石开采，使之既可为当地老百姓创收，又能保护各民族的特色文化。

(7)交通运输、邮电和建设方面

重点是把沙玛奇赛县建设成为现代化的省会城市；提升沙玛奇赛、赛塞塔两县服务水平，继续加快普哥—柏伊国际口岸、18B号公路建设，完善现代化过境物流服务，把(该口岸)建设成为南部四省进出越南的门户。具体工作如下：在路桥方面，继续加大本省道路建设，如旺达、塞卡单、巴色边、农痕、连接柬埔寨的1J公路、占巴塞省巴通蓬县班迈哈村道路、直通旺达区的米赛村—扎伦赛村、达普村道路建设等。其中，须完成省城至县城的柏油路建设、县城至发展示范村的道路建设，以确保旱雨两季均能通车。在交通方面，加快各汽车站的改建和新建工作，使之成为通往周边国家邻近省份的现代化的、具有配套服务设施的交通枢纽站；继续改进过磅点、收费站建设，以确保行车便利和畅通；成立各种运输协会以提高服务并为国家财政创入。对新建一个标准化机场的可行性进行调研并制订建设计划规划。在邮电方面，继续改进和扩大邮电服务网点，把邮电服务延伸到每一经济区、服务区和发展示范村。重点完成普哥—柏伊国际口岸、松碑边境口岸(老挝—柬埔寨)建设和把服务网点覆盖到金矿开采区、水电站建设项目区域。在城市规划和自来水建设方面，绿化、美化各县城，如合理调整机关办公楼及民房布局；出台省级、县级和重点发展示范村城镇管理与发展规定；改进、提升松碑口岸级别，为今后扩大同柬埔寨的贸易、旅游、投资等合作以及资源共享提供便利。加快各县城及各发展示范村自来水网管的规划、建设，以解决群众生活用水及生产—商业用水问题。

(8)商贸和市场开发

按照鼓励商品生产政策，加大商品生产力度，以满足省内、省外以及国外市场需求；以满足省内需求和就地出口为重点，为实施中以及即将开工的国家大中型项目、为旅游业和国外市场提供商品。在出口省外、国外方面，要争取实现年出口稻谷2万吨，出口水牛、黄牛500～5 000头；对已批准投资的农产品加工生产项目，重点是根据三角经济区合作计划，扩大老越边境市场或老越柬边境市场；完成省会的市场和商贸中心建设；动员和推进市场建设，加大两头服务，由经营者和群众牵头，在有条件的各县、各村和示范村推进购销组/购销合作社、社区市场、餐饮店、批发—零售业的发展。其中，必须结合两个目标县的中转服务来进行，重点区域放在16A和18号公路沿线。

（9）旅游方面

阿速坡省是一个有着悠久历史文化的省份，有着绚丽多彩的民族文化习俗，自塞塔提腊王以来就同周边地区有了往来。该省森林资源丰富，河流交错，瀑布较多，可开发为历史、文化旅游胜地和自然风景区。要加大本省旅游宣传力度，直接与中转服务挂勾，吸引更多的旅客到阿速坡观光旅游，使旅游收入成为本省一项稳定的财政收入来源。重视旅游基础设施建设，提升旅游服务质量，逐步实现旅游业的规范有序管理，更好地服务于国内外游客。

（10）财政方面

积极动员生产—经营、服务部门加强自身建设，为它们的发展壮大创造便利条件，使它们成为财政增收的主要渠道。加强征收工作，保障财政收入连续、稳步增长，力争达到收支平衡并略有赢余，逐步降低省对中央、县对省的财政依赖程度。实行紧缩支出和效益均衡制度，以满足经济社会高效发展的需要，进行有重点的支出，逐年降低财政赤字。严格落实财政政策，加强对财政的有效监管。

继续加强农村发展基金建设，动员各方面财力进入发展基金，把上述基金和银行（贷款）资金集中运用到扶贫和商品生产两大任务上来。

（11）银行

继续推进驻本省分行建设，增加业务类别，提高现代化程度，为社会提供更便利的服务；加强货币流通监管，如加强对汇率、省内（或南部四省）外国服务机构和外国人买卖有价物的监管。为在发展较好的经济区、口岸开设银行服务进行调研并创造条件，以积聚各领域资金，为业务经营顺畅的单位提供信贷资金。力争实现银行存款达到1 013亿基普/年、放贷905.9亿基普/年，其中农业放贷占45%、工业放贷占30%、服务业及其他占25%。

（12）教育与文体

在教育方面，努力提高6～10岁适龄儿童的入学率，实现入学率年增加4.8%、2010年入学率达到92%；力争使初中入学率和毕业率达到95%；力争使高中入学率和毕业率达到95%；每年减少文盲人口总数的20%；使接受大专、本科及以上教育的人数逐年增加。为实现这些目标，须对教学系统进行改革，改善教师特别是少数民族教师、边远农村教师的待遇。增加小学、中学校舍，以满足学生数量增长的需要；增加学校体育设施，以帮助青少年远离各种不良风气；成立学生家长联合会，以促进家长参与教育事业和加强对儿童的管教。在有条件的地区如普翁县的松本区、南公区，萨南赛县的拉空赛区，沙玛奇赛县的普康村和汕赛县的旺达区建立寄宿学校，把初中升级为高中。

鼓励私人投资教育事业，发展必要的普通教育和职业教育，以满足本省、南部四省经济社会发展的需要。改造、建设一个至少有10个专业的职业学校，适当建设各类职业培训中心。

（13）公共卫生

推进省、县医院及卫生所的现代化建设，不断改善医疗设备条件，提高医生队伍专业技术水平，提升医疗服务能力。加大健康教育和卫生知识宣传普及力度，拓展公共卫生服务网点，力争使服务网点覆盖全省95%的村，以保障各族人民的医疗健康需求。防范艾滋病、疟疾、痢疾等各类疾病的爆发，使全省“三净”卫生达标村比例达到90%；充分发挥红十字会在献血活动中的组织作用；加大厕所、地下排水管建设，力争每年增加驻村医疗志愿队和驻村药品发放点40个。落实优生优育政策，逐步降低产妇和婴儿死亡率，确保全省人民平均寿命达到65周岁。

（14）新闻—文化

重视改进和发展大众传媒事业，使大众传媒成为向各阶层人士、基层群众宣传党和政府路线、方针、政策和法律的有力武器。重点是改进基础设施，引进先进设备，如对电台、电视台进行改造、搬迁，使之达到相应的技术标准；更换天线柱，使之达到标准要求（100米高），以保证电视、电台从模拟信号到数字信号的转变（发射器功率达到1 000瓦）；把电信网络拓展到每一个县。研究并着手建设传统民俗馆、文化俱乐部，建设至少一个省文化园和省图书馆。修缮省、县级凯山·丰威汉纪念馆和无名英雄纪念碑、老—越战斗友谊纪念碑，使之成为人们瞻仰、朝圣的地方；搜集整理省、县、村、部队和个人的英雄事迹；加强对各民族文学、艺术、古文物的弘扬与保护，并把它们作为旅游资源加以开发利用。

（15）劳动与社会福利

重点是会同教育部门，利用现在的职业学校，发展职业技能教育，为本省经济社会发展和在本省的中央项目提供相关专业技术人员；同时，加强针对落榜青少年的各类职业技能培训，包括自由职业培训，让他们能够找到一份稳定的工作，从而逐步减少外国劳工的进口。继续加强对省内侨工、外国劳工（包括项目主管/技术员和自由职业者）的管理，使他们遵纪守法、依法缴纳各类税费，保障（省）财政收入。落实退休干部、退伍军人和有突出贡献者的福利政策；加强对突发灾害国际援助资金的管理，使之公开、透明、及时到位；给予弱势的老人、妇女、儿童应有的关爱。

（16）体育

继续发展群众体育事业，改进、新建各类体育协会，加大体育基础设施建设，使之能够承接本省、南部四省乃至国际体育赛事。重视在学校、军队中开展体育运动。做好参加分别在沙湾拿吉、占巴塞举行的第七、第八届全运会的准备；组织年度体育竞赛，积极开展同各省、同国际间的体育友谊比赛。

（17）科技与环保

重视同中央科技、环保部门的协作，有重点地把各类科研成果引入到本省的生产、经营和服务行业中来；有效利用现有的试验中心如农林试验中心；密切协同有关部门，向基层群众和各工程项目宣传、普及环境保护法；继续跟踪、检查、评估在建项目和未来五年拟建项目对环境的影响。

（18）农村发展、扶贫和商品生产

在农村全面发展方面，主要是在全省范围内划定发展示范村群，其中未来五年的工作重点是开发旺达地区；为开发普翁县松本区、沙南赛县拉空赛区、沙玛奇赛县普康村区的进行调研和创造条件。同时，会同有关部门，妥善安置因实施中央项目而被迫迁移的村民，为他们从事固定职业创造条件。

在扶贫工作方面，继续调动各方资金用于实施扶贫计划。其中，根据中央扶贫方针，重点仍放在赛色塔、汕赛、普翁三县，主要是利用国际农业发展基金、边境发展基金的资金帮助上述三县实现脱贫。同时，研究、制订其他各县特别是上级已确定的发展示范村群的扶贫计划。力争实现消除贫困家庭1 338户/年的目标。在商品生产方面，大力促进商品生产，初步实现“一个示范村（群）一个产品”。按照农村全面发展规划，商品生产要从村（群）开始，然后连成片区，形成产业优势，重点放在农产品的商品生产上。其中，拳头产品是大米、经济作物、林木和畜牧、养殖业，具体应根据国家每年的商品生产鼓励政策而定。

第二章　老挝人口地理

老挝是中南半岛唯一的内陆国，也是东南亚国家中（除文莱以外）人口最少的国家，老挝人口只占东南亚的1%，中南半岛的2.3%。[①]根据联合国和世界银行的数据显示，2011年老挝人口为628.8万人，人口密度（每平方公里人口数）26人，2005—2010年五年期间人口平均人口变化率为1.5%，城市人口213.6万，农村人口430万，人口城镇率为33%，2005—2010年五年期间城镇人口平均人口变化率为3.2%。[②]

第一节　人口发展

老挝人民共和国于1975年建立以来，人口增长非常迅速，35年间（截止到2010年）人口增长了2倍多。

一、人口变化

经过几百年的忍辱负重、艰苦的殖民地生活，到1975年老挝人民民主共和国成立的时候，总人口只有304.2万人。在过去的25年（1950—1975）时间里，老挝的人口增长迅速，从1950年的168.3万人增长到1975年的304.2万人，总人口增长了80.75%。

表2-1　1950—1975年老挝人口增长表

年份	总人口（万人）	年均增长率（%）
1950	168.3	
1951	172.4	2.44
1952	176.6	2.44

① 中国大百科数据库：https：//vpn2.nlc.gov.cn/prx/000/http/202.106.125.14：1 168/indexengine/indexsearchframe.cbs

② 数据来源：联合国网站：http：//www.un.org/en/；世界银行网站：http：//www.worldbank.org.cn/

续表

年份	总人口（万人）	年均增长率（%）
1953	180.9	2.43
1954	185.2	2.38
1955	189.7	2.43
1956	194.1	2.32
1957	198.7	2.37
1958	203.4	2.37
1959	208.1	2.31
1960	213	2.35
1961	218	2.35
1962	223	2.29
1963	228.3	2.38
1964	233.6	2.32
1965	239.1	2.35
1966	244.7	2.34
1967	250.4	2.33
1968	256.3	2.36
1969	262.5	2.42
1970	269.1	2.51
1971	276.3	2.68
1972	283.9	2.75
1973	291.5	2.68
1974	298.4	2.37
1975	304.2	1.94

数据来源：根据联合国和世界银行数据整理所得。

老挝在1950—1975年这25年的时间里，总人口年均增长率(除1975年外)都在2.3%以上，远远超过了世界总人口的年均增长率1.74%。其中1972年达到了最高的2.75%的增长率。尽管老挝在这一段时期里的人口增长率较快，但是由于人口原本的基数少，实际增长的人口还是很少，25年一共增加了135.9万人。

1975年的老挝总人口仅仅只有304.2万人，生活在23.68万平方公里的土地上，人口密度仅仅只有12.8人/每平方公里。人口密度远远低于1975年世界31人/每平方公里的平均人口密度。1975年，老挝建立了人民共和国，国家开始稳定下来，但是刚刚建立的老挝人民共和国，民生凋敝。此时的老挝政府主要有巩固政权、清剿残匪等工作。老挝人口在1950—1975年增长较为缓慢，尤其是1976—1981年之间，1982—1985年老挝人口呈现较快增长。

表2–2　1976—1985年老挝人口增长表

年份	总人口(万人)	年均增长率(%)
1976	308.7	1.48
1977	312.1	1.10
1978	315.1	0.96
1979	318.7	1.14
1980	323.5	1.51
1981	329.7	1.92
1982	337.2	2.27
1983	345.8	2.55
1984	355.1	2.67
1985	364.8	2.73

数据来源：根据联合国和世界银行数据整理所得。

由上可以看出，老挝的人口增长在建国后几年里增长缓慢，过后又一直保持在2%以上的增长。1975—1980年为人口增长缓慢时期，主要原因是：难民出逃，随着1975年老挝全国解放的炮声，老挝难民出逃人数也达到了高潮，共计有6万之众。由于老挝与泰国有着1 000多公里长的共同边界线，且仅一江之隔，两国的语言、生活和习俗又甚为相近，均信奉佛教，于是大批难民进入泰国寻求庇护，使得泰国在清空、清坎、廊开、武里南和乌论等地开设的十几个难民营人满为患。据统计，到1979年底被泰国难民营收容的老挝难民已达201 800人，1975—1985年间老挝难民达31万之多，竟占全国人口的1/10。

1985年3月，老挝进行了第一次全国人口大普查，普查的结果老挝一共有358万人，其中男性175万，女性183万，分布在23.68万平方公里的国土上，老挝人口分布在此时也是亚洲最稀少的，每平方公里仅15.1人①。到了1995年，老挝进行了第二次全国人口大普查，数据显示：这10年中，老挝的每年的人口增长都在10万人以上。

表2-3　1986—1995年老挝人口增长表

年份	总人口（万人）	年均增长率（%）
1986	374.9	2.77
1987	385.4	2.80
1988	396.3	2.83
1989	407.6	2.85
1990	419.2	2.85
1991	431.2	2.86
1992	443.5	2.85
1993	455.7	2.75
1994	467.8	2.66
1995	479.5	2.50

数据来源：根据联合国和世界银行数据整理所得。

老挝在1986—1995年的这10年中，人口增长较快，年增长率至少都是在2.5%以上的高位。老挝人口增加了104.6万人，这为老挝在这10年的经济实现较快发展奠定了充足的人力资源基础。

1995年3月，老挝进行了第二次全国人口大普查，主要是对老挝的总人口、人口结构、人口分布与迁移、家庭特征、教育与识字率、生育、死亡率、劳动力、

① 黎明摘译：《老挝政治经济概况》，载《东南亚纵横（季刊）》，1990年第2期，第57页。

住房特征等进行普查。到1995年底的时候，老挝的人口密度也只有20人/平方公里，低于世界人口平均密度的42人/平方公里。与1950年的老挝人口相比，人口净增长了311.2万人，人口增长率达184.91%；与1975年老挝建国时候的人口相比，人口净增175.3万人，人口增长率为57.63%。

如果说，1986—1995年是老挝人口增长最快的时期，那么到了1996—2005年的这10年，老挝的人口增长有所放缓，但是仍维持在一个人口增长的高位。

表2-4 1996—2005年老挝人口增长表

年份	总人口（万人）	年均增长率（%）
1996	490.8	2.36
1997	501.7	2.22
1998	512.1	2.07
1999	522.1	1.95
2000	531.7	1.84
2001	540.9	1.73
2002	549.7	1.63
2003	558.2	1.55
2004	566.7	1.52
2005	575.3	1.52

数据来源：根据联合国和世界银行数据整理所得。

自老挝的人口增长率在1991年达到历史高峰的2.86%以后，到2005年，已下降了1.34%到1.52%的人口增长率。但是老挝的人口增长率还是维持在一个高位，1996—2005年的世界人口年均增长率是1.25%，老挝的年均人口增长率还是高于世界的平均水平。老挝人口经过几十年高速的增长，人口基数也上升到了575.3万人，但是对一个国土面积有23.68万平方公里的国家来说，总人口还是相对较少，人口密度也仅仅只有24.3人/平方公里，与世界平均人口密度的49.8人/平方公里相比，还不到世界人口平均密度的一半，老挝仍是东南亚国家中人口密度最小的国家之一。

2005年，老挝进行了第三次全国人口大普查。在这次人口大普查中，老挝没有把在日常居住地不超过六个月的居民计算在内，即老挝在2005年3月公布的人口普查基数只有562万人，其中男性有282万人，女性有280万人①。2005年至今，老挝人口继续增长，据老挝国家统计局数据显示，到2011年底，老挝总人口有628.8万人。

表2-5　2006—2012年老挝人口增长表

年份	总人口（万人）	年均增长率（%）
2006	584.2	——
2007	593.1	1.0 152
2008	602.2	1.0 153
2009	611.2	1.0 149
2010	620.1	1.0 146
2011	628.8	1.0 140
2012	664.6	1.0 569

数据来源：2006—2010年根据联合国和世界银行数据整理所得。2011年根据老挝国家统计局整理所得。2012年根据世界银行数据整理所得。

总的来说，老挝人口经过60年的发展，从1950年的168.3万人，增长到2012年的 664.6万人，净人口增加了496.3万人，增长率达294.89%，老挝的人口密度也从1950年的7人/平方公里增长到了2011年的26.6人/平方公里，人口密度增长近四倍。尽管老挝在这61年的时间里，人口增长迅速，但是老挝的总人口还是很少。

2005年老挝第三次人口大普查的时候，对老挝未来15年的人口增长进行了预测。老挝预计到2020年的时候，总人口规模达到726万人，人口增长率为1.4%。老挝人口的不断增长，也为老挝近20多年以来社会经济的快速发展，提供了充足的劳动力资源。此外，老挝的人口增长也伴随着老挝人口结构的不断优化，这将为老挝社会经济向前发展奠定人力基础。但是，对于一个想要摆脱贫穷落后国家的人口来说，老挝的人口规模以及现有的人口素质还远远不够。

① 《2005年人口普查与人口预测》，老挝国家统计局网站，2005年。http：//www.nsc.gov.la/index.php？ option=com_content&view=article&id=18&Itemid=19&limitstart=8

二、出生率

老挝在第二次世界大战后，长期受到美、法等国的侵略和陷于内战，生产力低下，卫生条件极差。老挝人民为了求生存吃饱饭，这就需要足够的劳动力，于是每个家庭一般都有生育有好几个孩子。老挝自1960年以来，一直是东南亚国家中，婴儿出生率较高的国家之一。但是由于卫生条件跟不上，婴儿的成活率相对较低。

20世纪60年代的老挝，因为长期陷于战争，人民痛苦不堪，老挝居民的生产生活受到极大的影响。由于老挝的经济发展水平极低、人民大众贫穷落后、妇女大多来自于农村，以及没有任何的避孕措施等是老挝高出生率的主要原因。到老挝人民共和国成立之前，老挝处于一个高出生率的时期。

表2-6　1960—1975年老挝人口出生率

年份	1960	1962	1964	1966	1968	1970	1972	1974	1975
出生率(%)	4.27	4.24	4.23	4.22	4.23	4.24	4.25	4.24	4.24

数据来源：根据联合国和世界银行数据整理所得。

老挝在1960—1975年这个时期，出生率都保持在4.2%以上的高位，而这一时期的世界人口出生率为3.24%，其中发达国家为1.89%，发展中国家为3.85%[①]。老挝在这一时期的出生率不仅高过世界人口出生率，而且还高过发展中国家的人口平均出生率。

建国初期的老挝，面临着发展经济、巩固政权的问题。老挝政府为了建设新生的政权积极倡导老挝人民生育，为老挝的建设提供足够的人力资源。但这一时期高出生率的主要原因还是老挝贫穷落后、人民生活水平低下和无任何避孕措施等。

表2-7　1976—1985年老挝人口出生率

年份	1976	1977	1978	1979	1981	1982	1983	1984	1985
出生率(%)	4.23	4.23	4.22	4.22	4.22	4.23	4.23	4.24	4.24

数据来源：根据联合国和世界银行数据整理所得。

1975年老挝建国后，老挝仍处于一个高出生率的时期。到1985年老挝第一次全国人口大普查时，同样也保持在4.2%以上的出生率。而这一时期，世界的

① 曹立群:《世界人口增长的特点》，载《世界经济》，1982年05期，第7页。

人口出生率却有所下降是2.9%，其中发达国家的人口出生率是1.65%，发展中国家的人口出生率是3.35%[①]。

1986年老挝开始实行了“革新开放”的经济政策。老挝的经济开始了较为快速的发展，人民生活水平有了较大提高，卫生条件也取得了较大改善，老挝人们这时也开始使用节育避孕的工具。在老挝的第二次全国人口大普查时期，老挝的出生率有所下降。下表是1986—1995年老挝人口出生率情况表。

表2–8　1986—1995年老挝人口出生率

年份	1986	1987	1988	1989	1990	1991	1992	1993	1994	1995
出生率(%)	4.24	4.23	4.22	4.19	4.12	4.1	4.03	3.94	3.83	3.71

数据来源：根据联合国和世界银行数据整理所得。

这一个时期(1986—1995年)，老挝的人口出生率逐年下降，到1995年的时候，下降到了3.71%，但仍高于世界人口出生率的2.31%，高出1.4%。

根据1995年的老挝第二人口大普查的预测，老挝在2005年的出生率将从1995年的3.71%下降到2005年的2.43%；总出生率从1995年的2.4%降到2005年的2.2%。可实际的是，2005年的老挝人口出生率保持在2.57%。

表2–9　1996—2005年老挝人口出生率表

年 份	1996	1997	1998	1999	2000	2001	2002	2003	2004	2005
出生率(%)	3.57	3.44	3.3	3.17	3.05	2.94	2.83	2.74	2.65	2.57

数据来源：根据联合国和世界银行数据整理所得。

相比于1960年的4.27%的高出生率，2005年的人口出生率已经下降到了2.57%。尽管老挝的出生率自1986年以来逐年下降，但是还是高于世界人口出生率的2.18%。

2005年以来，老挝的人口出生率也在下降。根据2005年老挝第三次人口大普查预测，到2020年老挝的人口出生率将下降到1.9%，那个时候的老挝人口出生率将略高于世界人口出生率。

① 曹立群：《世界人口增长的特点》，载《世界经济》，1982年05期，第7页。

表2-10 2005—2011年老挝人口出生率表

年 份	2 006	2 007	2 008	2 009	2 010	2011
出生率(%)	2.5	2.43	2.38	2.32	2.28	2.23

数据来源：根据联合国和世界银行数据整理所得。

老挝的人口出生率随着老挝的社会经济的发展、人民生活水平的提高和节育避孕工具的使用逐年下降，不断的接近世界人口出生率。2009年时，老挝的人口出生率为2.32%，而世界的人口出生率为1.97%，二者之间相差0.35%。

20世纪80年代末，老挝经济呈现快速发展，人口出生率也开始逐年下降。老挝也开始抛弃以高出生率来换取的人口规模增长的政策，开始引进较好的基础卫生设施，提高婴儿的成活率。老挝以前一个家庭有4个以上的孩子很普遍，可是到了21世纪，老挝家庭的孩子一般是2～4个，甚至还有一个孩子的家庭。老挝的人口出生率逐渐在向世界人口出生率靠近，越来越趋于合理。但是老挝的人口出生率与世界人口出生率还存在一定的差距，尽管老挝的婴儿成活率在国际社会的帮助下有较大的提高。

三、死亡率

死亡率是影响人口增长率的主要因素之一。第二次世界大战以来，老挝的人口死亡率居高不下，主要的原因有：第一，老挝连年处于战乱时期，因为战争死亡的人很多；其次老挝的社会不稳定，人民不能安居乐业，吃不饱穿不暖，生活条件极差，很多婴儿因为母亲营养跟不上没有奶吃而活活饿死；第三，老挝处于热带季风气候区，高温高湿、蚊虫肆虐等自然环境恶劣；第四，老挝的卫生基础设施不到位，很多病人得不到及时的医治而丧失生命。上面我们可以知道，老挝1960年以来一直保持着高出生率，要不是因为老挝同时也保持着高死亡率，老挝人口增长可能会更快。

老挝在20世纪60年代到1975年建国这一时期，因为受到战争的影响，国内一片混乱，人民居无定所、饥不择食；同时又多发战事，卫生条件极差，自然环境恶劣等，很多老挝人死亡。

表2-11　1960—1975老挝人口死亡率表

年 份	1960	1962	1964	1966	1968	1970	1972	1974	1975
死亡率（%）	1.96	1.94	1.91	1.88	1.86	1.84	1.81	1.79	1.77

数据来源：根据联合国和世界银行数据整理所得。

这一时期老挝的人口死亡率高达1.77%以上，不仅超过世界人口死亡率的1.33%，而且还超过发展中国家人口死亡率的1.4%，更是发达国家的两倍以上。但是老挝的人口死亡率也在不断的下降，尽管下降幅度很小。从1960—1975年的15年时间里，老挝的人口死亡率下降了0.19%。主要原因是：战事不断减少、国际援助增多，特别是美国进入老挝以来，卫生条件有了一定程度的改善。1975年老挝建国后，老挝国内社会趋于稳定，人口死亡率进一步下降。

表2-12　1976—1985年老挝人口死亡率表

年份	1976	1977	1978	1979	1980	1981	1982	1983	1984	1985
死亡率（%）	1.75	1.74	1.72	1.70	1.68	1.66	1.63	1.6	1.57	1.54

数据来源：根据联合国和世界银行数据整理所得。

老挝的人口死亡率在1976—1985年这10年中下降的速度比1960—1975年那一段时间要快，下降了0.21%。但是相比于这一时期世界人口死亡率的1.1%和发展中国家的1.16%，老挝的人口死亡率还是处于高位。主要原因是：第一，老挝建国后，人民不用饱受战乱之苦，可以安居下来；第二，国际援助的增多，使得老挝这一时期的卫生医疗条件有较大改善；第三，人们在这一时期辛苦劳作，可免挨饿受冻之苦，人们的寿命在这一时期提高。

1986年后，老挝实行“革新开放”的经济政策，使得老挝经济保持较快的增长，人民生活水平逐渐提高，卫生医疗条件也得到改善。人的寿命增加，人们的抗自然环境的能力也有所提升，这些都使得老挝在1986—1995年这一段时期的人口死亡率继续下降。

表2-13　1986—1995年老挝人口死亡率表

年份	1986	1987	1988	1989	1990	1991	1992	1993	1994	1995
死亡率（%）	1.5	1.46	1.41	1.37	1.32	1.27	1.21	1.16	1.11	1.06

数据来源：根据联合国和世界银行数据整理所得。

老挝这10年的人口死亡率下降速度更加明显，共下降了0.44%，超过了过去25年的下降速度。离世界人口死亡率0.91%的差距是越来越小，逐渐接近于世界人口死亡率，二者仅相差0.15%[①]。相比于1960年世界人口死亡率的1.63%和老挝1960年人口死亡率的1.96%相差的0.33%来说，已经下降了一半多。

1996年到2005年的这一时期，老挝的经济增长尽管受到亚洲金融危机的影响，但还是保持较快增长。老挝人民的生活水平不断提高，医疗卫生条件的改进和发展，加上老挝人民寿命的提高，老挝的死亡率也在逐步的下降。下表是1996—2005年老挝人口死亡率表。

表2-14　1996—2005年老挝人口死亡率表

年份	1996	1997	1998	1999	2000	2001	2002	2003	2004	2005
死亡率(%)	1.01	0.97	0.93	0.89	0.86	0.83	0.80	0.77	0.74	0.72

数据来源：根据联合国和世界银行数据整理所得。

老挝的人口死亡率在20世纪的最后几年，下降到了1%以下。并且在2000年的时候，已经在世界人口死亡率的0.87%之下。而这一时期的世界人口死亡率是0.86%，老挝的人口死亡率在2000年后就一直低于世界人口死亡率。主要原因是：第一，老挝的社会经济的发展，人民安居乐业，可以吃饱穿暖了；第二，老挝的医疗卫生条件的改善，让老挝人民病有所医；第三，老挝的人口主要是以年轻人为主，老年人很少。

2006年以来，老挝的人口死亡率进一步的下降，人口死亡率都保持在0.7%以下。尤其是在2009年的时候，老挝人口死亡率以0.64%低于2009年世界人口死亡率0.81%的0.17%。主要是因为老挝经济的发展、食物的增加、营养的改善、医学的进步、公共卫生新技术的应用以及文化教育水平提高等综合因素的交织。

表2-15　2006—2011年老挝人口死亡率表

年份	2006	2007	2008	2009	2010	2011
死亡率(%)	0.69	0.67	0.65	0.64	0.63	0.62

数据来源：根据联合国和世界银行数据整理所得。

老挝的人口死亡率从高于世界人口死亡率到今天远远低于世界人口死亡率，

① 《人口出生率和死亡率(2001)》，中国统计局网站，2001年。http://www.stats.gov.cn/tjsj/qtsj/gjsj/2001/t20021014_402192828.htm

表明老挝社会经济得到了显著的进步和发展，人们在老挝国家向前发展的过程中得到了实惠，也获得了国家发展所带来的红利。老挝人口死亡率的不断降低，甚至到了历史低点，但是这并不代表老挝的经济有多发达，而是因为老挝的年轻人在老挝的人口结构中占得比例较大，老挝的老年人较少。此外，老挝医疗卫生的发展、食物的增加和营养的改善也是影响老挝人口死亡率下降的重要因素。

第二节　人口结构

一、年龄结构

由于老挝至今仍是一个落后的国家，经济发展水平很低，老挝的人口年龄总体来说是年轻的。年轻人和青少年在老挝总人口中占有重要的比例，1950年老挝30岁以下的人口有114万，占总人口的68%。主要是因为老挝饱受战乱之苦、人民苦不堪言、医疗卫生条件极差等，使第二次世界大战后的老挝人口年龄很年轻。

1950年，老挝国内各年龄段人口的情况：0～4岁，27.5万人；5～9岁，21.6万人；10～14岁，19.0万人；15～19岁，16.8万人；20～24岁，15.4万人；25～29岁，13.7万人；30～34岁，12.0万人；35～39岁，10.3万人；40～44岁，8.6万人；45～49岁；7.2万人；50～54岁，2.11万人；55～59岁，1.68万人；60～64岁，1.24万人；65～69岁，0.93万人；70～74岁，0.7万人；75～79岁，0.45万人；80岁以上，0.33万人；80～84岁，0.23万人；85～89岁，0.08万人；90～94岁，0.02万人。

图2-1　1950年老挝3~49岁人口统计图

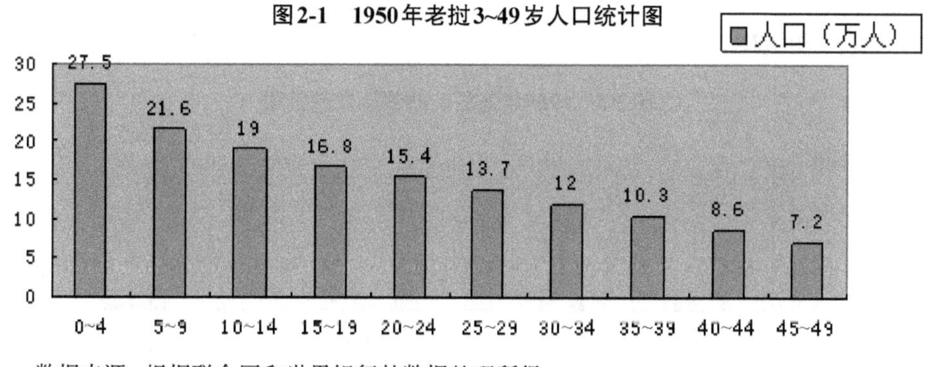

数据来源：根据联合国和世界银行的数据整理所得。

1950年，老挝0～49岁的人口中，年龄在0～4岁、5～9岁、10～14岁这三个个阶段的人口较多，说明老挝的新生人口比较多，潜在的人口红利比较大，20～29岁青壮年占到人口的29.1%，说明青壮年的人口优势很明显。此外，老挝50岁以下的人口占到总人口的90.5%，占有绝大部分的数量。

图2-2 1950年老挝人口50~94岁统计图

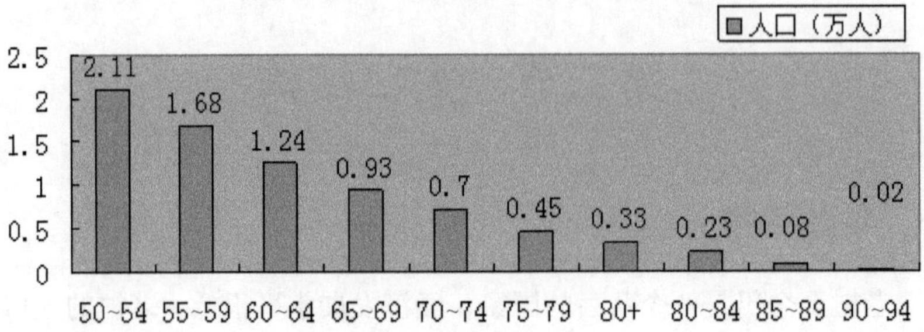

■人口（万人）
2.5
2
1.5
1
0.5
0
2.11 1.68 1.24 0.93 0.7 0.45 0.33 0.23 0.08 0.02
50~54 55~59 60~64 65~69 70~74 75~79 80+ 80~84 85~89 90~94

数据来源：根据联合国和世界银行的数据整理所得。

1950年，老挝50～94岁的人口中，年龄在50～54岁、55～59岁这两个阶段的人口较多，说明老挝在1950年面临很大的人口老龄化威胁（以60岁以上，含60岁算作老龄人口），而60～94岁这个阶段的老龄人口所占的比例仅为3%多一点，说明老挝的老年人口所占的比例并不多，老挝还没有进入老龄化社会。

1955年，老挝国内各年龄段人口的情况：0～4岁，32.1万人；5～9岁，25.3万人；10～14岁，21.1万人；15～19岁，18.5万人；20～24岁，16.3万人；25～29岁，14.7万人；30～34岁，13.0万人；35～39岁，11.4万人；40～44岁，9.7万人；45～49岁，8.0万人；50～54岁，6.6万人；55～59岁，4.9万人；60～64岁，3.6万人；65～69岁，2.3万人；70～74岁，1.3万人；75～79岁，0.7万人；80岁以上，0.3万人；80～94岁，0万人。

图2-3 1955年老挝0~49岁人口统计图

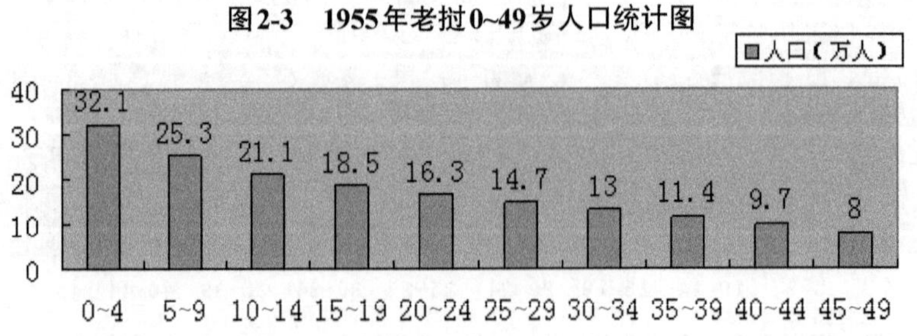

数据来源：根据联合国和世界银行的数据整理所得。

1955年，老挝0～49岁的人口中，年龄在0～4岁、5～9岁、10～14岁这三个个阶段的人口分别占到总人口的18%、14%、12%，相比1950年而言有所增多，说明老挝的新生人口在1955年依然比较多。

图2-4　1955年老挝50~94岁人口统计图

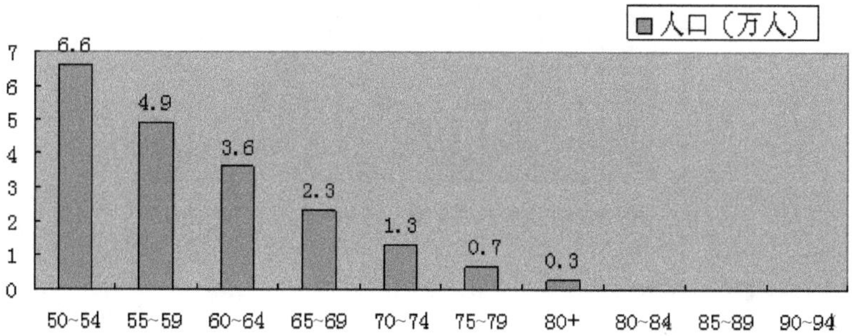

数据来源：根据联合国和世界银行的数据整理所得。

1955年，老挝50～94岁的人口中，年龄在50～54岁、55～59岁这两个阶段的人口比重较大，分别占到人口的33%和24%，而60～94岁这个阶段的老龄人口所占的比例仅为3%多一点，说明老挝的老年人口所占的比例并不多，老挝还没有进入老龄化社会。

1960年，老挝各年龄段人口情况：0～4岁，35.2万人；5～9岁，29.7万人；10～14岁，24.8万人；15～19岁，20.7万人；20～24岁，17.9万人；25～29岁，15.6万人；30～34岁，14.1万人；35～39岁，12.4万人；40～44岁，10.7万人；45～49岁，9.1万人；50～54岁7.3万人；55～59岁，5.8万人；60～64岁，4.2万人；65～69岁，2.8万人；70～74岁，1.6万人；75～79岁，8万人；80岁以上，4万人。

图2-5　1960年老挝0~49岁人口统计图

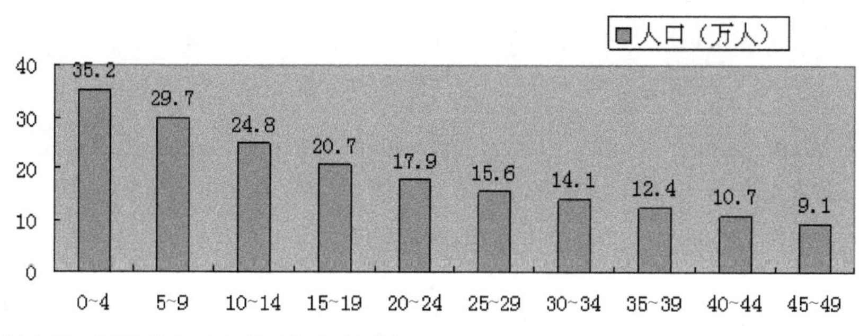

数据来源：根据联合国和世界银行的数据整理所得。

1960年，老挝0～49岁的人口中，年龄在0～4岁、5～9岁、10～14岁这三个个阶段的人口分别占到人口的18%、16%、13%，1960年老挝的新生人口比较多。

图2-6 1960年老挝50~80岁人口统计图

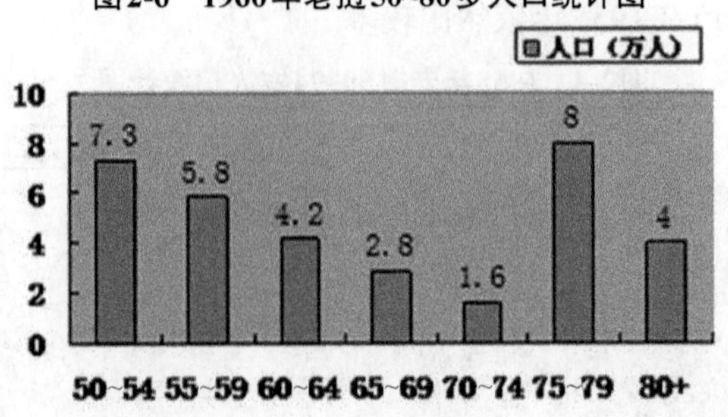

数据来源：根据联合国和世界银行的数据整理所得。

1960年，老挝50～94岁的人口中，年龄在75～79岁、50～54岁这两个阶段的人口比重较多，说明老挝在1960年面临很大的人口老龄化威胁（以60岁以上，含60岁算作老龄人口）。

1975年，老挝国内各年龄段人口的情况：0～4岁，50.7万人；5～9岁，41.5万人；10～14岁，35.8万人；15～19岁，31.4万人；20～24岁，27.6万人；25～29岁，22.7万人；30～34岁，18.5万人；35～39岁，15.8万人；40～44岁，13.5万人；45～49岁，11.9万人；50～54岁，10.1万人；55～59岁，8.3万人；60～64岁，6.4万人；65～69岁，4.5万人；70～74岁，2.9万人；75～79岁，1.5万人；80岁以上，0.8万人。

图2-7 1975年老挝0~49岁人口统计图

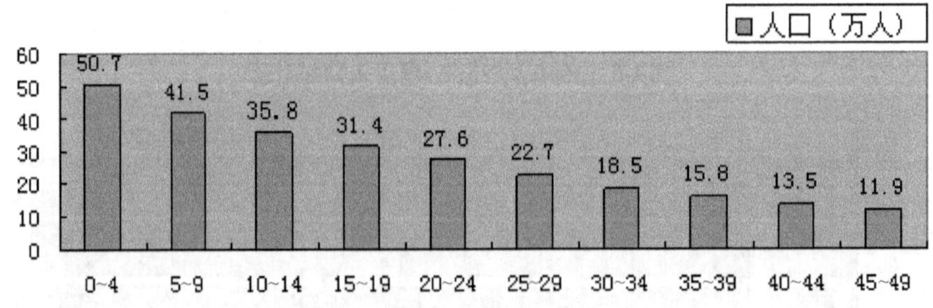

数据来源：根据联合国和世界银行的数据整理所得。

1975年，老挝0～49岁的人口中，年龄在0～4岁、5～9岁、10～14、15～19岁这四个阶段的人口比重较大，分别占到20%、15%、13%、12%，说明1975年老挝的新生人口比较多，潜在的人口红利比较大。

图2-8 1975年老挝50~80岁人口统计图

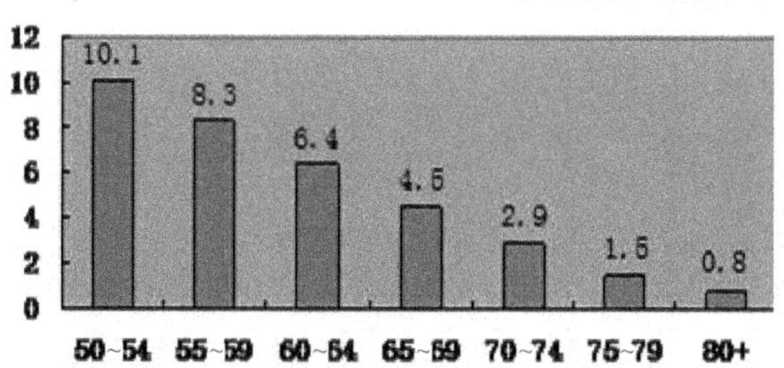

数据来源：根据联合国和世界银行的数据整理所得。

1975年，老挝50～94岁的人口中，年龄在50～54岁、55～59岁、60～64岁这三个阶段的人口比重较大，分别占到人口比例的30%、24%、19%，说明1975年老挝潜在的人口老龄化威胁比较大。

2010年，老挝国内各年龄段人口的情况：0～4岁，68.3万人；5～9岁，70.5万人；10～14岁，75.2万人；15～19岁，76.4万人；20～24岁，65.7万人；25～29岁，52.9万人；30～34岁，43.4万人；35～39岁，36.7万人；40～44岁，30.7万人；45～49岁，26.0万人；50～54岁，21.1万人；55～59岁，16.8万人；60～64岁，12.4万人；65～69岁，9.3万人；70～74岁，7.0万人；75～79岁，4.5万人；80岁以上，3.3万人；80～84岁，2.3万人；85～89岁，0.8万人；90～94岁，0.2万人。

图2-9 2010年老挝0~49岁人口统计图

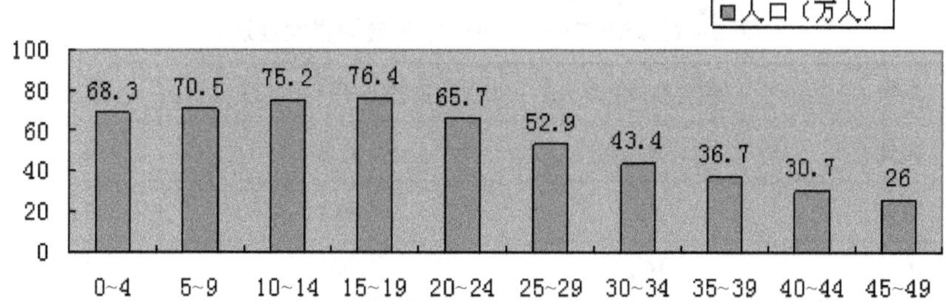

数据来源：根据联合国和世界银行的数据整理所得。

2010年，老挝0～49岁的人口中，年龄在5～9岁、10～14、15～19岁这三个阶段的人口比重大，占到人口比例的13%，说明老挝的新生人口比较多，潜在的人口红利比较大。

图2-10　2010年老挝50~94岁人口统计图

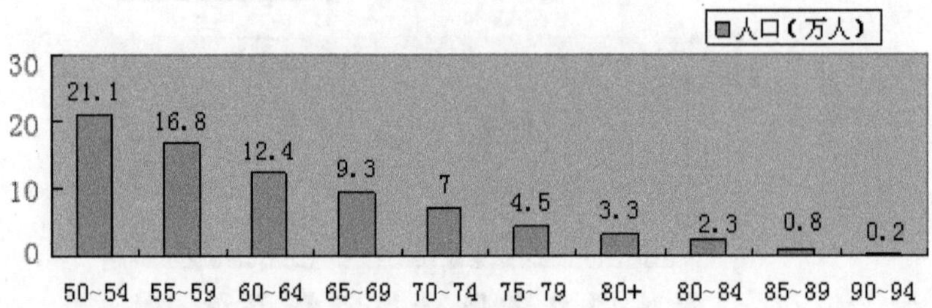

数据来源：根据联合国和世界银行的数据整理所得。

2010年，老挝50～94岁的人口中，年龄在50～54岁、55～59岁、60～64岁这三个阶段的人口比重大，分别占到人口的27%、22%、16%，说明2010年，老挝即将面临老龄化威胁，50～54岁这个阶段的潜在老龄人口较大。

二、性别结构

老挝的性别结构比较合适，男女的性别比例比较协调。虽然男女的数量会随着人口的增多而增多，但是性别比例基本接近1∶1，是较为合理的。老挝的男女性别结构总的来说一直都趋于平衡，从1950年的1∶1.03男女比例到2010年的1∶1.004的男女比例，相差都不大。只是老挝的女性人口稍多于男性，1950年女性比男性多2.5万人，而2010年则减少到了1.3万人，这已经是一个非常理想的比例了，并不影响老挝人口男女性别比例处于一个极为平衡的状态。

表2–16　老挝1950—2010年老挝的男女性别表

年份	男性人口（万人）	女性人口（万人）	男女比例
1950	82.9	85.4	1：1.03
1955	93.3	96.4	1：1.03
1960	104.7	108.3	1：1.03
1965	117.7	121.4	1：1.03
1970	132.9	136.3	1：1.026
1975	150.6	153.6	1：1.02
1980	160.7	162.8	1∶1.013

续表

年份	男性人口（万人）	女性人口（万人）	男女比例
1985	181.8	183.0	1∶1.007
1990	209.6	209.6	1∶1
1995	239.5	240.0	1∶1
2000	265.8	265.9	1∶1
2005	286.3	289.0	1∶1.009
2010	309.4	310.7	1∶1.004

数据来源：根据联合国和世界银行的数据整理所得。

1950—2010年，老挝国内的女性人口随着人口总数的不断增多，也表现出上升趋势，由1950年的85.4万人，增长到2010年的310.7万人，增长了近300%，增长较快。

图2-11　1950年—2010年老挝女性人口统计图

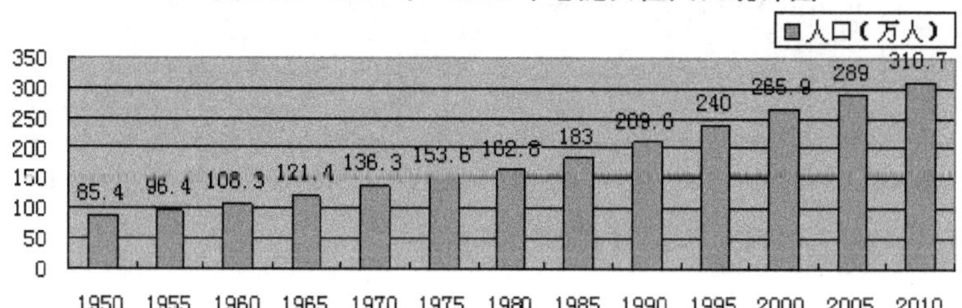

数据来源：根据联合国和世界银行的数据整理所得。

1950—2010年，老挝国内的男性人口随着人口总数的不断增多，呈现出上升趋势，由1950年的82.9万人，增长到2010年的309.4万人，增长了近300%，增长速度较快。

图2-12　1950—2010年老挝男性人口统计图

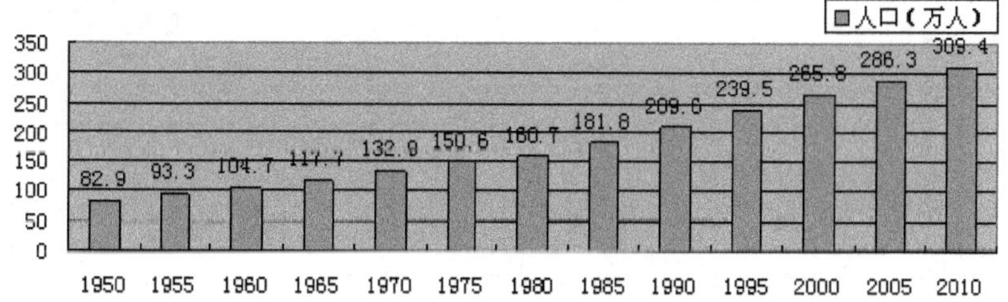

数据来源：根据联合国和世界银行的数据整理所得。

现阶段老挝的女性占据了半壁江山。从年龄结构上看，2010年老挝女性主要集中于50岁以下年龄段，年轻女性较多，其中15～19岁以37.6万人居所有年龄阶段的最高值。此外，老挝80岁以上的女性也达到了1.4万人，占女性总人口的0.45%。

图2-13　2010年老挝女性在0~44岁的人口统计图

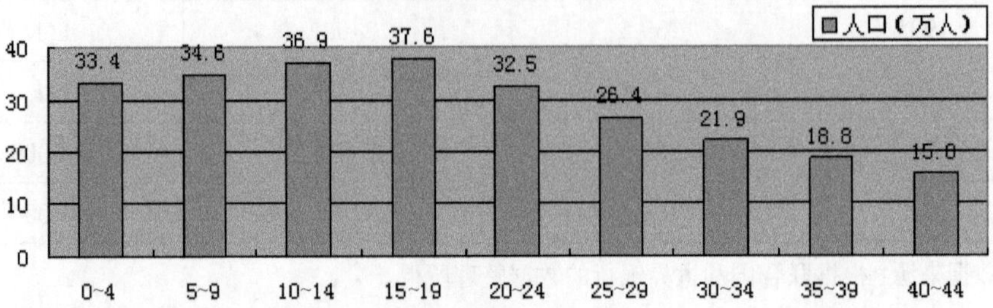

人口（万人）
40
30
20
10
0
33.4
34.6
36.9
37.6
32.5
26.4
21.9
18.8
15.8
0~4
5~9
10~14
15~19
20~24
25~29
30~34
35~39
40~44

数据来源：根据联合国和世界银行的数据整理所得。

图2-14　2010年老挝女性在45~84岁的人口统计图

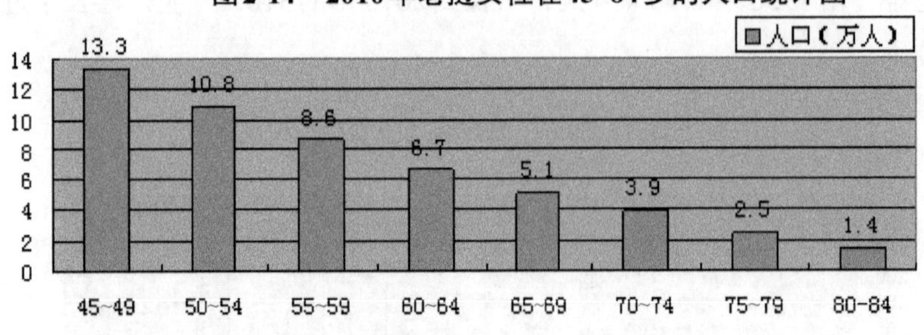

人口（万人）
14
12
10
8
6
4
2
0
13.3
10.8
8.6
6.7
5.1
3.9
2.5
1.4
45~49
50~54
55~59
60~64
65~69
70~74
75~79
80~84

数据来源：根据联合国和世界银行的数据整理所得。

老挝的男性年龄结构也主要是集中于50岁以下的阶段，其中15～19岁的这个年龄段以38.8万人居所有男性年龄段之首，年轻男性较多，劳动力资源丰富。男性年轻化的老挝社会，不仅给老挝社会经济的发展注入了强大的活力，而且因为年老人口数量的很少，减轻了老挝年轻人的负担，让他们更有活力去建设老挝、发展老挝。

图2-15　2010年老挝男性在0~44岁的人口统计图

人口（万人）
50
40
30
20
10
0
34.9
36
38.3
38.8
33.2
26.5
21.5
17.9
14.9
0~4
5~9
10~14
15~19
20~24
25~29
30~34
35~39
40~44

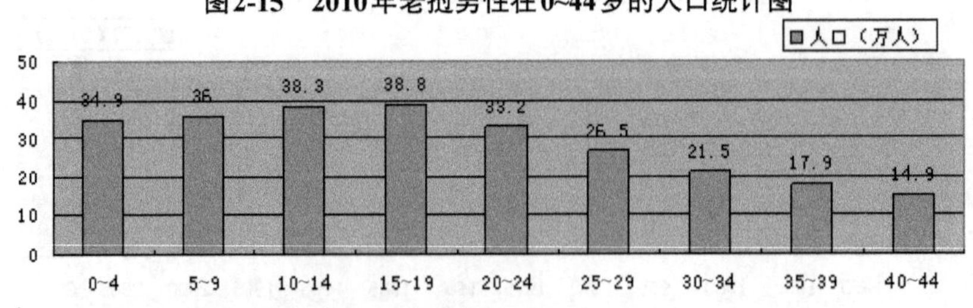

数据来源：根据联合国和世界银行的数据整理所得。

图2-16　2010年老挝男性在45~84岁的人口统计图

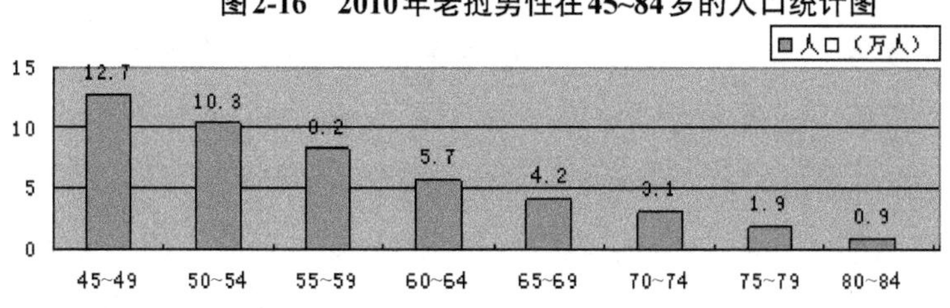

数据来源：根据联合国和世界银行的数据整理所得。

总之，老挝人口在年龄结构方面尚处于年轻国家的行列。年龄在10～14岁、15～19岁、20～24岁的人口占绝大多数，而60～64岁，65～69岁的人口还相对较少，所以劳动力还比较丰富。这不仅给老挝的经济社会的发展，提供了劳动力资源，同时也是老挝人民提高生活水平的重要保证。随着老挝社会经济的发展，人民生活水平有所提高，医疗卫生条件的改善，老挝60岁以上的人口有了很大的提高。

三、民族结构

老挝人民革命党领导老挝人民进行反帝反封建的革命以后，将老挝的民族问题当成一个具有战略性的任务来解决。1968年，根据老挝爱国阵线和祖国建设阵线机关的资料，老挝革命政权把老挝的各个民族划分为3个系统68“份”（部族）：佬龙系统10份、佬听系统43份、佬松系统15份[①]。

（一）佬龙族。“佬龙”之意为“平原地区的老挝人”。佬龙族是老挝的主体民族，包括10多个部族，约占全国人口的74%，其中老族和泰族人口较多。该族系主要由属于汉藏语系壮侗语族的民族构成，居住区集中在湄公河两岸西部平原地区的万象、沙湾拿吉等大城市，土地肥沃、河流纵横，是老挝的经济和文化中心地区。老族的来历现存有两种说法：一种是由古代中国西南地区的民族迁去演化、融合和发展而成；另一种是该民族自古就生活在中南半岛北部地区[②]。

（二）佬听族。“佬听”之意为“坡地上的老挝人”。佬听族由数十个部族和部族支系组成，人口100多万，是老挝的第二大民族，占全国人口的22%左右。由于伟族和其支系的部族占多数，所以人们也将佬听族统称为伟族。伟族主要聚居

① ［越］黎巨捻著、范宏贵译：《现今老挝的民族分布》，载《广西民族研究》，1992年（增刊），第316页。

② 杜敦信、赵和曼主编：《越南老挝柬埔寨手册》，北京：时事出版社，1988年版。

区为北部和东部山区以及南部的沙拉湾、阿速坡等省[①]。

（三）佬松族。“佬松”之意为“高山地区的老挝人”。佬松族有30多万人，是老挝第三大民族，占全国人口的9%，主要支系是苗族和瑶族[②]。

但是，在与老挝国家文化研究所的专家座谈时，他们认为老挝只有一个民族，即佬族。除佬族之外的46个族群都是佬族的分支。因此，用英文表达时，他们只使用ethnic group，绝不使用nationality一词。1975年的研究资料表明，当时老挝自报的民族名称有750多种。1983年至1985年，老挝自报族名称达820个，经过研究整理，剔除重复的，还有近200个。1985年，经过老挝民族研究工作的反复考证，最终确定老挝全国有47个民族。1986年6月，该研究成果得到了老挝党中央政治局的认可[③]。1995年老挝人口普查统计表就使用的是这一成果。

1995年老挝人口普查统计表上显示，老挝共有47个民族（族群）。

表2–17　1995年老挝的民族人数统计状况

序号	英文原稿名称	中文音译	人口统计数字
1	Lao	佬	2403 891
2	Phutai	普泰	472 458
3	Khmu	克木	500 957
4	Hmong	赫蒙	315 465
5	Leu	勒	119 191
6	Katang	讫当	95 440
7	Makong	么光	92 321
8	Kor	告	66 108
9	Xuay	苏伟	45 498
10	Nhuane	润	26 239
11	Laven	拉温	40 519
12	Taoey	大卫	30 876

① 申旭、马树洪主编:《当代老挝》，成都：四川人民出版社，1992年版，第65页。
② 美国CIA最新统计资料，http: //www.adci.gov/cie/publications/factbook/geos/1a.html
③ 坎普·茹达拉:《老挝民族族称的根据及所取得的初步成效》，载《新万象报》(老挝文)，1999年8月27日。

续表

序号	英文原稿名称	中文音译	人口统计数字
13	Talieng	达连	23 091
14	Phounoy	普内	35 635
15	Tri	知	20 906
16	Phong	丰	21 395
17	Yao	瑶	22 665
18	Lavae	拉威	17 544
19	Katu	讫都	17 024
20	Lamed	拉蔑	16 740
21	Thin	亭	23 193
22	Alack	阿拉克	16 594
23	Pako	巴锅	13 224
24	Oey	奥依	14 947
25	Ngae	聂	12 189
26	Musir	木瑟	8 702
27	Kui	归	6 268
28	Ilor	贺	8 900
29	Jeng	征	6 511
30	Nhahem	雅亭	5 152
31	Yang	央	4 630
32	Yae	耶	8 013
33	Xaek	赛克	2 745
34	Samtao	三岛	2 213
35	Sida	西拉	1 772
36	Xingmoon	兴门	5 843
37	Toum	敦	2 510

续表

序号	英文原稿名称	中文音译	人口统计数字
38	Mone	曼	217
39	Bid	比得	1 509
40	Nguane	温	1 344
41	Lolo	倮倮	1 407
42	Hahyi	哈尼	1 122
43	Sadang	沙当	786
44	Lavy	拉威	538
45	Kmer	高棉	3 902
46	Khir	克尔	1 639
47	Kree	讫里	739

资料来源：老挝国家计划委员会民族统计中心：《1995年（老挝）人口普查结果》(英文老文对照)，万象出版，1997年版，第15页。

到2005年老挝人口第三次大普查时，老挝的民族有49个，比1995年的时候增加了2个。其中佬族人口占总人口的55%，即316.42万人；克木族占总人口的11%，即62.3万人；赫蒙族占总人口的8%，即46万人；剩余民族占老挝总人口的26%，主要有普泰、锄、讫当、么光、告等46个民族。①

四、文化程度构成

老挝在历史上曾是东南亚地区文化程度较高的国家之一。法国殖民者入侵老挝后，实行愚民政策和奴化教育严重影响了老挝人民的文化程度，使得老挝的文盲占全国人口的95%以上，学龄儿童大部分不能上学，只好由父母把他们送到当地的寺庙去学习文化。

（一）老挝教育发展

1945年，老挝全国只有近180所启蒙学校（寺庙学校），学生1万余人，5所小学和1所中学，没有大学，只有少数王族子弟在法国或河内大学毕业。1949年以前，老挝全国只有梭发那·富马和苏发努冯两兄弟是工程师。

① 《Population Census 2005 - Education and literacy》，老挝国家统计局网站，2005年。http://www.nsc.gov.la/index.php?option=com_content&view=article&id=18&Itemid=19&limitstart=3

20世纪50年代至70年代中，老挝出现了不同社会制度的两个地区。在王国政府控制的地区，教育事业有所发展，教育体制分小学、中学、专科学校三种，小学又分普通小学、寺院学校和乡村教育中心。三种学校都有初小三年制教育，在完全小学里还有三年高小教育。乡村教育中心对青年和成年人进行文化教育，也作为医药卫生和宣传中心。小学教师一般受过6～9年的教育和短期的教学法训练。中学一般都设在省会，学制为4～7年。专科学校的学制不一，如培养中小学教师的师范学校有1、4、7年制，医药、工艺、法律、行政等专科学校有3、4、6年制。高等学校有3所，学生人数只有数百人。

1969至1970学年老挝王国政府控制区的教育情况和受教育的人群数，即国民的受教育文化程度如下表：

表2–18 1969—1970学年老挝人口受教育情况表

学校	校数（所）	学生人数（人）	教师人数（人）
省立小学	2 719	193 745	5 982
省立中学	18	6 352	390
私立中小学	113	25 767	698
省立技校	3	1 172	211
师范学校	9	3 036	448
工艺学校	2	180	80
高等学校	3	517	56

数据来源：老挝国家统计局，http://www.nsc.gov.la/

由于20世纪40～70年代，老挝的文化程度比较低，受教育的人数很少，所以老挝人民民主共和国在1975年成立以后，政府就对国民的文化程度十分关注，贯彻"让教育先行一步"的方针，把四种教育，即幼儿教育、普通教育、职业教育和大学教育同时进行，为全面提高老挝国民的文化程度而不断努力。

到了80年代，老挝的教育有了一定的发展，这时候幼儿教育开始发展起来了。在1980年的时候，老挝有83所幼儿教育学校，包括200名幼儿教师和3 600名幼儿。此外，基础教育、职业教育和高等教育这时也比以前有了一定的发展。其中基础教育的入学人数有53.6万人，职业教育有1.41万人，高等教育有1 600人。

1986年老挝实行革新开放的政策后，老挝的教育也随之发展，特别是老挝的基础教育和幼儿教育有了很大的发展，但是职业教育和高等教育却比以前有所减少。1990年的时候，有858个托儿所，幼儿人数达3.31万；有7 117所基础教育学校，其中小学人数就达69.6万人；有45所职业教育学校，在校生有1.21万人；还有3所高等院校，人数达3 400人。

90年代，老挝的教育还是很注重基础教育和幼儿教育的发展，职业教育和高等教育被缩编。到2000年的时候，老挝的幼儿学校有758所，人数达4.3万人；基础教育的学校有10 696所，学生人数达114万人；职业教育学校有35所，人数1.09万人；这使得高等教育学校仅仅只有一所，在校生8 800人。

进入21世纪来，老挝的教育政策有所调整，在加大老挝的幼儿教育和基础教育的同时，老挝的职业教育和高等教育也有了较大的发展。这时的幼儿学校增加到了1 284所，有9.59万人；基础教育学校有10 204所，有135万在校学生；职业教育学校39所，有1.77万人在校生；高等教育学校有5所，在校学生人数达6.67万人。此外老挝的教育机构也有了较大的发展，2010年的时候，老挝的教育机构有96所，学生人数达5万。

（二）老挝的教育阶段划分

老挝的教育阶段主要划分为幼儿教育、初等教育、高等教育、师范教育、成人教育、特殊教育、职业技术教育和僧侣教育。

1. 幼儿教育

老挝的幼儿教育还不普及，多数集中在首都万象和几个主要城镇如沙湾拿吉、巴色、琅勃拉邦等。但形式较多，有国家、机关、工厂、学校和私人办的托儿所、育儿组、幼儿园、幼儿学校。

2011年，全国共有幼儿园1 358所，5 623名教师，103 200名学生[①]。至于托儿工作，1980—1981学年开始兴办，1989年以前的统计资料空缺，2011学年全国共有257个托儿所、育儿组，入托婴儿4 874人，约占全国2~3岁婴儿人数的5.8%，保育员507人。其中私人开办的12个，入托婴儿304人。

① 老挝国家统计局，http://www.nsc.gov.la/index2.php?option=com_content&view=article&id=29&Itemid=31

2. 初、中等教育

老挝的初等教育(普通小学)在共和国成立后有较大发展，但仍处于落后状态，主要问题是教学质量低，许多地方还没有完全小学，只有一二年级。2011年度，全国共有小学8 902所，教师33 576人，在校学生900 123人。[①]小学课程一二年级只有数学、阅读(语文)，三四年级加作文，四五年级再加地理、历史、科学和品德课程。

中等教育分普通初级中学和普通高级中学。老挝极少有完全中学，一般都是初中、高中分校。

表2–19 1976—2011年老挝基础教育的学校、班级和学生人数情况表

年份	学校(所)		班级(个)		学生(人)	
	初中	高中	初中	高中	初中	高中
1976	72	11	467	84	26 628	2 517
1980	306	31	1 454	261	61 602	9 998
1985	495	68	1 979	492	69 226	20 093
1989	640	110	2 364	773	92 787	31 382
1991	701	117	1 951	458	9 290	32 510
1995	705	129	3 000	1 000	----	45 000
2000	761	198	5 000	1 000	----	70 000
2005	641	31	5 000	3 000	243 000	145 000
2007	653	29	6 000	3 000	249 000	152 000
2008	691	31	6 000	3 000	255 000	155 000
2009	722	35	6 000	3 200	264 600	157 300
2010	833	32	8 103	2 214	335 388	980 390
2011	844	34	8 560	3 277	345 283	1 428 600

数据来源：老挝国家统计局，http://www.nsc.gov.la/

初中课程包括数学、几何、物理、科学、地理、历史、作文、语法、品德、

① 老挝国家统计局，http：//www.nsc.gov.la/index2.php？ option=com_content&view

外语(法语或英语)。

高中课程包括文学、语法、作文、历史、几何、数学、物理、化学、生物、品德、外语(英语或法语)。

近年来,老挝对各省的普通教育(包括普通中学和小学)进行整顿,要求普通教育更加规范化和标准化。为此,制订了一套新的教学、考试升级和毕业分配的管理措施和标准,对教师队伍也进行调整,不合格的教师或劝退或抽调继续进修,把有经验的教师放到低年级加强教学质量,在一些学校试办数学班、文学班。因此,反映在上述表格中的数字,普通教育的发展速度放慢了。但是老挝的初等教育仍有较快发展,国民的文化程度有很大改善。

3. 高等教育

老挝的高等教育还相当落后。全国目前只有3所大学和8所高级专科学校(大专),2011学年度,共有大学教师32 360人,学生70 231人,大专学生近千人。3所大学分别是万象师范大学,1977年由万象师范教育学院(1971年创建)和万赛中央师范大学(1974年创建)合并而成;"12·2"综合大学(1985年1月建立)和万象医科大学(1973年在原医科学校基础上扩建)。8所大专是:电力电子学校、房屋建筑学校、林业学校、交通运输学校、邮政电讯学校(其中电讯属大专,邮政属中专)、水利学校、万象师大琅勃拉邦分校和万象师大沙湾拿吉分校。

4. 师范教育

老挝的师范教育分初级师范学校,培养幼师、保育员和小学教师;中级师范学校,培养初中、小学教师,包括僧侣教师,体育、艺术教师和职业学校教师;师范大学,培养中学尤其是高中教师;民族师范学校,培养少数民族教师。2011学年度,全国有初级师范学校52所,教师742人,学生7 648人;中级师范学校25所,教师503人,学生5 437人;师范大学1所,教师506人,学生4 678人(含两所分校在校学生)。由此可见,老挝的师范教育发展较快,国民的文化程度有很大改善。

近年来,老挝对师范教育体系进行了一番改革和整顿,减少学校数量,提高学生和教学质量,严格按照8+3(即初中毕业后进师校3年)和11+1(即高中毕业后入师校进修1年)的学制培养小学教师,按照11+3(即高中毕业入师校进修3年)的学制培养初中教师,要求只有师大毕业才能担任高中教师。有些地方已开始改变以往入师范学校不必经过考试的办法，采取了通过考试、择优录取的新办法招收师范学校学生。

5. 成人教育

成人教育主要是扫盲和文化进修的民校教育，它对于提高国民的文化程度有较大的帮助。建国初期，老挝政府对这项工作抓得较紧，在全国广泛开展扫盲和文化进修运动，1980—1984年间有些省份曾宣布完全扫除了文盲，获得了联合国科教文组织的表彰。但是，近些年来，各地文盲复归现象严重，据1990年官方估计，在约占全国人口40%的15～45岁人口中，文盲约占40%，山区和少数民族地区尤为严重，有的县几乎全部是文盲，不懂老挝语（普通话）。2005年，老挝政府再次抓了一下扫盲工作，当年全国参加扫盲的人数共5.6万人；全国17个省（市）中，有省级文化进修学校15所，参加文化进修的干部2 798人；县级文化补习学校几十所，参加文化补习的干部1 837人；少数民族青年文化补习学校8所，学生626人；工农文化补习学校1所，学生100多人。

6. 特殊教育

老挝的特殊教育刚刚起步，由老挝社会福利与退休职工部主管，目前仅在首都万象试办了第一所聋哑儿童特殊教育学校，1992年9月16日正式开学，目标只是为了让聋哑儿童认识生活中的各种事物，学生不多，第一届两个班，共25人，今后将继续扩大招生。

7. 职业技术教育

老挝的职业技术教育还很不发达，2011学年度全国有初级专科学校71所，学生8 100多人；中级技术学校41所，学生10 242人。近几年还出现一些私人开办的业余技能培训班，如电脑、外语、修理技术等。

8. 僧侣教育

僧侣教育又称佛寺教育，是老挝教育工作中不可忽视的一个特殊部分。老挝是佛教国家，1992年全国有佛寺3 314座，其中有僧侣居住的2 692座，比丘6 710人，沙弥子8 987人。自古以来，佛寺是老挝的文化教育基地。1975年以前，老挝王国政府教育部内有宗教教育局主管佛寺教育，自成体系。1976年起进行改革，佛寺教育归政府教育部和全国佛教协会双重领导，学生毕业时由教育部颁发统一的毕业证书。佛寺教育分两类，一是普通教育，有小学、初中、高中，采用教育部规定的普通教育课程，学生多数是沙弥子，也有所在村镇的普通少年儿童。

老挝国民的文化程度，经过近20年的努力，通过发展幼儿教育、初等教育、高等教育、师范教育、成人教育、特殊教育、职业技术教育和僧侣教育，有了很大的改善。据官方统计：至2010年，在约占全国人口40%的15～45岁人口中，文盲所占比率由1990年的40%下降至20.42%，山区和少数民族地区的文盲数大大减少，43%的人能讲普通话，即老挝语。

五、宗教信仰构成

老挝是一个信奉佛教的国家，小乘佛教为国教，有85%的老挝人信仰小乘佛教。从历史角度看，老挝基本没有太大的宗教问题，这和大部分老挝人信奉佛教有关（佛教主张与世无争）。老挝的山地民族多信仰原始宗教，少部分人信仰天主教和基督教。另外，婆罗门教在老挝也有一定影响。

（一）原始宗教

佛教（小乘教）虽然在老挝有很大的影响，但是老挝的绝大多数部族都信奉鬼神和图腾崇拜，特别是佬听族中各部族的绝大多数，佬松族中的孟（苗）、瑶族的各部族以及佬龙族中的泰族。就是佬族中，信奉鬼神的也占15%以上。

老挝信奉原始宗教主要是由于它自古以来交通不发达，是一个经济、文化、科学技术落后的、闭塞的国家。加上近千年来，不断地遭受外来的侵略和掠夺，使得原来已经落后的经济、文化和科学技术更遭到摧残。因此，人们在严酷的天灾人祸面前无能为力，只得乞求于渺茫的“神灵”以图免祸造福，把希望寄托于“来世”上。于是就形成了今天山地居民大部分信奉鬼神和图腾崇拜的原始宗教。这就是现今的老挝绝大多数的人民仍信奉鬼神，即原始宗教的根本原因。

在人民生活没有得到根本的改善，文化和科学技术仍十分落后的局面没有改变以前，要破除信奉鬼神是一件非常困难的事。老挝全境最贫困的地区是与越南接壤的地区，也是信奉鬼神最多的地区。本来，越南在科学文化以及经济、社会各方面都比老挝发达，居住在这一带的老挝人民本应接受越南的先进科学文化（包括越南人民信奉的大乘教），可是自古以来，越南奉行的是对老挝进行掠夺的政策，因此，它不会也不可能把它的较先进的科学技术和文化包括宗教信仰传播到老挝。这就是与越南接壤的老挝人民信奉原始宗教——鬼神根深蒂固的主要原因之一。

（二）婆罗门教

从7世纪到14世纪，是婆罗门教在老挝最兴盛时期，在宫廷内尤其占优势。据说，婆罗门教是在吴哥王朝时期由柬埔寨传到老挝的。直到14世纪，由于小乘佛教的传入，婆罗门教才渐渐地被小乘佛教所取代。但它仍在老挝的宗教和社会生活中留下非常显著的痕迹。目前，老挝全部传统节日和很多宗教仪式都直接源自婆罗门教，过去王宫每年举行的各种宫廷仪式全都采用婆罗门教的仪式。民间的“巴西”（祝福），以及佬族中为死者做“功德”，全保留了婆罗门教的仪式，甚至历届政府的宣誓仪式也沿袭了婆罗门教的仪式。

总之，婆罗门教的历史传统和社会影响，在老挝并没有消失。之后的小乘佛教能在老挝迅速传播，同吸取婆罗门教中的精华部分，运用到自己传教的仪式中是分不开的。

（三）小乘佛教

当婆罗门教在老挝盛行的同时，佛教也开始传入老挝。佛教是分两路传入老挝的。北路经由云南省的傣族地区及缅甸北部禅族地区传入老挝；南路由柬埔寨传入老挝。由南北两地进入的大乘佛教并没有在老挝形成统一的佛教，这是由于当时老挝还没有得到统一，各地还由大小不同的城邦国家统治着。

1353年，法昂王统一老挝，为老挝的社会发展奠定了基础，也为老挝佛教的统一创造了条件。据老挝史记载，法昂王刚统一老挝时，王后乔京雅“目睹南掌的臣民以至宫廷内外的王族大臣们都信奉鬼神，完全与自己在柬埔寨时信奉的小乘佛教不同，于是，乔京雅王后就向法昂王请求从柬埔寨引进小乘佛教”[①]。于是，法昂王亲自写信并派大臣带着贡品到柬埔寨向岳父王（吴哥王）请求将小乘佛教传播到老挝。吴哥王接到法昂王的信后，表示同意，于1359年派出柬埔寨高僧帕马哈板曼达蒂拉和帕马哈特兰卡以及20位僧侣和3位精通诵三藏经的哲士，还把供奉于吴哥宫的勃拉邦佛像赠送给南掌王国。由此，小乘佛教先从芒通（今琅勃拉邦）开始向老挝全国传播。

目前在老挝传播的佛教是清一色的小乘佛教，与柬埔寨、泰国、缅甸、斯里

① ［老］马哈西拉·维拉冯吒：《老挝史》，老挝：老挝中学教材，1973年版，第38～39页。

兰卡信奉的上座部（马哈尼该派）一样。上座部佛教教义比较接近原始佛教。老挝佛教徒崇拜释迦牟尼，但不把“佛祖”当神来朝拜，而是把这位佛祖看成是实际存在的教祖和传教大师，因此，对佛牙、佛脚印、佛塔和菩提树虔诚崇拜。在修行上，特别注重禅定，往重教义的字面解释，其核心是“代拉沙那”即“三相”，以十二因缘说明人生无常的过程，以“板扎巴干他”即“五蕴”说明无常的我，以“札杜拉里雅萨”即“四谛”说明无常的苦；保持早期某些佛教的戒律，如托钵化缘、过午不食、守夏安居等，只使用巴利文佛经，将释迦牟尼的“巴苏特”即“诞生”、“达沙鲁”即“成道”合并在一起纪念，称“维萨卡布沙”。

老挝接受上座部佛教（或称南传佛教）之后，将早先已在老挝各地流行的信奉鬼神和婆罗门教的某些成分掺进它的宗教仪式中去，形成了具有老挝特色的佛教。老挝王国时期，把佛教定为国教，宪法规定国王为佛教徒和僧侣的最高维护者。

佛教从14世纪传播到老挝后，由于得到历代王朝的扶植和大力提倡，因此发展很快，始终保持兴旺不衰的势头，而且对老挝人民的社会生活有着极大的影响。从宫廷到民间的许多仪式和庆典，包括婚丧和祭祀都离不开佛教，都需要僧侣到场诵经祝福或祈祷超度。

老挝的男性佛教徒上至国王，下至平民百姓，一生之中都必须出家剃度一次。但出家多长时间才可还俗，则没有规定，少则三五天（如服孝剃度、还愿剃度等），也有终身为僧不还俗的。在老挝，虔诚于佛教的成年人常劝自己的子孙在守夏节（老挝历八月十五日）前，入寺剃度为僧。因为守夏节是僧侣受戒节，是一年中戒律最严的季节。老人们认为，守夏节前入寺为僧，是锻炼青年品格修养的好时机。由于社会上对佛教的重视，因此，常把一个人是否曾出家为僧作为衡量他的人品的重要标准。相对地说，曾经当过和尚的人，在学习、就业甚至找对象上，都要比没有出过家的人容易得多。如果曾当过比丘而还俗的人，就更受到社会的欢迎。

老挝人民如此崇拜佛教，也和佛教在老挝社会起过积极作用是分不开的。佛寺在老挝城乡具有十分重要的地位，它不仅是佛教徒进行宗教活动的场所，而且是进行文化教育的中心。过去官办或民办的学校都非常少，正统的学校大门只朝达官显贵的少爷小姐开，一般平民百姓被排除在校门之外，而佛寺为了使入寺为僧的人懂读经书，开办了识字班，使一切僧侣都能读会写。佛寺一般都盖有一二间能遮风避雨的“萨拉”，供无依无靠流离失所的人住宿，为他们提供伙食。佛寺里的老和尚一般都懂得医术，常以草药偏方为老百姓治病。佛寺里德高望重的法师，还是调解民间纠纷最具权威的人。总之，人们的生、老、病、死，长知识、学技能都离不开佛寺。由于佛寺在老挝社会起着这么大的作用，所以信奉佛教的人很多。信徒除了绝大多数的佬族外，还有傣族和部分其他族。在佬族的聚居的地区，几乎每一个村寨都建有佛寺，每个佛寺至少有僧侣三五名，多则十几到几十名。在主要城市如万象、琅勃拉邦、沙湾拿吉、占巴塞等的大佛寺，可容纳沙弥和比丘百名以上的不计其数，例如万象的凡塔变佛寺、凡翁杜寺、凡珍寺等；琅勃拉邦的凡西佛陀巴特佛寺、凡迈寺、凡相通寺，凡维春寺等，曾是僧侣汇集的有名佛寺。

老挝的僧侣分为沙弥和比丘两个等级。沙弥是指年龄7到20岁的“小和尚”。“比丘”就是已经当过沙弥，年龄超过20岁，再经过另一次剃度仪式的和尚。老挝的僧侣绝对禁止饮酒和与妇女接触（即使是自己母亲、姐妹或妻子，也禁止从她们手中直接接受物品），禁止看戏、戴帽、穿鞋（比丘可穿拖鞋），更是禁止动武和杀生（可以吃荤）。每天清早托钵化缘，所得一切饭菜食品，全寺大小僧侣共同分享；每天只吃早饭和午饭，午后不进食。比丘外出要带一名沙弥随从，不得单独行动。

在老挝，大的佛寺都有开办讲授佛学的巴利语学校，学成授予“马哈”的学位。过去只办初级佛学学校，学位只授予“马哈”第七位（相当初中三年级）。“马哈”第八位及以上，要到金边或曼谷去深造。如果想考取佛学的更高学位，就要到斯里兰卡或印度的佛学高等学府去深造。在老挝语中，接受了大量的巴利语，它不但是宫廷用语，而且是政治、经济、军事、科学文化、文学艺术一切领域的专用名词的来源和基础。因此，人们要衡量一个人的老挝语程度，总是以他掌握巴利语的程度为准绳。历来为老挝语的普及和提高作出过贡献的人，一般都是获得“马哈”学位的学者。如第一个整理和编写《老挝史》及负责编辑《老挝语语法》、老挝第一本《老挝语词典》的，就是老挝最负盛名的学者——马哈西拉·维拉冯。

由于佛教在社会上起过积极的作用，因此佛教的威望很高。就是在老挝沦为外国的属地或殖民地、或战火纷飞的年代里，人们都未曾失去对佛教的信仰。例如，目前在世界各国作为难民的老挝人，只要生活稍微安定下来，他们首先考虑的总是创建自己的佛寺和接待新的僧侣。目前，在法国、澳大利亚、美国等地都相继创建了老挝的佛寺。

(四)基督教和天主教

老挝人民信奉鬼神、图腾崇拜和佛教以外，还有相当一部分的人信奉基督教。信奉基督教的信徒中，又可分为信奉天主教和新教两种。信奉天主教的大部分是泰族，以桑怒(华潘)省的泰族为最多。其他有泰族聚居的省份，如川塘省、沙湾拿吉省的大多数泰族人也信奉天主教，侨居老挝的越侨也大部分信奉天主教。

第三节　劳动人口

老挝于 1986年实施称为“新经济机制”的经济改革，开始从中央计划经济向市场经济转移。但在政治方面，仍继续维持着老挝人民革命党的一党体制。由于是缓慢地向市场经济转变，经济并没有经历急剧的变动，其增长也能维持在 6%左右。经济结构和就业结构虽然没有发生激烈的变化，但随着时代的进展，也逐渐发生着变化。向市场经济的转变对劳动力市场、相对工资、教育的收益率等产生着影响，其基本情况就是人口较少，文教落后、就业不足、劳动力素质较低、参与劳动的人口比重不大、适于就业的人口比重较小。

一、劳动力资源

目前老挝全国劳动力人口达300多万，其中经济领域200多万，占78.5%；非经济领域70多万，占21.5%；失业人口4万多人，占1.3%。预计至2015年，劳动人口将增至415万人。劳动力参与在各省之间有很大的差别。相比于沙湾拿吉省和沙拉湾省，首都万象所涵盖的经济活动人数的比例远高于这两个省。从事经济活动人口包括自营职业者和无酬家属工作者，并且自营职业者和无酬家属工作者的数量占经济活动人口数量很大的比例。在没有通车的农村地区，10岁及以上的自营职业者和无酬家属工作者的数量占经济活动人口的73%；而在已经通车的农村地区，10岁及以上的自营职业者和无酬家属工作者的数量占经济活动人口的

69%；在城市地区，10岁及以上的自营职业者和无酬家属工作者的数量占经济活动人口的56%。

根据2005年老挝数据统计中心的数据统计，2005年老挝总人口为5621 982人，10岁以下人口为25.8%，10岁以上人口为74.2%，其中经济活动人口为66.6%，非经济活动人口为32.4%。如下所示：

表2-20 老挝2005年劳动力资源分布

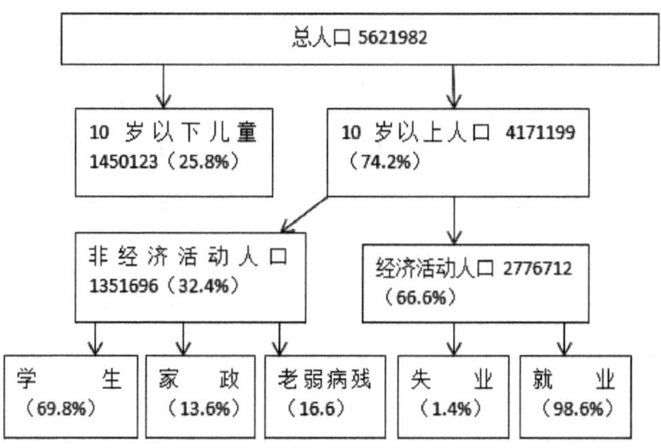

资料来源：老挝国家统计局，http://www.nsc.gov.la/

根据联合国FAO数据库资料显示，老挝的劳动人口中，从事农业生产者在2000年达到408万人，2005年达到436万人，2008年为453万人，2009年为459万人，2010年为455万人。老挝的劳动力素质偏低，技能单一，难以满足用工单位需求，同时，劳动力择业观念陈旧，期待高薪职业，而自身素质又难以满足职业要求，就业不足。劳动力资源中主要是从事农业生产者，非农业劳动人口中，比重较大的是手工业和商业部门。老挝适于就业的人口比重小，能参与劳动的人数也不多。

农业是老挝主要吸纳人口的行业，老挝劳动力80%集中在农业部门，随着老挝社会经济的快速发展，越来越多的农林种植加工项目、基础建设项目、水电矿产资源开发项目进入实施阶段，需要大量农林技术工人和工业建筑业从业人员。但老挝教育尤其是职业教育发展滞后，工业基础薄弱，产业工人缺乏，老挝全国有知识、有技术、守纪律的从业人员仅约10万人，全国100多所职业学校每年仅培养约1.4万个技术工人，远不能满足老挝社会经济现代化和工业化进程要求，突显其供求关系不平衡的矛盾。

外籍劳务需求方面，至2011年以来老挝劳务市场出现“两增一减”的趋势，即：对高新技术人才、高级经营管理人才、新兴产业和特殊专业技能人才的需求明显在增加；对脏苦险行业工种需求增加；对普通工人、简单技工、低层次经营管理人才需求减少。如建筑业中工程规划设计人员、项目管理人员、工程师、监理工程师等供不应求，需从中日韩等国家输入。普通建筑工人则多数是本地老挝人和越南籍工人。

表2-21　老挝劳动和就业数据2007—2011年（单位：人）

	2007年	2008年	2009年	2010年	2011年
劳动力市场总需求	70 722	1 211 391	90 538	51 008	71 229
国内需求	…	58 167	78 804	30 740	39 118
国外需求	…	…	11 734	20 268	32 111
工业和手工业部门需求	10 523	121 979	125 061	…	37 755
外籍劳工数量	…	22 699	17 083	17 527	21 413

数据来源：老挝劳动和社会保障部。

（一）年龄

老挝在东南亚地区的人口预期寿命远低于它的近邻泰国和越南。2010年，老挝0～65岁的人口中，10～14岁人口比例为34.5%，说明老挝的新生人口比较多，潜在的人口红利比较大。15～64岁的适龄劳动力人口比例为61.6%，但老挝的抚养比为62.3%，说明虽然老挝的适龄劳动力人口比重过半，但从业人口不高，就业率不高。

表2-22　2010年老挝人口年龄构成和抚养比（单位：%）

老挝				抚养比
年龄段	0～14岁	15～64岁	65岁以上	
所占比例	34.5	61.6	3.9	62.3

数据来源：《国际统计年2012》，世界银行WDI数据库，http://publications.worldbank.org/WDI/

老挝政府在计算劳动适龄人口时是按照男性16～60岁、女性16～55岁计算的。老挝商贸部2010年劳动力和儿童劳工调查显示，5 818 447劳动人口中，女性劳工为2 913 989，不满18岁的劳工超过200万，几乎占人口的五分之二。根据儿童劳工调查显示，儿童劳工约177 000名，其中女性为96 000名，男性为81 000名。其中，有超过130 000名，即约三分之二的儿童从事危险工作；90%的儿童劳工从事于农业、林业和渔业；70%的儿童工作量每周超过49小时，大量儿童劳工工作于农村地区[①]。国际劳工组织指出，东南亚地区许多国家的青年劳动力不断增加，给就业带来巨大压力。到2015年，老挝的青年劳动力将增加22%。

（二）性别

据国际劳工组织2011年的统计报告显示，在大多数国家，妇女参与劳动力市场的可能性低于男性。老挝男性和女性比重基本各为50%左右，比较平均，但是在老挝的劳动人口中，女性比重远远高于男性，如下二表所示：

表2–23　老挝女性人口比重（单位：%）

年份	2000	2005	2008	2009	2010
女性人口比重	50.0	50.2	50.2	50.1	50.1

数据来源：世界银行WDI数据库，http://publications.worldbank.org/WDI/

表2–24　老挝劳动参与率

劳动力人口（万人）			劳动参与率（%）			女性劳动参与率（%）		
2000年	2007年	2009年	2000年	2007年	2009年	2000年	2007年	2009年
249	295	309	80.8	79.3	78.3	80.0	79.0	77.7

数据来源：世界银行WDI数据库，http://publications.worldbank.org/WDI/

2000年老挝女性人口比重为50.0%，2005年为50.2%，2008年为50.2%，2009年为50.2，2010年为50.2%；总的来说，男女比重各为一半。但是从老挝的劳动参与率来看，在2000年，女性劳动参与率为80.0%，占到了相当大的比例，在2009年，其女性劳动参与率为77.7%，相比于2000年，其女性参与率有所下降，但所占比例依然很高。

① 数据来源：国际劳工组织，http：//www.ilo.org

（三）产业分布

老挝的劳动力资源主要集中在第二和第三产业。2006年老挝农业、林业和渔业的劳动力数量为20 227人；制造业为105 234人；施工为12 496人；批发和零售贸易、修理汽车及电单车为135 439人；运输和储存为10 741人；住宿及餐饮服务为17 779人。

在平均劳动力分布方面，采矿及采石业平均每单位劳动为26.0%；电力、煤气、蒸汽和空调供应为27.8%；施工为19.9%；金融和保险业为14.8%；教育为13.1%；而农业、林业和渔业的平均劳动力分布为4.7%。由此可见，老挝的劳动力分布逐步向第二和第三产业转移，但第一产业还是占有相当比例。

在需要相当技术人员的产业领域，劳动力数量较少。信息和通信为3 688人，金融保险4 440人，房地产1 492人，专业科学及技术1 389人，教育3 896人，人类健康和社会工作1 043人，艺术、娱乐及康乐活动3 695人，在这些技术含量较高的产业中劳动力数量较少，平均劳动力分布比例也较少。

表2–25　老挝2006年劳动力数量和平均劳动力分布

产业分类	劳动力的数量（人）	结构（%）	平均劳动力分布（%）
农业、林业和渔业	20 277	5.9	4.7
采矿及采石业	7 708	2.2	26.0
制造业	105 234	30.4	4.3
电力、煤气、蒸汽和空调供应	3 167	0.9	27.8
供水、污水处理、废弃物管理及污染整治	1 824	0.5	6.9
施工	12 496	3.6	19.9
批发和零售贸易、修理汽车及电单车	135 439	39.2	1.7
运输和储存	10 741	3.1	2.8
住宿及餐饮服务	17 779	5.1	5.2
信息和通信	3 688	1.1	4.2
金融和保险业	4 440	1.3	14.8
房地产活动	1 492	0.4	2.4
专业科学及技术	1 389	0.4	3.9
行政及支援服务	6 320	1.8	8.4
教育	3 896	1.1	13.1

续表

产业分类	劳动力的数量（人）	结构（%）	平均劳动力分布（%）
人类健康和社会工作	1 043	0.3	2.8
艺术、娱乐及康乐活动	3 695	1.1	3.6
其他服务活动	5 094	1.5	1.5

资料来源：老挝2006年经济普查数据。

老挝的公司主要集中在农林渔业、制造业、批发和零售贸易以及修理汽车及电单车行业，劳动力也相对集中分布在这几个行业中。

表2-26　老挝2006年各类公司数目

产业分类	成立公司数目（间）
农业、林业和渔业	4 319
采矿及采石业	297
制造业	24 331
电力、煤气、蒸汽和空调供应	114
供水、污水处理、废弃物管理及污染整治	264
施工	628
批发和零售贸易、修理汽车及电单车	81 780
运输和储存	3 799
住宿及餐饮服务	3 439
信息和通信	872
金融和保险业	299
房地产活动	618
专业科学及技术	359
行政及支援服务	755
教育	298
人类健康和社会工作	375
艺术、娱乐及康乐活动	1 013
其他服务活动	3 353

数据来源：老挝2006年经济普查数据。

从老挝各类产业的地区分布上来看，农林渔业在中部地区的比重较大，为5.5%；制造业、批发和零售贸易、修理汽车及电单车在北部中部和南部的比重都很大，分别为62.3%，63.8%和67.5%；作为政治经济文化中心的首都万象，其农林渔业、制造业、批发和零售贸易、修理汽车及电单车、行政及支援服务、房地产活动、专业科学及技术和住宿及餐饮服务的比重都较高。

表2–27：老挝2006年经济组成单位和地区分布（单位：%）

产业分类	首都万象	北	中	南
农业、林业和渔业	2.5	2.9	5.5	1.3
采矿及采石业	0.2	0.3	0.2	0.1
制造业	13.8	21.6	20.1	20.4
电力、煤气、蒸汽和空调供应	0.1	0.1	0.1	0.1
供水、污水处理、废弃物管理及污染整治	0.4	0.1	0.2	0.2
施工	0.6	0.6	0.4	0.3
批发和零售贸易、修理汽车及电单车	66.1	62.3	63.8	67.5
运输和储存	0.8	4.4	3.0	3.6
住宿及餐饮服务	4.1	2.6	2.0	2.4
信息和通信	0.5	1.5	0.2	0.3
金融和保险业	0.2	0.3	0.2	0.2
房地产活动	1.4	0.2	0.2	0.2
专业科学及技术	1.6	0.2	0.2	0.2
行政及支援服务	1.1	0.5	0.4	0.3
教育	0.6	0.1	0.1	0.1
人类健康和社会工作	0.7	0.2	0.2	0.2
艺术、娱乐及康乐活动	1.4	0.5	0.7	0.8
其他服务活动	4.8	1.6	2.5	1.8

数据来源：老挝2006年经济普查数据。

三、劳动力就业

就业是指参与市场性生产活动（有报酬的工作）和某些非市场性生产活动（无报酬的工作），其中包括自用物品的生产，不包括某个人自己的家庭杂务，比如做饭、打扫卫生、照看家中的孩子和老人。劳动力参与率是指活跃的成年人口（年龄在15～64岁之间，或15岁和超过15岁的人口）参与就业活动的数量。

2009年，老挝新增就业人数214 949人，比上年增长近3倍，国内就业210 922人，其中从事农业197 654人、工业建筑业12 960人和服务业308人；国外就业（外派劳务）4 027人，比上年增长30%，其中从事农业134人、工业建筑业3 476人和服务业417人；自主创业165人；登记求职人数8 813人，比上年减少约3倍，其中农业132人、工业建筑业8 486人和服务业195人。总的来看，老挝自营职业者和无酬家属工作者的数量远远大于政府、半国营、私企和国营的劳动力数量。就各地区的职业结构来看，首都万象的被雇用者和自营业者比其他地区多，而中部地区自营业者较多，北部和南部农业从业人员较多。

表2-28 老挝2005年就业人数

	就业人数	女性（%）	男性（%）
政府雇员	168 388	31	69
半国营员工	11 446	33	67
私营员工	121 786	40	60
国企雇员	19 486	27	73
雇主	7 210	31	69
个体	1149 906	32	68
无酬家属工作者	1260 671	71	29

数据来源：老挝2005年人口和住房普查结果。

劳动力输出方面，老挝劳务的主要输出市场是泰国。据统计，老挝籍公民在泰国务工人数累计120 580人，其中合法劳工61 929人。劳务输入方面，2009年共计17 083人外籍劳务人员入老工作，其中按国家分：中国3 215人、越南6 864人、泰国3 524人及其他国家3 480人；按行业分：农业2 121人、工业8 796人、服务业1 230和其他4 936人。

2005年老挝就业人数为274万人[①]。最高失业率省份是川圹省，失业率为6.3%，万象为5.5%，波里坎塞为3.6%。城市整体失业率为3.2%，未通车农村地区最低失业率为0.7%。全国失业率为1.9%(男性为1.8%，女性为2.0%)[②]。

老挝的劳动人口主要是低素质劳动人员，缺乏高素质劳动人员，总体的劳动力价格较低，尤其是从事无技术含量的普通劳动人员收入仅维持在可供温饱的状态，从事有一定技术含量的劳动人员收入稍高，但总体水平还是低于亚洲主要经济体。

表2–29　老挝普通劳动力价格表

工种	月薪(美元)
普通工人	105～140
工程项目工人、翻译	500～800
中层管理人员	800～1 300
熟练工人	118～176
技术人员	235～353
大车司机	140～176
工程机械司机	176～353
保姆/清洁工	94～140
门卫	70～118
办公室文秘	118～176
餐馆服务员	70～94
纺织工人	70～82
会计	70～176

数据来源：世界银行网站，http://www.worldbank.org.cn/

近年来，随着老挝改革开放事业不断推进，老挝劳动力价格也随着社会经济的增长而增长。老挝社会福利劳动部于2009年初将最低劳动工资标准从29万基普(约35美元)调高至34.8万基普(约41美元)，一般普通劳工平均每月工资为70～120美元，技术劳工及专业技术人员根据熟练程度200～1 000美元不等。在实

① 资料来源：联合国ILO数据库，http://data.un.org/

② 资料来源：国际劳工组织，http://www.ilo.org

际执行中，老挝劳动力价格远高于政府制定的最低工资标准。

根据2009年初老挝社会劳动部《关于金融危机对老挝劳动就业的影响与对策报告》，金融危机导致老挝国内工人下岗约2 000人，失业48 806人，待业2 795人；从国外失业回国15 000人，合计需解决失业人数68 601人。与此同时，老挝国内还存在劳动力短缺的情况。部分项目尤其是农业项目如橡胶、沉香木、桉树和小油桐等种植项目需要增加部分劳动力约5 500人；纺织业需要14 000人；能源矿产业需15 564人。此外，外国劳务市场对老挝劳务的需求也在增加，如泰国需求约20 000人，韩国约2 500人，日本约300人，马来西亚需1 000人，美国需500人，合计用工人数59 364人，其中短工15 830人，足以解决金融危机带来的失业问题。同时，在2010年老挝社会福利劳动部工作计划中称，随着老挝社会经济将继续保持快速发展，越来越多的援助项目、矿产、水电、建筑、加工、农业和服务业等产业将新增大量工作岗位。

总的来说，老挝劳动力有优势的一面，但也存在突出问题。首先，就业结构性矛盾突出。一方面相当数量的从业人员文化程度偏低、技能单一，难以满足用工单位需求；另一方面部分从业人员择业观念陈旧，对岗位和收入待遇期望值较高，往往不愿意到脏苦累险岗位就业，自谋职业也顾虑重重、办法不多。其次，企业用工成本过高。与东南亚其他国家相比，老挝劳动力成本价较低（约为泰国的1/3），但这些劳动力并不符合企业实际需求，企业需对招来的员工从基础知识开始培训，承担起职业技术学校的职能。加上很多老挝劳工缺乏吃苦精神、工作节奏慢、效率低、纪律和法律意识淡薄、稳定性差，闹情绪和跳槽现象严重，企业难以从制度和按工作进度对工人进行管理，需重复招聘和培训，造成企业用工成本过高。

第四节　人口的分布、迁移和流动

一、人口分布特点和地区差异

（一）人口分布特点

老挝2011年人口总数约为628.8万，不规则的分布在老挝23.68万平方公里的土地上，主要呈现以下几个特点：

1. 老挝的人口主要集中在农村，城市人口相对较少。1995年老挝83%的人口生活在农村，新一轮的移民浪潮开始后，大量农村人口涌入城镇，到2005年，老挝的农村人口比例下降到73%，但农村人口还是占老挝人口的绝大多数。以首都万象为例，2005年万象近70万人中，有82%是城市人口，城市人口比例居全国最高。而沙湾拿吉的城市人口只占其人口总数的9%，即只有约7.4万人是城市人口。

2. 由于老挝的地形以山地高原为主，平原和盆地的面积很小，所以其人口主要分布在高原山地地区，平原和山地的人口占老挝总人口的比例很小。像主要的人口集中区——万象平原，也仅仅只占老挝人口14%左右。

3. 老挝上、下寮人口分布较多，中寮较少，但相差不大。在老挝的上寮，分布着老挝36%左右的人口，下寮分布着老挝34%左右的人口；中寮人口总数约为老挝全国人口的30%左右。

4. 老挝人口西南部（湄公河沿岸）较密，东北部较稀。人口密度最高的地方是首都万象，在2011年的时候，万象的人口密度达到200人/平方公里，是老挝全国人口密度的7倍之多。而丰沙里是老挝人口密度最小的地方，仅仅只有11人/平方公里。

5. 老挝的人口还主要分布在老挝主要的交通要道旁，因为主要的道路、河流等旁边都有城镇分布。像贯穿老挝南北的13号公路、贯穿东西的9号公路以及南北流向的湄公河沿岸都是老挝人口分布较多的地方之一。

总的来说，对于一个经济落后、人口较少的国家来说，老挝现有人口数量及分布还不足以对老挝的社会经济发展产生极大的促进作用。像老挝首都万象这样的大城市，也仅仅只有80多万人，所以老挝社会经济的发展缺乏人口数量的动力支撑。

（二）人口分布的地区差异

老挝国土一般意义上分为三大部分：上寮、中寮和下寮，涵盖老挝17个省、市。其中老挝的上寮包括琅勃拉邦省、川圹省在内的8个省份；中寮包括万象市、万象省在内的4个省市；下寮包括阿速坡省、沙湾拿吉省在内的5个省份。老挝的人口在三大地区分布的比较平衡，相差都不大，上寮因为省份比较多所以人数上稍占优势；中寮也是因为省份仅仅只有四个而人数相对较少，但是仅与上寮相差33万人；下寮以218.9万人居中。

表2-30　老挝2005—2011年三大地区人口分布表（单位：万人）

	2005年	2010年	2011年
上寮	197.8	221.7	226.3
中寮	170.5	189	193.3
下寮	195.4	215.1	218.9

数据来源：老挝国家统计局，http://www.nsc.gov.la/

老挝的人口在老挝的省份分布中极不均匀。最多的省份有92.2万人，而最少的只有10.1万人，相差9倍之多。老挝没有人口超过100万的省份，60万人口以上的人口大省也仅仅只有沙湾拿吉省、占巴塞省、万象市三个省市，绝大多数省份的人口数量都是在10万～50万之间。在老挝的各省份中，人口最多的省份是沙湾拿吉，以92.2万人高居各省份之首，而塞公省10.1万人，是老挝最少人口省份。

表2-31　2005—2011年老挝各省份人口分布表（单位：万人）

地区	省份	2005年	2010年	2011年
上寮	波乔省	14.5	16.6	17
	华潘省	28.1	31.8	32.6
	南塔省	14.5	16.4	16.8
	琅勃拉邦省	40.7	44.8	45.6
	乌多姆塞省	26.5	30	30.7
	丰沙里省	16.6	17.6	17.8
	沙耶武里省	33.9	37.5	38.2
	川圹省	23	27	27.6
中寮	万象省	38.9	48	49.4
	万象市	75.4	76.9	78.3
	玻利坎塞省	22.5	26.5	27.3
	甘蒙省	33.7	37.6	38.3

续表

地区	省份	2005年	2010年	2011年
下寮	阿速坡省	11.2	12.7	13
	占巴塞省	60.7	65.3	66.1
	沙拉湾省	32.4	36.7	37.6
	沙湾拿吉省	82.6	90.6	92.2
	塞公省	8.5	9.8	10.1

数据来源：老挝国家统计局，http://www.nsc.gov.la/

老挝人口密度低于世界平均水平，2011年老挝的人口密度只有26.6人/平方公里，远远低于世界平均水平的49.7人/平方公里。老挝的人口密度分布极不平衡，除首都万象以200人/平方公里远超世界平均水平之外，老挝各省的人口密度均在43人/平方公里以下，低于世界平均水平。其中丰沙里省以11人/平方公里的人口密度居于最低，相比于万象市的200人/平方公里，二者相差18倍。老挝总体来说是一个地广人稀的国家，加上老挝多是山地高原的地形，交通不便，人们生活水平低下，严重制约了老挝的社会经济发展。

表2-32　2011年老挝各省人口统计数据及人口密度统计表

省份	总人数（人）	人口密度（平方公里/人）
万象（市）	783 032	200
丰沙里	178 006	11
南塔	168 140	18
乌多姆赛	307 065	20
波乔	169 807	27
琅勃拉邦	455 532	27
华潘	325 757	20
沙耶武里	381 908	23
川圹	276 242	17
万象	493 593	22

续表

省份	总人数(人)	人口密度(平方公里/人)
玻利坎塞	272 794	18
甘蒙	383 099	23
沙湾拿吉	922 210	42
沙拉湾	375 517	35
塞公	100 595	13
占巴赛	661 358	43
阿速坡	130 402	13

数据来源：老挝国家统计局，http://www.nsc.gov.la/

二、人口的迁移和流动

人口迁移是人口移动的一种形式，是指人口分布在空间位置上的变动。一般指的是人口在两个地区之间的空间移动，这种移动通常涉及人口居住地由迁出地到迁入地的永久性或长期性的改变。

人口流动是人口在短期离开后又返回原居住地的现象，一般指离家外出工作、读书、旅游、探亲和从军一段时间，未改变定居地的人口移动。人口流动不属于人口迁移，比人口迁移更为普遍和经常，流动的人口不能称为移民。人口流动分为周期流动和往返流动。

(一)老挝人口的国内迁移和流动

老挝人口国内迁移和流动的主要趋势是从老挝经济比较落后的地区向相对于比较发达的地区迁移和流动。比如首都万象市，它是老挝经济最发达的地区，老挝国内的人口迁移和流动也主要是流入到这里，它集中了老挝行政区域之间人口迁移和流动的65%左右。此外，老挝的北部省份的人口迁移和流动占全国人口迁移和流动的54%，中部省份占29%，南部省份占17%。

1995年以前，由于老挝地处山地高原，交通不便，很多生活在山区的农村人口很少接触到外界社会经济的发展，占绝大多数的人口还是生活在原来的地区，并没有向其他地区迁移和流动。1995年以来，老挝社会经济保持着较快增长，人们为了追求生存和更好的生活，从农村地区不断向城镇地区迁移，并迎来了一波高潮，这一时期的人口迁移和流动超过100万人。

2005年后，随着老挝的社会经济的高速发展，老挝的城镇需要越来越多的劳动力，加上老挝人民向往城镇生活的愿望，使新一轮的人口迁移和流动到来。老挝的城镇化水平也从2005年的27.4%上升到了2010年的33.2%，人口从农村到城镇的迁移和流动人数在这5年的时间里超过了35万人，此外还有很多农村的人口寄宿在城镇，平时在城镇工作，偶尔回到农村。以万象为例，2005年万象75.4万人中，有41%的人口(即大约有31万人)为外来人口。老挝的这种人口迁移和流动人数占到了老挝人口迁移和流动总人数的80%以上，而且年龄多集中于20～30岁之间。

老挝国内另一个主要的人口迁移和流动的趋势是在各个行政区域之间的流动。因为受到老挝地形和经济发展落后的影响，老挝各行政区域之间的人口迁移和流动都是很小规模的。2005年老挝国家人口大普查的时候，主要的人口迁移和流动的净流出的省份有华潘省、琅勃拉邦省、川圹省、丰沙里省等，以上省份的人口净流出都在1万人以上；沙耶武里省、占巴塞省和沙湾拿吉省的人口净流出都在5 000人左右；而阿速坡省、甘蒙省、乌多姆塞省和沙拉湾省也有少量的人口净流出。而净流入的省份中，万象市以58 000人高居榜首，剩下的几个人口净流入的省份都在几千左右，不到一万人，他们分别是：波乔省、玻利坎塞省、万象省、南塔省和塞公省。

(二)老挝人口的国际迁移和流动

老挝人口的国际迁移和流动主要有两个方面：一个是老挝的人口流出；另一个就是国外人口流入。总体上，老挝的人口流出要远远多于国外人口流入。

由于老挝社会经济发展严重滞后，人民生活水平低下，而周边泰国、新加坡等国经济较为发达，有较强吸引力，使得很多老挝人民为了获取更好的生活，不惜离开祖祖辈辈生活的地方。老挝的人口流出主要是以人口劳动力的方式输入周边一些国家，其中以输往泰国为最多，其次为新加坡、马来西亚、越南和中国等地。由于其受教育水平较低，只能从事一些较为简单的工作，多以出卖劳力为主。2005年，老挝有7 000人生活在国外，占到老挝总人口的0.12%。据老挝2005年人口大普查报告显示，老挝向外流出的人口，其中有75%的人返回老挝生活。此外，老挝向外流出的人口中，以年轻人居多数，20～30岁之间的流出人口占到总流出人口的70%以上，而且男女流出的比例约为1:1。

国外流入的人口相对于老挝流出的人口来说较少，2005年仅仅只有500人左右。这些流入的人口以外国驻老挝官员、技术人员以及其他高层次人才为主，大多都是因为工作方面的需要才流入老挝的。但是随着老挝经济的逐渐开放，老挝政府也鼓励引进更多的科技人才，特别是老挝经济特区的建设，吸引了世界各国的目光，很多外资企业在老挝建设厂房，派更多的国外人才进驻老挝。最近几年，老挝社会经济的较快发展，使得老挝国内也需要越来越多的劳动力，很多以前出去工作的老挝人民，现在更愿意选择在老挝国内就业，形成了一种人口回流的现象。

三、人口的城镇化

人口的城镇化通常指人口向城镇集中或由乡村地区转变为城镇地区，从而变乡村人口为城镇人口，使城镇人口比重不断上升的过程。反映人口城镇化的指标，是城镇人口占总人口的百分比。

老挝的城镇化水平非常低，从战后老挝独立到20世纪70年代末，老挝的城镇化几乎没有什么进步。到1980年，老挝的城镇化水平才刚刚达到12%。

表2-33　老挝1980—2000年城镇化发展情况表

年份	城镇化水平（%）
1980	12
1982	13
1984	14
1986	14
1988	15
1990	15
1992	16
1994	17
1996	18
1998	20
2000	22

数据来源：世界银行数据库，http://data.worldbank.org/

1980—2000年的这10年时间里，老挝的城镇化发展水平仅仅增长了10%。尽管老挝在1986年实行“革新开放”的经济政策之后，老挝的社会经济发展保持着较快发展，但是老挝的城镇化水平依旧发展缓慢。20世纪90年代老挝城镇化的发展水平完全没有与老挝的社会经济发展水平同步，这一时期的老挝城镇化年均增长水平只有0.5%。

直到2000年后，老挝的城镇化才较以前有较快发展。2000年后，老挝摆脱了亚洲危机的影响，老挝的社会经济发展有了较快进步，城镇化水平也有了较快发展。这6年，老挝的城镇化一共增长了6%，远远高于过去20年的发展速度。

表2-34　2001—2006年老挝城镇化水平发展情况表

年份	2001	2002	2003	2004	2005	2006
城镇化水平(%)	23	24	25	26	27	29

数据来源：世界银行数据库，http://data.worldbank.org/

2006年后，老挝的城镇化继续保持着每年一个百分点的增长速度，2011年，老挝的城镇化水平达到了34%。相比于1980年的12%的城镇化水平，2011年的城镇化水平增长了24%。近几年来，老挝政府大力促进社会经济的发展，农村人口向城镇转移，是老挝城镇化发展的主要动力。

表2-35　2007—2011年老挝城镇化水平发展情况表

年份	2007	2008	2009	2010	2011
城镇化水平(%)	30	31	32	33	34

数据来源：世界银行数据库，http://data.worldbank.org/

老挝的城市化率从 1980年的12%上升到 2011年的34%，已进入国际公认的城市化加速发展时期(30%为临界线)，推进城镇化的条件已经成熟。预计在未来二三十年，老挝城市化发展速度将年均增长 1%～1.4%，这必将有力地支持老挝经济的持续增长，并为农村剩余劳动力提供广阔的就业空间。

第三章　第一产业的发展和布局

老挝农业现在还基本处于粗放式种、养殖阶段，北部山区的贫困人口还处于毁林烧荒、刀耕火种的原始农业形态。农业的单产也比较低，缺乏抗灾能力，粮食产量也不稳定。老挝主要的农作物有水稻、玉米、木薯、咖啡、花生等。

第一节　农业发展概述

老挝是传统的农业国家，国土面积为23.68万平方公里，其中陆地面积23.080万平方公里，农业面积2 129万平方公里，耕地和永久性作物面积1 251平方公里，永久性草地和牧场878平方公里，森林面积15 986平方公里，其他土地面积4 965平方公里，内陆水域面积600平方公里。老挝总人口为6 477 211人（到2011年），农业人口占人口总量的80%以上，是东南亚人口密度最小的国家，平均28人/平方公里，高山地区不足3人/平方公里。老挝农业现在还基本处于粗放式种、养殖阶段，在全国60多万人口中，12万的北部山区的贫困人口还处于毁林烧荒、刀耕火种的原始农业形态。农业的单产也比较低，缺乏抗灾能力，粮食产量也不稳定。老挝主要的农作物有水稻、玉米、木薯、咖啡、花生等。水稻种植面积占全国农作物种植面积的85%，其中90%为糯米，主要分布在万象地区、沙湾拿吉省、沙拉湾省和占巴塞省等，上述4个省水稻产量占总产量的40%。

表3–1　老挝2003—2007年土地资源概况（单位：平方公里）

	2003年	2004年	2005年	2006年	2007年
国土面积	23 680	23 680	23 680	23 680	23 680
陆地面积	23 080	23 080	23 080	23 080	23 080
农业面积	1 939	1 959	1 959	2 109	2 129
耕地和永久性作物	1 061	1 081	1 081	1 231	1 251
耕地	980	1 000	1 000	1 150	1 170

续表

	2003年	2004年	2005年	2006年	2007年
永久性作物	81	81	81	81	81
永久性草地和牧场	878	878	878	878	878
森林面积	16 298	16 220	16 142	16 064	15 986
其他土地	4 843	4 901	4 979	4 907	4 965
内陆水域	600	600	600	600	600

数据来源：联合国农粮组织网站，http://www.fao.org/home/zh/

老挝的农业发展深具潜力。首先，老挝农业资源开发强度低，原生态保护好，基本没有经历“石油”农业的发展历程，农业污染少。其次，老挝具有鲜明的土地、生态、气候优势。从自然环境来看，老挝境内多山，是印度支那半岛上地势最高的国家，气候属于热带雨林气候，高温多雨，气温北低南高，降水北少南多，年平均气温20℃～30℃，气候条件适宜农作物及各种植被的生长。在地理位置上，老挝与越南、柬埔寨、泰国、缅甸和中国5个国家相连，是中南半岛唯一的内陆国。由于中国、泰国、越南发展非常迅速，国内需求很大，为老挝提供了广阔的市场。

老挝国土大致可以分为北部山地、东南部高地、西部低山丘陵地和西南部平原低地四个地貌区。全国自北向南分为上寮（北部）、中寮（中部）和下寮（南部）三部分，上寮地势最高，川圹高原海拔2 000～2 008米，最高峰比亚山峰海拔2 820米，中寮地势次之，平原主要分布在下寮地区。丰富的地形特征和广袤的山地，有助于老挝农产品种植的多样化及林业的发展。

老挝境内的水系以湄公河为主，93%以上的地区属湄公河流域，湄公河流经的地域形成了各种湖泊和支流，充沛的水量和干净的水质为老挝发展渔业提供了基本的条件。每年雨季，湄公河泛滥过后的肥沃土壤也具备了充足的养分。除湄公河及其支流外，南马河、南汕河和南明河也都是老挝重要的河流。这三条河流都从老挝华潘省和川圹省经越南流入北部湾。

老挝森林资源十分丰富，森林面积达1 400万～1 500万公顷，20世纪60～70

年代约占全国总面积的60%，80年代约占50%。木材总蓄积量在20世纪80年代为16亿立方米，现已有较大幅度的减少，但老挝政府的森林保障计划已使老挝森林覆盖率在2011年回升至52%，预计在2015年和2020年分别达到65%和70%。老挝是世界各国中森林面积所占比重最大、珍贵木材最多的国家之一，储量较大的有柚木、乌木、檀香木、沉香木、红豆杉、花梨木等。

一、农业发展历程

老挝是一个传统的农业国家，从历史上来看，农业发展在老挝经济结构中始终占据十分重要的地位。1893年，老挝沦为法国殖民地，从那时起到1975年老挝人民民主共和国成立这段时期，农业生产总值始终占全国国内生产总值（GDP）的90%～95%，农业成为影响老挝经济发展的最重要的因素。

老挝人民民主共和国成立后，对老挝现有经济体制进行了一系列的改革。农业也几次变更所有权性质。从1976年到1985年老挝人民民主共和国成立的前10年时间里，老挝农业（土地、耕牛及其他生产资料）经历了从私有化到集体化又转为承包制的曲折道路。1977年，老挝政府开始了集体化运动，通过重新分配农业用地以提高农业生产力。在此之前直至抗美救国战争期间，在爱国战线解放区，虽然已有“团结组”、“换工组”等组织，但只是临时互助性质，多没有固定的组织形式。1977年，老挝党和政府号召全国农民广泛建立“团结组”和“合作社”，并设想分为建立团结互助组、建立换工组、建立初级合作社、建立高级合作社四步进行。但是，由于老挝的农业合作化运动是在全国农村没有进行任何必要的民主改革的情况下进行的，又存在着严重的强迫命令现象，有些地方为了完成任务甚至采用行政手段强行组织，而且在成立后，生产的组织、管理、产品分配等各个方面政策措施没有落实，致使当年的作物没有能够及时种好，许多地方产量下降，农民收入明显减少，极大的挫伤了农民的生产积极性。老挝政府开始放慢了合作化速度。到80年代中期，加入合作社的农民只占40%，大多数合作社已名存实亡，政府不再把集体化作为重要任务。

在接下来的10年间（1986年到1995年），老挝农业完成了从承包制到私有化的过程。实行“分田到户家庭经营”，使国民经济得到了较快发展。1989年2月老挝革命党中央发布第51号决议，规定“各部门要面向农村”，“推广集约化经营”，“提高农业产值”。1992年政府制定了《农业发展规划》，把全国划分为4大农业经济区。1987—1990年间，老挝政府向农民颁发了土地证，保障了农民对土地的经营权、转让权、继承权和出售权。继此之后，老挝政府于1997年颁布了土地法，对农业用地管理、农业用地的使用权限作出了更详细的规定。同时，老挝政府还加大了对农业的投入，兴修水利设施，进一步改善农田灌溉水利系统，建立农业试点工程中心等。调整农业征税政策，推行提高农民生产积极性的政策，诸如对新开垦的荒田实行3~5年的免税政策等。目前，老挝政府规定土地所有者拥有使用权、转让权、出租权、继承权并且可以将土地作为担保品。同时，政府也允许组织和外国投资者可以在一定的时期内租赁土地，用于从事农业生产和大面积的农业项目。土地所有权的转变，为农民参与订单农业合作提供了政策保证。国外机构和企业在老挝也可以租赁土地进行农业发展，这让外国投资者得到了在老挝发展农业生产的机会。土地政策的转变是老挝发展跨境订单农业的基础保障。

2000年以后，老挝经济发展更为快速，经济发展的同时，经济结构也发生了相应的变化。经过老挝政府20年的改革实践和综合开发，老挝农业虽然获得了长足的发展，但在国民经济总产值中农牧业所占比重逐步减少，工业产值所占比重逐步增加，从目前来看，农牧业在整个国民经济中仍然占有较大比例。在20世纪60年代，农牧业在老挝国民生产总值中占有90%以上的比例；70年代，该比例下降为80%以上；80年代，该比例为70%以上；90年代，该比例迅速下降为50%以上；进入2000年以后，农牧业在国民经济发展中所占比例一直保持在50%左右；到了2009年，农牧业在国民经济发展中所占比例已下降至29.9%。虽然农业在老挝整体国民经济发展中所占比例已大幅度下降，但农业生产总值、总产量及整体技术水平已得到一定发展。如下图所示，1990年，农林业生产总值为3 718.4亿基普；1995年上升至4 536.84亿基普；2005年已上升为6 986亿基普。2012财年，老挝GDP达到703 428亿基普（合87.9亿美元），人均1 080万基普（合1 349美元），同比增长8.3%。其中，农林业占GDP的26.7%，同比增长2.8%。在2013财年，农林业将增长3.1%，占GDP的25.5%[①]总体来说，老挝农林业总产值逐步上升，增长率始终保持正值。

① 《2012年老挝经济形势》，中华人民共和国驻老挝经济商务参赞处，http://la.mofcom.gov.cn/article/zwjingji/201308/20130800244771.shtml

表3–2　老挝农林业1990—2005年的产值、比重、增长率情况

财年	1990	1991	1992	1993	1994	1995	1996	1997	1998	1999	2000	2001	2002	2003	2004	2005
产值（亿基普）	3 718.35	3 653.47	3 955.37	4 062.33	4 399.8	4 536.84	4 662.06	4 986.83	5 140.71	5 561.99	5 835.9	6 056.18	6 297.16	6 300	6 658	6 986
比重（%）	60.7	57.3	58	56.3	56.4	55.4	52.7	52.2	51.9	52.1	51.3	51.1	50.3	50.1	47.6	45.5
增长率（%）		-8	8.3	2.7	8.3	3.1	2.8	7.0	3.1	8.2	5.0	3.8	4.0	0.05	5.7	5.0

老挝虽然是传统的农业国，但由于第二、第三产业的兴起使得农业出口影响逐渐减弱。从世界银行的数据来看[①]，自老挝成立以来，农业出口份额较为稳定，对整体影响一直很大，在出口总额中，占比始终为10%～20%；在80年代中期，农业出口甚至达到老挝出口总额的60%。近年来，虽然农业出口总值、作物种类、合作范围等不断扩大，但由于水电、采矿、服装等行业的迅速发展，农业对出口影响逐渐减弱。2005年到2008年间，老挝采矿业出口额增长非常迅速，电力、服装、木制品增长也较为快速。农业出口额虽然增长十分迅速，但由于其他行业的影响，农业对老挝出口的影响在逐渐减弱。在2010财年，老挝出口额有望达到12.38亿美元，同比增长29.42%，但农产品出口则下降70.61%。

从1997年到2007年的10年间，老挝农产品出口情况并不十分稳定，但从2000年以后，虽然老挝整体农产品总产增长率不如以前快速，但农业出口却一直有较大幅度的增长。老挝国内市场狭小，农产品市场化率很低，大量的农产品都出口到周边国家。在老挝农业出口中，咖啡出口额最大，在2010年，咖啡出口额达3 200万美元；2011年达到5 000万美元，2016年将达1亿美元。虽然老挝农产品出口总量有较大幅度增长，但由于水电、矿产等出口额的迅速增长，农业对老挝出口整体影响仍然在减弱。

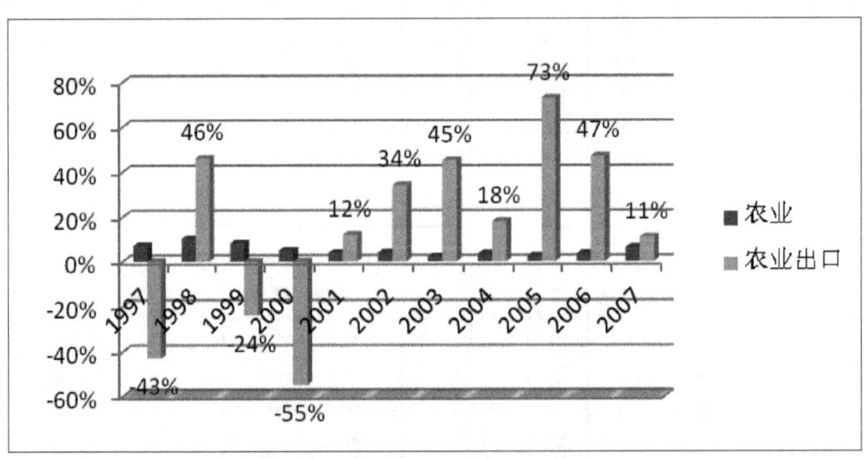

图3–1 老挝1997—2007年农业增长率和农业出口增产率

数据来源：Sengsourivong (2008), MFA and MOIC, Lao PDR.

① 资料来源：Lao PDR authorities and World Bank staff estimates.

老挝政府在制定“五五”（2001—2005年）计划及十年（2001—2010年）和二十年（2001—2020年）中长期发展战略规划时，都把发展农业生产作为一个重要的方面。在“五五”计划中，政府明确提出了农村开发要综合计划、重点实施，要把农村建成开发基础单元等目标。2001年以来，按照既定的发展目标，老挝的各项农业开发战略开始实施。根据10年和20年中长期发展战略，老挝政府提出继续有步骤地加快农村开发，提高农业生产效率，实现农业生产现代化，到2020年完全消除贫困的总目标。为保证这一目标的实现，老挝农林部针对农业发展状况和农村开发的重点，确定了七大战略主题。这七大战略主题包括：（1）参与性计划，农业部门的政策制定、项目规划要减少中央控制，要从基层出发，及时掌握当地需求和环境变化，支持作为农业发展的催化剂的县级计划和山地流域整合。（2）提高耕作技术，应用现代农业技术，扩大平原和丘陵地区的农产品出口，恢复和扩大灌溉面积，加强以当地和社区为基础的灌溉系统的管理，改进农业耕作和种植体系，加强经济作物、家禽和渔业生产，提高农产品加工技术和建立中小加工企业，开发适于低地农业生态环境的农业技术，引入新品种。（3）加强山地的持续发展和环境管理，包括保护国家级生态区。建立一个多部门、以社区为基础的土地分配和管理体系。（4）停止刀耕火种，向山区引进和推广农耕和非农耕生产方式，向山民推广适宜的农村生产方式。（5）扩大灌溉系统，更为有效地管理灌溉项目和扩大灌溉面积。（6）加强人力资源开发，包括提高农林部门尤其是县级基层工作人员的专业和政策水平，使农业部门转变为在市场经济中为农民服务的机构，中央要为应用研究和技术推广以及自然资源保护提供技术支持。（7）营造商业开发的良好环境。建立健全农业综合经营体系，根据经济环境变化及时评估和调整中、短期政策。

老挝虽然是一个传统的农业国，有着丰富的自然资源和广阔的土地，但由于经济技术相对落后，因此在相当程度上阻碍了农业的发展。因此外国投资和援助对老挝农业的发展起到了一定的帮助作用，老挝政府也希望通过吸引外部投资为农业生产引进更为先进的技术，获取更多的资金支持，保证农业生产更好更快发展。为此，老挝政府颁布了相关法律，制定了相应条例，希望能够吸引更多的外资投资到老挝农业中。老挝政府于1994年通过了《投资法》，1997年通过了《土地法》，2002年通过了《管理货币和货币流通法》等多项法律，为外商投资农业及国际间农业合作提供了法律保障。其中《投资法》规定了外商投资老挝的两种形式：

合资和独资。后又相继颁布实施了《老挝人民民主共和国鼓励外国投资法》、《促进和管理外国在老挝投资法》、《促进和管理外国投资法实施细则》、《外国投资项目在老挝审批程序的规定》等法律和政策规定。2010年3月，老挝颁布实施新版《投资促进法》。该法令由原来的《国内投资促进管理法》和《外国投资促进管理法》合并而成，老挝政府还重点扶持3类生产行业：大米、谷类和食品生产。不仅在法律保障上面，在税收上，老挝政府也制定了部分优惠政策以鼓励外商投资。

二、农业部门结构

土地作为老挝农业部门十分重要的基础资源同时也有着较为细致的管理，老挝土地管理机构分为国家级、省市级、区级和乡村四级管理机构。老挝中央政府设有农业林业部，部址为万象市蓬赛村，下设礼宾局、农业局、水利局、林业局、畜牧局、气象局等部门。除中央政府设有农业林业部外，老挝各省市均设有农林局，农业开发办公室等机构，管理各项农业相关工作。

老挝土地分为农业用地、林业用地、水资源地、工业用地、交通用地等共计8大类。农业用地是只规定用于种植、养殖和农业试验研究包括水利的土地。林业用地是指所有被森林覆盖，或没有被森林所覆盖，但已明确被国家森林法确定为林地的土地。水资源地是指被水淹没或包围的土地，如被水淹没的土地、河流来源、河岸、岛屿土地，水退去时形成的新土地，或由水路变化或转移所形成的土地。农业用地、林业用地、水资源地这3种土地均归农业和林业部负责。

老挝土地管理的中央机构为国家土地管理署，成立于2003年。主要职责是：(1)研究和制定土地管理政策草案、法律、总裁法令、政令，法律法规和规章；(2)从事地方、地区和国家层次的土地测量调查、土地分类和土地利用规划；(3)配合有关部门和地方行政部门制定土地利用计划，保护和开发土地，对土地进行分类，评估土地质量，为某些用途的土地确定面积，并监督这些土地的利用；(4)颁发土地利用权证、出租或出让特许权证，终止土地使用权；(5)开发土地登记、进行土地评估、土地登记、颁发土地所有权和进行土地统计；(6)征收土地税；(7)解决土地争端；(8)管理国家土地和保护环境；(9)制定管理其组织和买卖土地使用权事务的政策；(10)开发土地数据和信息系统；(11)制定保护履行土地义务人们的政策和法规，如土地测量师或评估师，土地买卖的经纪人或代表；(12)实施政府交办的其他任务和职责。

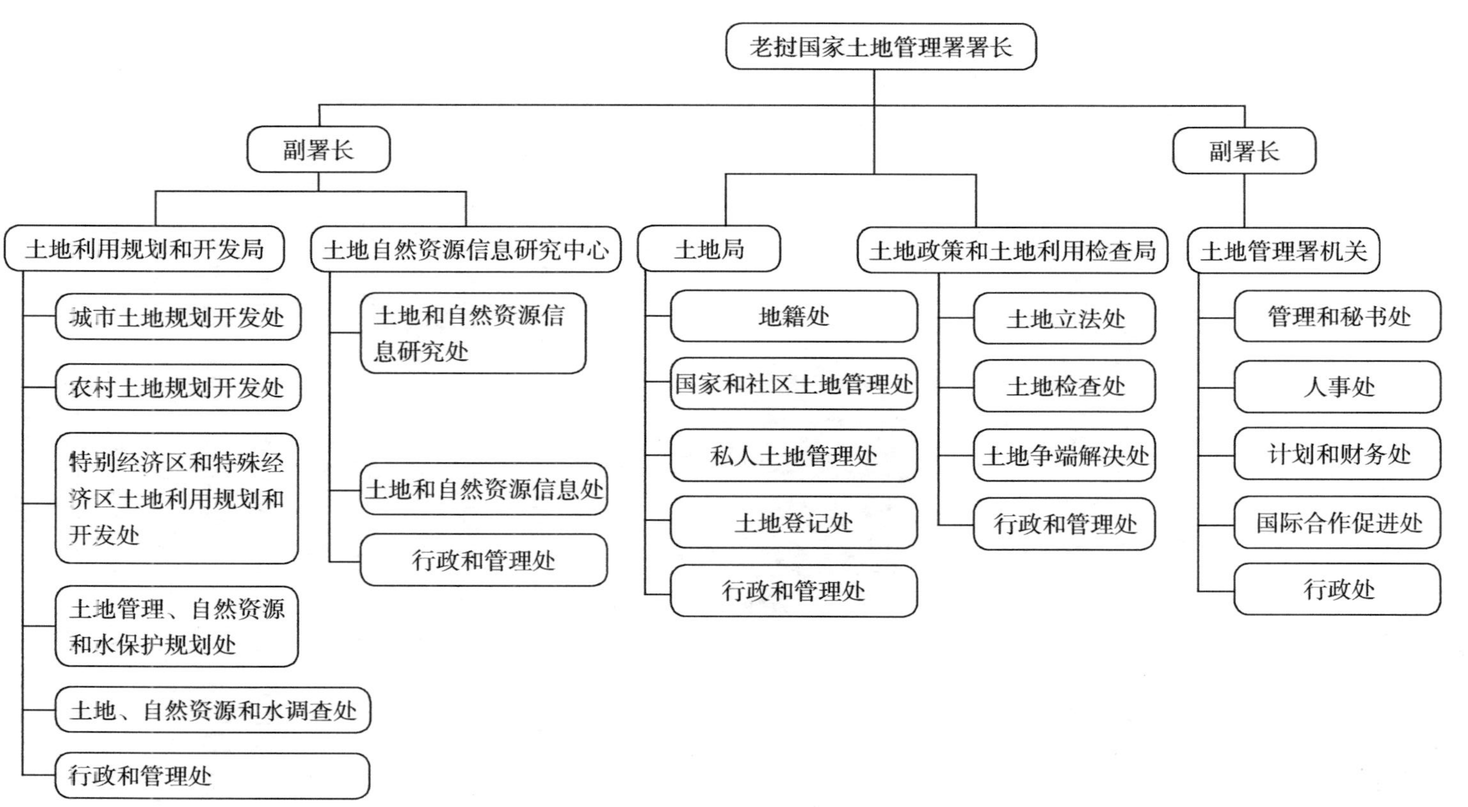

图3-2　老挝国家土地管理署机构设置示意图

三、农业发展布局

老挝的农业生产以种植业、林业、畜牧业、渔业为主。2007—2008年老挝农户生产农产品构成调查结果显示，在所有农产品中，种植业仍然最重要，占比为63%，其次为畜牧业，占比为18%，渔业和其他行业占比均为9%。老挝农业生产按地理位置可分为北部、中部和南部3个农业生态区，北部生态区占7个省：丰沙里省、南塔省、乌多姆塞省、波乔省、琅勃拉邦省、华潘省和沙耶武里省；中部生态区占6个省(市)：万象市、川圹省、万象省、玻里坎塞省、甘蒙省和沙湾拿吉省；南部占4个省：沙拉湾省、塞公省、占巴塞省和阿速坡省。

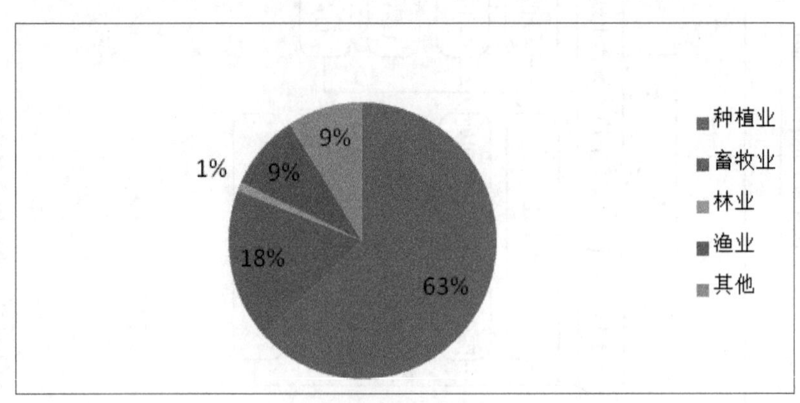

图3-3 老挝农民农产品生产结构

数据来源：Lao Expenditure and Consumption Survey 2007/2008，NSC，2009.

种植业是农业发展之本，在老挝农业生产中占据着非常重要的位置。种植业又可分粮食作物和经济作物。在粮食作物中，老挝人喜食稻米尤其是糯米，因此种植面积最广，总产量也最高；玉米是老挝仅次于稻米的第二大粮食作物；除稻米和玉米外，薯类、豆类也是老挝重要的粮食作物。从2000年到2007年8年间，老挝稻米产量和面积稳步上升，2007年产量达271万吨。从分布区域来看，沙湾拿吉平原是老挝最大的平原和发展水稻生产前景最广阔的地区。总面积有18 000平方公里，海拔100～200米，湄公河、色邦发河和色邦亨河流经该地区，水资源丰富，雨量充足，气温常热，地势平坦，多为冲积土和腐殖土，还有部分沼泽地；巴色平原，是老挝第二大平原和下寮地区的鱼米之乡，总面积有16 000平方公里，海拔100米左右，湄公河和色顿河流经该地区，巴色附近地势较为宽阔平坦，其他部分小山丘较多；万象平原，总面积5 000平方公里，海拔200米左右，湄公河和南俄河流经该地区，地势宽阔平坦，平原东侧为川圹高原余坡，因此小河众多，以冲积土居多，还有部分沼泽地，是老挝第三大平原和老挝目前最主要的农业开发区。

除此以外，老挝仍有大量有潜力尚待开发的土地，如北汕平原，总面积为650平方公里，海拔150米左右，湄公河、南涅河和南桑江纵贯平原区，水源充足，地势平坦，土地肥沃，该平原现在的耕地还不到其总面积的10%，是一片尚待开发的沃土；中、上寮平坝和谷地雨量充沛，地下水源充足，均可以大量发展水稻生产，现在的水稻产区和可供将来开发利用的地区主要有：查尔平原，总面积为500多平方公里，海拔1 100米左右，中间有一条小河，以腐殖土和潜育土居多；班班平原，总面积约为500平方公里，海拔600～650米。平原四面群山环绕，溪水从四面流入其间，水源丰富，土质肥沃，是目前老挝东北部队主要产米区；琅勃拉邦谷地，系湄公河、南乌江、南森河和南康河的交汇地带，面积约为30平方公里，海拔190米左右，水源十分充足，土地多为冲积土和腐殖土，是老挝最早的农业开发区之一；孟新盆地（孟新平原），面积130平方公里，海拔685米，群山环抱，南润河流经该地区，土质和水源均较良好，稻田成片，约占总面积的1/4左右，有老挝西北粮仓之称，是上寮的重要产粮区；南塔盆地，面积约为40平方公里，海拔590米左右，周围群山森林茂盛，南塔河纵贯盆地，另有南通河和南元河穿流其间，水源充足，土地肥沃，是发展水稻生产的良好地区之一；孟赛坝，面积约26平方公里，海拔660米左右，坝区有南赛河、南班河、南敖河和南果河4条河流，周围山坡植被茂密，水源充足，土质肥沃，是目前上寮农业较为发达的地区；孟拉坝，面积10平方公里，海拔480米，南拉河、南巴河和南玛河流经平坝区，水源充足，土质肥沃，现已稻田成片，大部分已被开发利用。

老挝的经济作物主要有经济林、绿豆、大豆、咖啡、烟草、茶叶、花生、甘蔗、棉花、橡胶、糖棕、椰子、果类和药类等。经济作物的主产区为下寮的波罗芬高原、中寮的甘蒙高原和川圹高原、上寮的会芬高原。老挝有许多名贵木材和林产品，储量较大的有桧木、柚木、花梨木、紫檀、红木、松木、安息香、松脂、葛藤、砂仁、胖大海、紫胶等。林业资源最多的省份是沙湾拿吉省、甘蒙省、沙拉湾省和占巴塞省，分别为1.6万平方公里、1.56万平方公里、1.5万平方公里和1万平方公里。咖啡产地有下寮的阿速坡、中寮的玻里坎赛省和甘蒙省、上寮的川圹省和琅勃拉邦省等。绿豆和大豆在老挝各地都可以大量种植，但种植面积和产量都很少，种植较多是占巴塞省、万象省、琅勃拉邦省和阿速坡省。烟草的主要产区是中寮的玻里坎赛省、上寮的川圹省、华潘省和琅勃拉邦省。棉花的主产区是中寮的沙湾拿吉省、上寮的琅勃拉邦省和丰沙里省。茶叶的主产区是下寮的占巴赛省和阿速坡省、中寮的玻里坎赛省。橡胶的主产区是下寮的色公省、中寮的沙湾拿吉省、上寮的南乌江沿岸地区。花生和甘蔗在老挝各省市均有种植，主产区为万象省、琅勃拉邦省、乌多姆赛省和湄公河沿岸各省市。糖棕和罂粟是老挝的特种经济作物。其中糖棕的主产区是下寮的占巴塞省，该省的勐孔地区是世界糖棕生产中心。罂粟在老挝种植较为普遍，上寮山区种植最多，是该地区苗、瑶、贺等少数民族主要的经济收入来源和用于交换电器、衣料和其他工业品的主要商品，主产区为“金三角”地区及其附近的波乔省、南塔省、沙耶武里省和乌多姆塞省等。老挝热带和亚热带果木很多，主要有椰子、菠萝、香蕉、橘子、橙子、黄果、芒果、葡萄柚、木瓜等。这些水果在老挝全国各地县均有种植。

老挝畜牧业发展良好。牛、羊、马、猪等大牲畜主要是农户饲养。除农户饲养外，也有少量集体、国营和外国投资兴办的饲养场，主要分布在万象、沙湾拿吉郊区和波罗芬高原。老挝地广人稀，山地、草场广阔，气候湿润，牧草终年长青，饲料非常丰富，具有发展水牛、黄牛、山羊、绵羊、生猪等牲畜饲养的优越自然条件。其中，佬龙族系民族以养水牛为主，每个家庭少则1～2头，多则10余头，有的家庭多达数十头。养猪次之，少则1～2头，多则5～10头，个别家庭养10余头。佬听族系民族以养黄牛为主，其次是水牛、猪和羊等。佬松族系民族养猪较少，饲养马、羊、水牛、黄牛较为普遍。老挝的家畜大都养在野外，很少有牛棚、马棚、羊厩、猪厩等设施，因此，不论白天黑夜，家畜到处可见。除了耕牛、驮马和肥猪外，养其他家畜很少使用饲料，投资很少。在万象省、波乔省和占巴塞省等地，还有少数农户饲养大象，主要用于运输和祭祀。老挝的主要家禽有鸡、鸭、鹅、鹌鹑，其中鸡最多，鸭和鹅次之。

老挝是内陆国家，没有海洋水产，但江河、水库、池塘和农田均可发展淡水水产业。湄公河及其20多条支流是老挝的主要产鱼区，主要有鲤鱼、鲶鱼、鲻鱼、攀鲈鱼、鳅鱼和巴勒鱼等。巴勒鱼为湄公河特产，以磷薄、肉嫩著称。湄公河的沙湾拿吉至巴色段产鳄鱼。

第二节　种植业

一、粮食作物

老挝的粮食作物主要有稻谷、玉米和薯类等。老挝的自然条件很适宜农作物生长，稻谷在全国各地1年均可种植2季，有些地区还可以种3季。但由于资金、技术和劳动力缺乏，目前大部分地区只种1季。老挝农田水利设施很差，抵御自然灾害的能力较弱，大部分农户没有田间管理、施肥和锄草等意识，单位面积产量在东南亚国家中是最低的。其他作物在老挝各地（包括高山地区）均可大量种植，但由于耕种粗放，单位面积产量很低。如果将来条件改善，不但耕地面积可以成倍地扩大，单位面积产量也可以大幅度地增加，老挝完全可以成为东南亚重要的农产品出口国之一。

1985年老挝粮食总产量为136万吨；1990年为149.2万吨；1995年为157.7万吨；2000年为243.6万吨；2002年为265.1万吨。其中稻谷占粮食总产量的90%以上，在稻谷产量中，糯谷约占80%，其他品种所占比例很小，不到20%。近几年来老挝主要粮食作物种植面积和产量如下表：

表3–3　1997—2002年度老挝粮食作物种植面积（单位：万公顷）

种类＼年份	1997	1998	1999	2000	2001	2002
稻谷	58.87	41.75	71.82	71.95	74.68	73.80
单季稻	42.11	43.02	47.75	47.56	48.68	51.95
双季稻	2.66	5.31	8.7	9.18	10.20	8.4
旱稻	15.11	13.42	15.37	15.21	15.8	13.46
玉米	3.8	4.64	4.07	4.9	4.79	4.5
薯类	1.94	2.17	3.31	1.94	1.63	1.54
合计	124.49	110.31	151.02	150.74	155.78	153.65

数据来源：老挝国家统计中心编：《老挝社会经济统计资料》，1997—2002年各卷。

表3-4　2011—2013老挝主要农产品产量表

项目	2011年	2012年	2013（预计）
稻谷	251．99	292.51	310.5
雨季稻	233.00	270.40	291.0
旱季稻	18.99	22.11	19.5
甜玉米	10．6	18.3	18．5
薯类	25．2	60	61
水果	46	66．2	84．7
蔬菜	85．4	—	118.5

数据来源：《老挝农产品生产情况》，中华人民共和国驻老挝经济商务参赞处，2013-7-4。http://la.mofcom.gov.cn/article/ztdy/201307/20130700186325.shtml

作为老挝最重要的农作物，稻谷分为水稻和旱稻两大类。老挝有3个水稻生态区分别为雨养低地生态区、雨养高地生态区和可灌溉低地生态区。由于大多数的水稻种植区是在雨养生态区，水稻的年产量受气候变化的影响很大。在雨养低地生态区，严重的洪水会导致整个国家的水稻大幅度减产，特别是降雨引发的洪水更会导致减产。干旱和洪水经常发生在水稻种植季节，特别是在种植季节的早期和晚期。2008年，老挝全年水稻种植面积为85.55万公顷，总产量为292.55吨，平均产量为3.54吨/公顷。

表3-5　2011—2013年度老挝水稻种植面积（单位：万公顷）

	2011	2012	2013（预计）
雨季稻	59.64	70.70	72.00
旱季稻	9.59	11.88	10.00
合计	69.23	82.58	82

数据来源：《老挝农产品生产情况》，中华人民共和国驻老挝经济商务参赞处，2013-7-4。http://la.mofcom. gov.cn/article/ztdy/201307/20130700186325.shtml

按地理位置，老挝可分为北部、中部和南部3个农业生态区。这3个农业生态区2008年的水稻种植情况为：北部生态区水稻种植面积为18.06万公顷，平均产量为3.25吨/公顷，北部生态区的7个省中水稻种植面积最大的是沙耶武里省，其次是琅勃拉邦省，平均产量最高的是波乔省，最低的是琅勃拉邦省。中部生态区水稻种植面积为43.42公顷，平均产量为3.69吨/公顷；中部生态区中水稻种植面积最大的是沙湾拿吉省，产量最高的是万象省。南部生态区水稻种植面积为21.07万公顷，平均产量为3.49吨/公顷；南部生态区中水稻种植面积最大的是占巴塞省，平均产量最高的也是占巴塞省。

老挝的水稻生产中依然存在着很多问题，如品种单一，栽培技术、农业基础设施和科教推广体系等很落后的问题，水稻的生产加工和出口销售受到诸多因素的限制，但也有其优势：老挝地广人稀，荒地多，土地平缓，易于进行机械化操作；土壤气候条件优越，水资源充沛，只要建设好农田灌溉设施，则可实现旱涝保收；老挝与中国、泰国、越南和柬埔寨相邻，便于开展水稻科研和生产方面的合作与贸易。

玉米是老挝第二大农作物，老挝种植的玉米主要分为普通玉米和糯玉米两种，但以普通玉米为主，2006—2008年，老挝玉米种植面积分别为11.38万公顷、15.43万公顷和22.92万公顷，平均产量分别为3.95吨/公顷、4.48吨/公顷、4.83吨/公顷。到2010年，老挝玉米产量为108万吨，较2005年相比增加1.9倍。在北部、中部和南部生态区中，北部生态区玉米种植面积较大，2008年种植面积为17.8万公顷，中部为4.23万公顷，南部为0.89万公顷。平均产量最高的农业生态区，2008年达5.01吨/公顷。北部生态区的沙耶武里省是老挝玉米种植面积最大的省份，2008年玉米种植面积达5.83万公顷。其次是琅勃拉邦省，为3.47万公顷，华潘省也有3.37万公顷的种植面积。

二、经济作物

老挝主要的经济作物有绿豆、大豆、咖啡、烟草、茶叶、花生、甘蔗、棉花、橡胶、糖棕和椰子等。老挝的经济作物与粮食作物相比，其发展潜力更大。老挝经济作物的种植面积一直很少，20世纪60—80年代为3万～4万公顷；1990年约为4.22万公顷，其中咖啡1.73万公顷、烟草1.2万公顷、茶叶0.0 383万公顷，花生0.847万公顷，甘蔗0.4 022万公顷；1995年为3.91万公顷，其中咖啡2.01万公顷、烟草0.74万公顷，茶叶0.06万公顷、花生0.83万公顷、甘蔗0.27万公顷。咖啡和烟草是老挝主要的出口商品之一。这两种作物1990年的产量分别为0.5322

万吨和5.8 401万吨，1995年分别为0.86万吨和2.66万吨。

老挝咖啡种植主要集中在南部生态区。早在法国占领时期，老挝的波罗芬高原就开始种植咖啡、茶叶和橡胶等，后来美国人取而代之，继续扩大经济作物的种植，私人的咖啡园、茶园和橡胶园也到处可见，现在，这里已是老挝咖啡出口的主要基地。此外，咖啡产地还有下寮的阿速坡省、中寮的玻里坎省和甘蒙省，上寮的川圹省和琅勃拉邦省等。近年来因种植咖啡树的面积及数量增加，因此咖啡的产量也逐年增加。老挝生产的咖啡以外销为主，以往销往苏联，苏联解体之后，以外销欧洲为主。老挝咖啡品种可分为两种，粗壮咖啡（Robusta）占老挝总咖啡产量的95%，以外销美国为主；目前以小粒咖啡（Arabica）的品质较好，也是外销咖啡的重要品种。2008年，老挝咖啡种植面积达到5.7875万公顷，其中南部农业生态区达5.746万公顷，平均产量为0.54吨/公顷，南部生态区中，占巴塞省咖啡种植面积最大，2008年达到3.394万公顷。从1986年到2003年间，咖啡的种植面积从1.314万公顷增长到2.9122万公顷，增长率达到122%，产量也由0.5 011万吨增长到2.2218万吨，增长率为343%。

老挝北部山区地形地貌及气候条件与中国云南省非常接近，有着良好的烟草种植条件，境内土壤、空气和水系皆没有受到工业污染。20世纪90年代老挝烟叶种植面积约为4 000公顷，主要产区是中寮的玻里坎赛省、上寮的川圹省、华潘省和琅勃拉邦省，烟叶年产量约为2 700吨，主要以晒烟为主。这些年来，老挝政府积极鼓励开展烟草种植事业，引进了中国先进的烟草品种和烟草种植及管理技术，烟草产量明显提高，并将增收的烟叶出口到云南。目前，老挝种植烟叶得天独厚的优势正逐步显现，其烟叶质量口感好，产量增长明显，同时又紧邻中国卷烟最大的生产省云南，对国内的投资者有较大的吸引力。从1986年到2003年间，老挝烟草生产总量及种植面积有了一定的增长。种植面积从0.3207万公顷增加至0.4772万公顷。生产总量也由1.3999万吨增长至2.5713万吨。

棉花的主产区是中寮的沙湾拿吉省、上寮的琅勃拉邦省和丰沙里省。茶叶、花生和甘蔗是老挝人民民主共和国成立后逐步发展起来的经济作物，产量1990年分别达到0.1616万吨、0.8034万吨和11.19万吨，1995年分别为800吨、0.84万吨和6.13万吨。

花生在老挝的种植面积较广，从2000年到2006年，老挝花生的种植面积由1.28万公顷增至1.84万公顷，2008年达到1.94万公顷，2008年的平均产量为1.69吨/公顷。其中北部农业生态区花生种植面积为0.6245万公顷，平均产量为1.78

吨/公顷；中部花生种植面积为0.2576万公顷，平均产量为1.8吨/公顷，南部种植面积为1.0555万公顷，平均产量为1.6吨/公顷。花生种植面积最大的省份是南部的沙拉湾省，2008年种植面积达0.7 005万公顷，其次是南部的占巴塞省为0.3 025万公顷。

近年来，老挝的蔬菜和豆类种植面积和产量都有了大幅度的提高，从1986年到2003年，老挝蔬菜和豆类的种植面积由0.2741万公顷增至11.1443万公顷，增长了接近40倍，产量也由950吨增至2 989吨，增长了2.15倍。

糖棕和罂粟是老挝的特种经济作物。其中，糖棕为棕榈科植物的“寿星”，寿命长达400年以上，种植后需50年左右才开始产糖汁。每年有4个产糖期，每株每个产糖期产糖棕汁50～100公斤，每年产200～400公斤，加工后可制作糖棕硬糖5～10公斤和糖蜜、糖浆等制品若干。其主产区是下寮占巴塞省，该省的孟孔地区是世界糖棕生产中心。

罂粟在老挝种植较为普遍，上寮山区种植最多，是该地区苗、瑶、贺等少数民族主要的经济收入来源和用于交换电器、衣料和其他工业品的主要商品。罂粟的主要产区为“金三角”地区及其附近的波乔省、南塔省、沙耶武里省和乌多姆赛省等。为了从源头根除“金三角”地区的鸦片、海洛因等传统毒品危害，中国云南省从20世纪90年代初开始与老挝政府合作在老北实施罂粟替代种植，通过当地农民的积极参与，替代种植面积持续扩大，经济效益显著，新兴产业逐渐形成，罂粟种植面积大幅度降低，毒品明显减少。目前，老挝北部地区实现新替代种植面积31.9万亩。根据卫星遥感监测表明，“金三角”地区2006—2007年度罂粟种植面积下降至27.9万亩。

老挝有大面积的原始森林，因此药材的种类很多，主要有砂仁、金鸡纳、肉桂、沉香、檀香、阴香、安息香、苏木、杜仲、何首乌、黄连、美登木、莱木、鸡血藤、大血藤、紫胶等。金鸡纳主要产于下寮地区，年产量达10吨左右。肉桂在中、上寮的森林中常见，野生肉桂比人工种植的高大的多，每棵树产桂皮可达数百公斤。安息香有防腐、消毒、祛痰等功效，是老挝的重要特产，老挝安息香现年产量达50余吨，产量占世界总产量的70%以上，每年可出口30～40吨。

三、果木

老挝的气候、土壤等地理条件又很适宜这些果木的生长，成活率高，生产期短。老挝土地广阔、空闲地很多，村旁、路旁、地旁均可种植，这些都是扩大果木栽种、发展果木生产的良好条件。老挝人特别是佬松族系诸民族有不断迁徙的习惯，常常举村搬迁，人们搬走后，所种的果木仍继续生长繁殖，久而久之便成了无主果木林。在上寮山区的森林里常常可以看到成片的香蕉、橘子和其他果木林，这些果木已经成了野生果木。

老挝热带和亚热带果木很多，主要有椰子、菠萝、香蕉、橘子、橙子、黄果、芒果、葡萄柚、木瓜等。菠萝年产量3万～4万吨，优良品种有大圆菠萝和新加坡无眼菠萝。香蕉年产量2万～3万吨，优良品种有牛角蕉，一般第二年可收获50公斤，第三年新株增多可收获100～200公斤。小型香蕉产量较低，但香味浓郁，非常可口。橘子年产量3万吨左右，优良品种为法国橘。黄果和橙子产量与橘子不相上下，老挝人经常把这3种果木混合栽种，称其为大橘、中橘、小橘。芒果年产量为1万～2万吨，产量很高，被老挝人称为“果中之王”。葡萄柚是老挝的名产水果，因其味如葡萄而得名，年产2万～3万吨。木瓜是老挝的高产水果，栽种后一年便开花结果，一年四季果实累累，月月均可采收，每株年产量可达数百公斤，全国年产量10万吨以上。

第三节　林业

老挝的林业资源十分丰富，有广阔的原始森林。老挝境内森林面积达1 400万到1 500万公顷[①]，森林资源相对均匀的分布于北部、中部和南部3个大区。老挝北部陡峭的山脉大多数由森林所覆盖，中部地区被称为其广泛的洞穴和令人印象深刻的石灰岩景观，南部地区由湄公河三角洲占主导地位。

表3-6　老挝2010年森林覆盖率

地区	土地面积		林地面积	
	万公顷	%	万公顷	%
北部	982.09	41.5	3.278	33.82
中部	722.87	30.5	3.149	42.55
南部	663.04	28.0	3.125	47.44

数据来源：老挝国家林业局2010年统计资料。

① 《老挝农业概览》，新华网云南频道网站，2007年10月9日。http://www.yn.xinhuanet.com/live/2007-10/09/content_11350596.htm

老挝林业资源最多的省份是沙湾拿吉省、甘蒙省、沙拉湾省和占巴塞省，分别为160万公顷、156万公顷、150万公顷和100万公顷。但是老挝林地资源破坏情况十分严重，森林面积逐渐减少，每年约有20万公顷的森林毁于刀耕火种和乱砍滥伐。20世纪60—70年代老挝林业资源面积约占全国总面积的60%，80年代约占50%。到20世纪90年代末，老挝的森林面积只有900万公顷。森林覆盖率下降到42%。森林为老挝重要经济资源，其中有 400万公顷林木可作经济性开发。木材总蓄量在20世纪80年代为16亿立方米，先储量已大幅度减少。

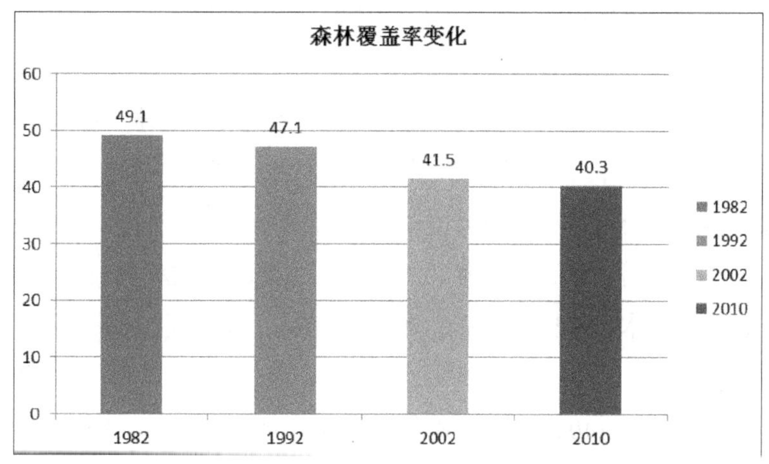

图3-4 老挝1980—2010年森林覆盖率变化

数据来源：老挝林业局2010年统计资料。

老挝是世界各国中森林面积所占比重最大、珍贵木材最多的国家之一。其中，储量较大的有柚木、乌木、檀香木、沉香木、红豆杉、紫檀木、黄檀木、双叶黄松、双翅龙脑香木、铁力木、纯叶婆罗双木、油楠木、红木、楸木、花梨木。目前，老挝人均占有林地面积约4公顷，人均木材蓄积量为400立方米。老挝北部森林面积约为1 020万公顷，森林覆盖率为75%，主要是柚木、沉香木、檀香木、花梨木等极具经济价值的树种。柚木种植最普遍，主要分布在琅勃拉邦、乌多姆赛、沙耶武里、波乔等省，紫檀主要分布在南塔、波乔等省。近年经济林木开发增大了林产资源的总量和种类。老挝北部地区盛产的紫胶、树脂、沉香、安息香等森林副产品既是老挝农副产品加工业的重要资源，也是出口创汇的主要产品。

老挝主要林木种类和木材储量如下：

常绿密林：总面积约为540万公顷，主要经济树种有红龙脑香木、泰国油楠木、缅甸紫檀木、铁力木、坡垒木、紫薇木、野桐木、棕榈木，每公顷材积量约为150立方米。

落叶、常绿混交林(季风林)：面积约430万公顷，主要经济树种有柚木、紫檀木、油楠木、木棉、莱木、阴香木、紫薇木、黄檀木，每公顷材积量约100立方米。其中柚木林约7万公顷，主要分布在从北礼至琅勃拉邦的湄公河右岸和从琅勃拉邦至会晒的湄公河左岸地区，每公顷材积量约300立方米。

竹林：有混生竹林和纯生竹林两类，混生竹林分布在各类森林中，纯竹林主要在万荣和老越边境地带，面积比混生竹林少。经济价值较高的有篱竹、头穗竹、硕竹和实心竹等，材积量非常高。

龙脑香疏林：面积约420万公顷，主要经济树种有檀香木、缅甸铁木、双翅龙脑香木、多穗紫檀木、纯叶婆罗双木、毛榄仁木、缅茄、椿木、楸木、马来亚漆木和藤条等，每公顷材积量约45立方米。

山地矮林和疏林：总面积约为30万公顷，主要经济树种有安息香木、苏木、樟木、肉桂木、松木、柏树、乌桕、金龟木、油杉、黄杞木，每公顷材积量约15立方米。

针叶林：总面积约40万公顷，其中松林约20万公顷，主要树种有南亚松、海岛松、鸡毛松、双叶黄松、油杉和红胶木，每公顷材积量约200立方米。

森林是老挝经济社会发展和人民生活的重要自然资源。老挝80%的国内能源消耗以木材为主，林产品(原木和木制品)出口占出口创汇总收入的41%，非木材林产品只占农村中收入的40%。森林资源不仅是老挝人重要的经济来源，还是老挝人民解决温饱、维持生计的重要保障。因此，为了赚取利润，老挝林业资源被破坏情况十分严重，为保护林业资源，实现林业资源的可持续性开发利用，老挝政府曾于1988年禁止加工木材外销，导致部分从业者非法走私原木出口。1991年，老挝又出台了禁止原木出口的法令，但森林开发政策已于1992年略为放宽管制，规定了每年砍伐额度。1993年伐木额度为 50.8万立方米。1995年老挝林业产量和产值为：原木81.98万立方米、板材 28.89万立方米、层板206.94万立方米、地板条 22万立方米，木器产值 66.221亿基普、竹藤产值 1.333万基普。老挝为发展林产工业，将森林产品的半成品出口税率订得较低，木制半成品的出口税率为20%，其他森林产品的半成品出口税率为10%，木制产品和林产成品的出口税率最高不得超过3%。幼树被大量砍伐对老挝森林消失影响十分明显，直接影响树木的正常成熟和森林覆盖率的恢复。为此，老挝林业部门鼓励各行各业成立林业发展基金，用来支持林木种植并保护树木成熟。老挝政府已制订了森林覆盖率的恢复目标，2015年达到65%，2020年达到70%。

老挝农林部林业局负责制定林业政策，包括森林经营、人工造林、山地开发等政策。但采伐许可审批权和课税征收权掌握在军队下属的3个地区开发公司手中。老挝实行改革开放以来，由于林业资源开发不当，没有给政府带来预期的经济收入，也没有解决当地人的就业问题。1991年第五届老挝党代会结束后，当年8月，老挝国务院发布了总理令第76号《关于禁止砍伐木材和废除国有森林企业的通知》，标志着政府方针向构建采伐规划系统转变。此法令把森林分为5类：保护林、防护林、生产林、无林地和次生林地。这5种森林占全国土地面积的90%。此外，1993年政府还下发过另外两个法令，即：第164号《关于建立国家防护林带通知》和总理令第169号《关于加强森林资源管理和利用的通知》。第164号法令强调对生物多样性进行保护，并在全国建立了20个防护林区，总面积3.3万公顷。老挝国家议会于1996年10月通过了第1部《国家综合森林法》，并取代了老挝自1993年以来的林业提供指南的第169号法令和186号法令。该森林法由森林和林业活动的管理（包括森林分类）、森林和土地的使用规则（包括非木材林产品的采集、森林工业、野生动物、森林保护）、森林和林地使用者的权利和义务、森林管理和森林检查机构对于有效的森林经营管理的奖励和鼓励、对森林违法者的处罚、其他条款等7部分组成。2000年来，老挝政府开始限制原木直接出口，但效果并不明显。直到2006年颁布法令明确未加工的木材不准出口后，这种情况才有了一定的好转，但在实施中仍有一些贸易商把木材简单锯成各种尺寸后出口，或是一些地方官员钻政策的空子，帮助贸易商出口未加工木材。面对这种情况，2007年4月，老挝工贸部出台新的政策规定“只有木制成品才能出口”。

为了保护林业资源，老挝政府除了动员山区农民下山种水田，提高林木采伐费和出口税外，还制定了采种同步的方针，即林木采伐者采伐多少林木需种植多少。2004年，老挝政府出台了新规定：凡是生产木制品的企业，每年至少要种植5公顷的小树，采种并举；申报林木采伐时必须同时上交林木种植规划和保证。政府还规定6月1日为植树节，每年的这一天，全国各地都要开展全民植树活动。

另外，老挝政府在万象等地建立了苗圃中心，开始培育经济林木种植，分发各地栽种。由于林木的采伐速度仍大大高于林木的营造速度，老挝的林木资源仍呈减少之势。政府很难为工厂找到木材，工厂必须投资种植树木以便给自己工厂提供原料。2006年6月，老挝政府进一步要求在全国范围内采取有效措施禁止砍伐路边绿化树木和毁林烧荒的耕作方式，并设立120万美元基金用于林业调查评估、规划建设和保护管理。此外，老挝还出台一系列相关政策法规合理处置死亡树木，严防以处置死亡树木为名牟取私利，但允许使用在水电站库区、灌溉和电网建设用地上清理出来的木材。

第四节 畜牧业

一、畜牧业发展情况

老挝地广人稀，山地、草场广阔，气候湿润，牧草终年长青，饲料非常丰富，所以具有发展水牛、黄牛、山羊、绵羊、生猪等牲畜饲养的优越自然条件。按人均占有量计算，老挝为东南亚地区畜禽最多的国家之一。老挝的家畜大都放养在野外，很少有牛棚、马棚、羊厩、猪厩等设施，因此，不论白天夜晚，家畜到处可见。除了耕牛、驮马和肥猪外，其他家畜很少使用饲料，投资很少。如果能加大投入，开发建立起完善的畜牧业组织机构和设施，引进国外良种、资金和技术，重点发展无污染、纯天然的畜牧养殖业，将其作为出口国际市场的绿色食品，则畜牧业将成为老挝重要的出口创汇来源。

战前，老挝就向河内、西贡和曼谷等地出口牲畜，现在，皮革是老挝的主要出口商品之一。目前，万象屠宰场为老挝最大的屠宰场，年宰牛5 000～10 000头，宰猪2 500～5 000头，肉类供当地市场，皮革则供出口。过去老挝主要家畜的年存栏数：1990年水牛107.18万头、黄牛84.19万头、猪137.21万头、羊13.94万头。1995年水牛119.14万头、黄牛114.59万头、猪172.36万头、羊15.29万头。

近年来，老挝农牧产品产量增长较快，从2005年起到2010年，老挝猪肉产量由39 000吨增长至73 200吨，总产量翻了将近一番。牛肉产量相对猪肉来说增长速度并不是特别快，但也有一定幅度的增长，2005年老挝牛肉总产量为40 584

吨，2010年老挝牛肉总产量增长至43 530吨。禽蛋产量2005年为13 306吨，2010年增长至15 996吨。禽肉2005年总产量为19 740吨，2010年总产量为21 500吨。羊肉产量增长速度也较快，2005年老挝羊肉总产量为735吨；到2010年，老挝羊肉总产量为1 120吨。

总体看来，由于饲养技术的进步，老挝肉类总产量有了较快的发展。2005年老挝肉类总产量为100 059吨；到了2010年，老挝肉类总产量达到139 350吨。

表3–7　老挝2005—2010年主要畜产品产量（单位：吨）

种类＼年份	2005年	2006年	2007年	2008年	2009年	2010年
猪肉	39 000	43 000	46 000	54 000	65 000	73 200
牛肉	40 584	41 282	42 230	45 280	44 030	43 530
禽蛋	13 306	14 006	13 706	14 806	15 106	15 996
奶类	6 400	6 600	6 800	7 540	7 200	7 000
禽肉	19 740	20 540	20 300	21 500	21 500	21 500
羊肉	735	812	1 036	1 120	1 120	1 120
肉类总计	100 059	105 634	109 566	121 900	131 650	139 350

数据来源：老挝农林部畜牧水产局。

老挝的家禽主要有鸡、鸭、鹅、鹌鹑，其中鸡最多，鸭和鹅次之，鹌鹑只有少数家庭饲养。20世纪60年代鸡和鸭的存栏数为600万～700万只，1975年达1 430.3万只。老挝人民民主共和国成立后，鸡和鸭等家禽的存栏数大幅度减少，到1990年只有813.5万只，尚未达到建国前的水平。为此，老挝政府采取有效措施，一方面利用外资和外国技术设备建设现代化养鸡场，另一方面也鼓励农户和集体扩大养殖，同时提高收购价格和市场价格。加之老挝的自然条件比较优越，农户饲养家禽一般是放养，不需投放更多饲料，所需资金和设备也很少。90年代以后老挝的家禽存栏数迅速增长，1994年为1 069.51万只，1995年为1 133.84万只，1996年达1 165.6万只；禽肉产量也逐年递增，2005年为19 740吨，2010年已增至21 500吨。养殖和渔业的年平均增长5%，在五年规划增长4%～6%的目标内。其中水牛黄牛的增长率超规划目标约2%。猪及家禽增长率与规划目标相同。

猪肉及鱼在2010—2011年度产量有166 486吨，预计2012—2013年度产量将达到190 047吨。完成五年规划目标的86%。水产2010—2011年产量为129 600吨，预计2012—2013年度产量将达到143 650吨，占五年规划目标的91%。①

二、畜牧业的分布

老挝拥有150万公顷草场、数百万公顷高原、平原和山丘竹林区，特别是川圹、会芬、甘蒙和波罗芬四大高原，查尔平原、班班平原、沙湾拿吉平原和巴色平原以及西北丘陵地带，都是广阔的天然牧场，据测算，这些地区可以饲养各种大牲畜500万头以上。

老挝不同种族的农民在家畜饲养方面也各有侧重。例如，佬龙族系民族以养水牛为主，每个家庭少则1～2头，多则10余头，有的家庭多达几十头；养猪次之，少则1～2头，多则5～10头，个别家庭养10余头。佬听族系民族以养黄牛为主，其次是水牛、猪和羊等。佬松族系民族养猪较少，饲养马、羊、水牛、黄牛较为普遍。在万象省、波乔省和占巴塞省等地，还有少数农户饲养大象，主要用于运输和祭祀。

第五节　渔业

老挝是内陆国家，没有海洋水产，但江河、水库、池塘和农田均可发展淡水水产业。老挝从事渔业的人口有22.5万，其中主要部门有约20万人，辅助部门约2.5万人。老挝有富饶的淡水渔业资源，主要的捕捞资源是在湄公河及其14条支流，以及诸如南俄、南松、南鸟、南增、南同、南门等大型水库，其渔获量占全国总产量的60%以上。老挝淡水渔业的产量呈逐年上升之势，20世纪 90年代初的产量为1.8万吨，20世纪末增至2.9万吨，2002年高达3.3万吨。

老挝内陆水域面积为60万公顷，境内河流众多，河网密集，主要河流有湄公河及其支流、朱江和马江的上游段。这些内陆水域是老挝的主要渔区，主要渔业品种有鲤鱼、鲶鱼、鲻鱼、攀鲈鱼、鳅鱼和巴勒鱼等。其中，巴勒鱼为湄公河

① 《老挝农产品生产情况》，中华人民共和国驻老挝经济商务参赞处，2013-7-4。http://la.mofcom.gov.cn/article/ztdy/201307/ 20130700186325.shtml

特产，以鳞薄、肉嫩著称；湄公河的沙湾拿吉至巴色段还盛产鳄鱼。

从20世纪60年代开始，老挝政府就很重视发展渔业生产，积极鼓励农民挖塘或在水田里养鱼。但由于长期战乱，政府无法制订渔业资源的保护措施，人们滥肆捕捞，甚至用炸药、手榴弹和毒剂捕杀，使丰富的水产资源受到极大的破坏。老挝人民民主共和国成立后，曾多次发布公告，严禁用炸药或药物捕鱼。近几年来，老挝的水产业有所恢复和发展。老挝政府在琅勃拉邦、万象、沙湾拿吉和巴色等地建立了水产养殖场，在许多水库建立了水产养殖站，计划每年培育250万～500万尾鱼苗发各地池塘放养。各地水库鱼产量均有很大提高，仅万象北部的南俄河水库年产鱼就达1 500～2 000吨。

但目前老挝的水产养殖设施还比较落后，加之受其无海条件的制约，其水产的发展将是有限的。老挝渔业捕捞主要使用地网和流刺网进行，但也使用延绳钓和陷阱网。大多数作业渔船为平底河流式独木舟，不过船上普遍安装内燃机，与沿岸区使用的渔船类似。渔获物多在湄公河及其支流沿岸卸下，但有一部分渔获物因市场价格高（可高出一倍）而卸于泰国，主要上市区靠近城市化程度较高的万象、他曲、沙湾拿吉和巴色等。

稻田养鱼是老挝水产捕捞业的另一重要来源，在生产季节，通过天然方式养殖一些寿命短、生长快的鱼、虾、蟹、蜗牛、青蛙等。水力发电的水库也有些产量，但生产力通常较低。水产养殖并非是老挝的传统，根据老挝政府的估计，20世纪后期用于水产养殖的水面有7.95万公顷，产量3.8万吨，2000年产量上升至4.2万吨，2002年高达5.97万吨，产值1.19亿美元。从养殖水面来看，居前三位的是旱稻田（41.3万公顷）、河流（25.4万公顷）和水库（4.8万公顷），从产量来看，前三位的是河流（1.7万吨）、鱼塘（7 540吨）和旱稻田（6 454吨）。但从生产效率来看，居前三位的是鱼塘（2 500公斤/公顷）、稻鱼兼作（2 500公斤/公斤）、湖泊和天然池塘（532公斤/公顷），渔业的全国平均生产力仍比较低，约为500公斤/公顷。目前老挝水产养殖采取如下三种系统：

（一）混养和精养系统：该养殖系统需排干鱼塘、洒石灰和施肥，大部分放养鲤、印度野鲮、印度鲤、鲢和鳙以及地方性鱼种，视当地可利用的鱼类而定，另外还普遍饲养尼罗非鱼。饲养密度保持在3 000～5 000尾/公顷，表层、中层和底层的饲养比例为2∶1∶2，如果放养草鱼，池塘要定期施肥，以米糠喂养。在小型家庭式池塘中，饲养鲤和罗非鱼常施以猪粪、鸡屎，并喂以米糠和厨房废弃物。一般说来，渔农从不断实践中获益，家畜多半在塘边被关起来饲养，家畜通常有猪、鸡和鸭。

（二）稻鱼兼作养殖系统：渔农在稻田中及其邻近地方构筑鱼塘，使鱼苗进入水稻田生长。饲养的鱼种多半是鲤、罗非鱼、毛腹鱼和各种本地鱼种，在气候暖和的地区，还放养少量印度鲮、鲢和鳙。合适的稻田要求有供水灌溉或终年有淡水流入，稻田水深保持在10～15厘米。近年来，渔农对养殖二茬鱼感兴趣，一茬是鱼稻一齐收获，另一茬是在水稻收割后专养，养殖周期为90～120天，其间只补充少量饲料。

（三）种苗生产系统：渔农一般饲养鲤、罗非鱼、须鲃，这些是生长快、收益期短的繁殖鱼种，是高收益产业。有些渔农购买幼鱼及早期鱼苗进行养殖，养成后再卖出去。

第四章　第二产业的发展和布局

老挝是东南亚唯一的内陆国家，由于历史地理方面的原因，老挝第二产业基础薄弱，工业化起步晚，发展不充分。尽管经过一段时间的发展，第二产业取得了一些成就，但距老挝政府制定的经济发展三步发展规划，即到2020年逐步进入工业化、现代化国家行列的战略目标尚有许多工作要做。老挝工业大致经历了萌芽时期（1975—1994）、发展初期（1997—2012）、再调整时期（面向2020）。老挝的工业主要有原材料工业，制造工业，粮食、食品加工业。

第一节　工业发展概述

农业、工业、服务业是国民经济发展的“铁三角”，三者的协调发展，才能构筑整个国民经济的稳固，极大的促进社会和谐。在经济学领域，工业的显赫地位往往被学者们称作国民经济的主导产业，是国民经济中重要的物质生产部门。社会资源通过工业化的过程，才能自然形成社会必要消费品的生产线。工业为社会各个部门提供技术支撑、能源动力以及必要的物质消耗品，它是国家积累的重要途径。社会历史前进的车轮离不开工业所创造的动力齿轮，因此工业往往成为一面反映国民经济状况的镜子，其发展水平的高低在很大程度上反映了一个国家经济发展水平的高低。

在世界范围内，工业的发展主要经历了手工业、机器大工业和现代工业三个阶段。从历史事实出发，手工业到机器大工业的变迁史是世界历史向前飞跃的一个标志，也就是历史上我们常说的工业革命，工业革命宣告了大规模手工劳动的“死刑”，极大地提高了社会生产力，劳动生产率得以大大的提高。19世界末到20世纪初，随着科学的进步，特别是微电子技术的发展，生产方式由纯机械体系变革为半自动化、自动化的机械生产方式，微电子技术为工业的发展指明了方向。计算机技术的广泛应用和高新信息技术化的工业生产方式成为了现代工业的重要标志。从历史逻辑出发，劳动者从劳力中挣脱出来，机器代替了人力，人们的生活方式得到了极大的改变，思想观念从原始、传统的农业桎梏中解放出来，机械生产促使市场竞争的活跃，工人阶级的诞生。

尽管世界工业的发展总体呈上升趋势，但是由于老挝本国经济发展远远落后于世界水平，加之本国发展的特殊性，老挝经济总体呈现反映出老挝属于世界上最不发达的国家之一。老挝工业基础极为薄弱，结构单一，几乎没有重工业，国内工业生产满足不了国内需求，每年向国外进口众多工业商品。现有的工业基础几乎靠外资注入得以发展，当代老挝能源产业以水电的发展最为显著。尽管随着时代的变迁，老挝工业在探索中取得了一定的成绩，但就从国际背景出发，老挝工业总体上呈现的是“先天发育不全，后天营养不良”的尴尬境地。

一、工业发展历程

（一）老挝工业发展的萌芽时期（1975—1994年）

第二次世界大战以后，1975年12月2日老挝人民革命党领导老挝人民建立起了老挝人民民主共和国。尽管老挝自然资源丰富，但是由于长期的殖民统治和战乱，老挝的社会经济基础都遭受了重创，社会经济结构风雨飘摇，甚至连粮食都无法自给。1975年10月，老挝人民革命党召开了二届三中全会，会议指出老挝急需向社会主义过渡，力争不经过资本主义的道路，把老挝建设成为和平、独立、民主、统一和繁荣的国家。于是在这样的思想指导下，老挝实行了农业合作化、工业国有化以及商业同购销国民生产方式和一系列的社会主义计划经济政策和措施。

老挝政府将原来私人经营的各大工厂、矿场、作坊等生产部门收归国有，政府统一组织管理，并根据需要委派干部直接参与生产管理和经营。老挝政府工业国有化的强硬政策使得许多私营业主纷纷逃往国外，为了避免国家国有化政策，他们转移了资金、技术，而且大批技术人员也尾随其后。尽管国有化政策使得老挝政府掌握了大部分生产部门，但是由于资金匮乏，技术限制，以及专业人员的流失，而且严重缺乏生产资料，之后使得大批商店关闭，商人纷纷出逃，务农或者改行，使得老挝市场一片萧条，商品短缺，社会总供给严重不足，整体经济状态更加恶劣。在此时期，老挝工业的发展完全由政策支配，为了追求高速的发展和积累，粗放式的工业生产投入使得老挝城市化建设滞后，并且长期依赖于农业积累来转化为工业资本积累，使得工业的积累表现为高投入、高消耗、低产出，加之严格的社会主义改造，老挝工业与外界信息交流之间出现了一堵“柏林墙”，它阻断了国际交流的基本途径，使得老挝工业化改造处在封闭的环境之中，无法利用国际市场所提供的各项人力、物力，自身又没有能力在本国开展“工业革命”，而且生产和产出不能参与国际分工，内部消耗慢、投入高、成效低，极大的阻碍了老挝工业化过程。激进的工业国有化政策虽然没有实现其理想状态，但是老挝政府建立社会主义制度的决心促成了基本的社会主义生产关系的建立，民族团结统一的愿望也日益高涨。

20世纪90年代，老挝政府决定“进一步调整和改革工业国有化政策”，“把经营管理机制与生产经营机制分开，实行企业核算，自负亏盈”。并且提出“提高私营企业的地位，帮助私营企业发展生产”。这一系列政策的决定扭转了过去强硬的国有化政策带来的不利影响，使得老挝工业的恢复得以进行。

自1986年老挝实施改革开放以来，依托改革浪潮中诞生的政策保护和鼓励，一部分掌握生产技术的当地人也纷纷谋划开设工厂、作坊。在此时期，私营性质的小工厂、小作坊得以恢复，而民间协商办厂、集体协商设坊的局面也开始有了起色。尤其是1988年4月19日，老挝颁布实施《外国在老挝人民民主共和国投资法》后，老挝的对外经济关系才得以缓和，由原来的经济封闭状态转向全面对外开放状态，而且以法定形式确认了改革开放的必要性和合法性。在此期间老挝政府对企业进行了私有化改革，把市场经济体制引入本国，让有经验、有实力的个人、团体接手经营，经济形式逐渐得到好转。虽然改善后的国有化政策对于老挝总体工业发展起到了积极的作用，但是由于长期的殖民统治破坏和之前政策的“左”倾影响，工业生产中核心部门的发展仍然滞后。各种资金、技术、人力资源的缺口都相当大。为此，中国、前苏联等社会主义国家还向老挝提供过援助，但遗憾的是，尽管诸多国家向老挝提供了援助，老挝的工业产值和增量有了显著增长，但是这些增长量的绝大多数都是援助企业、工厂所贡献的。

为了进一步引进外资，规范管理，1989年，老挝颁布了《外国在老挝投资法实施细则》，规范了国外投资行为。1994年颁布了《老挝人民民主共和国促进和管理外国在老挝投资法》。

（二）老挝工业发展初期（1997—2012年）

1997年7月，东南亚金融危机爆发，老挝经济特别是对外出口受到重创。鉴于共同努力促进该地区经济增长，社会进步和文化发展的基本原则，共同抵御当前经济危机，促进东南亚局势的稳定、和谐，老挝于同年7月23日加入了东南亚国家联盟，一是坚定不移的推行本国改革开放政策，二是抓住契机，顺应趋势，积极融入到国际行列中，为改善老挝外交关系、稳定区域社会经济发展做贡献。借助国际援助，老挝工业得以缓步的前进，国民生活水平也得到了改善。总的来说，老挝适度开放的政策对于社会物质生产资料的积累起到的积极作用，改变了以往闭门造车的不利局面，而且调动了本国生产劳动的积极性，就业率显著提高，人民生活水平的到了极大改善。

进入21世纪，老挝政府“制订了今后20年经济发展的三步战略规划，并于2001年3月召开4届国会7次会议，会上通过了战略规划的决议，并用法律的形式固定下来。这一战略的基本内容是：第一步，完成国家8大投资项目建设。加大经济建设步伐，保持经济持续发展；努力解决贫困问题。第二步是到2010年，实现年人均国民收入700～750美元，国民经济平均年增长率达7%；大力发展基础设施建设，保持经济稳步持续发展，争取实现农业生产的进一步突破；工业基础齐备，现代化人才充足和把老挝建设成为东南亚地区的交通枢纽。第三步是到2020年，摆脱不发达状态，人民生活水平翻两番和逐步进入工业化、现代化国家行列。”[①]老挝三步战略规划反映了老挝政府经济体制改革的决心，这一时期老挝工业化的发展主要呈现了如下特征：(1)工业化发展以市场推动为主，政府管理的角色由支配者转变为协助者，以促进经济发展为目标，以政府调控为手段。(2)追求工业发展的全面性，可持续性，注重投入和收益的协调，由粗放型的工业发展转变为集约型的工业发展，注重内涵发展，保证工业化发展的长效续航能力。(3)改革开放，充分利用外部资源，融入国际主流，利用一切有利于自身发展的国际关系来发展自身，加速本国工业化进程。

2010年1月1日，中国与东盟十国组建的自由贸易区“中国—东盟自由贸易区”正式成立，老挝作为自由贸易区成员，进一步扩大了国际间的经贸交往，而国际投资也都把老挝视为潜力巨大的市场，良好的国际贸易交往得到进一步疏通，为盘活国内经济起到了促进作用，在此契机下老挝工业发展的环境呈现了更加良好的势态。2012年2月2日老挝正式加入世界贸易组织，成为了第158个成员国，在贸易方面老挝承诺了最大的优惠，所有进口商品的平均税率为18.8%，并且承诺开放约79个行业领域。可以看到，老挝在不断地努力融合到国际化的行列当中，争取一切可以利用的外部资源来满足本国发展的需要。尽管老挝工业发展面临着困难，但是老挝政府思想的开放性和与时俱进的品质为老挝工业的发展做好了准备。

① 张瑞昆：《老挝经济结构——老挝经济探析之一》，载《东南亚纵横》，2004年第1期。

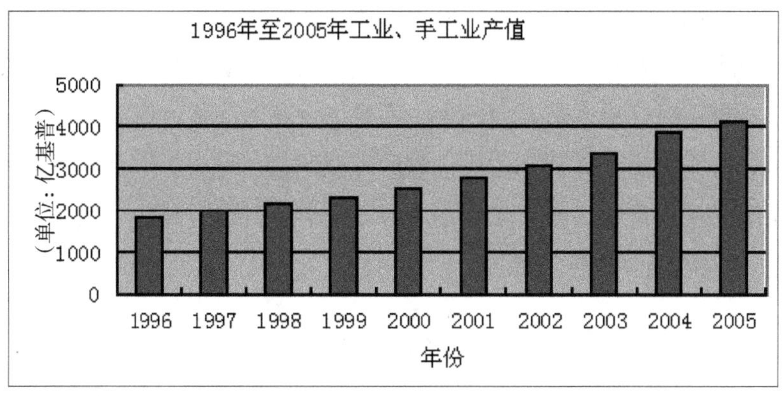

图4-1　老挝工业、手工业产值（单位：亿基普）

数据来源：老挝工业贸易部。

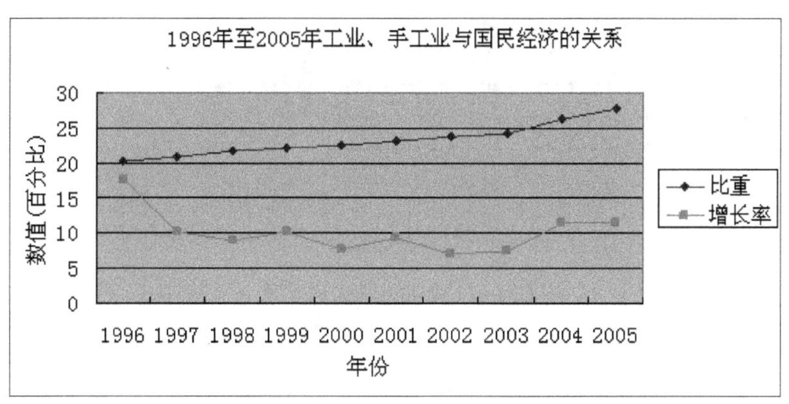

图4-2　老挝工业、手工业所占国民经济比重及其增长率

数据来源：老挝工业贸易部。

图4-1说明了1996至2005年以来老挝工业、手工业的产值在不断上升，而且进入到21世纪后，老挝工业、手工业产值的增量巨大、增幅明显、增速突出。图4-2中显示老挝工业、手工业的产值在国民经济中其比例在逐步增大，比重在增加，但是其增长率折线图却以略微下凹的图形表示，这是因为老挝起初的工业发展是以农业积累为转化，投入高、收益少，尽管如此，但是由此造成的工业积累在时空分布上，其在数量显示就表现为初期的积累相对较高，再经过一系列的摸索和逐步发展，工业的粗放状态得以改善，投入和产出逐渐相适应，加之社会其他部门对国民经济的贡献，使得总体国民经济的基数变大，整体国民经济的增量得以放大，因此反映到增长率折线图中，工业、手工业在数值上的显示就趋于

平缓，并表现出向上的趋势。这两份数据图从不同角度呈现了老挝工业发展的趋势变化，排除时间因素，老挝的工业发展是稳步前进的，但是加入时间轴来衡量，这种稳步前进的时间成本却颇为巨大，而且工业产值的贡献值对于外资企业的依赖性很大，如果剥离了外资企业所贡献的工业产值，那么老挝自身的工业产值贡献就更加显得微不足道。任重道远是老挝工业最现实的写照。

（三）再调整时期（面向2020）

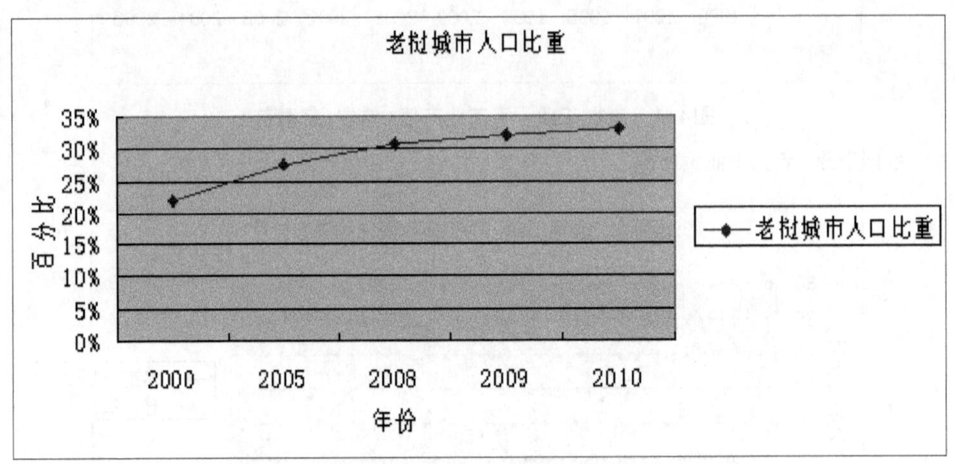

图4–3　老挝城市人口比重

数据来源：世界银行WDI数据库。

从图4–3中可以看出，老挝城市人口比重在逐年缓慢上升，这标志着老挝城市化水平在提高，农村剩余劳动力逐渐转移到城市当中，越来越多的人由农民变为市民，逐步的改善了人均收支结构，家庭经济状况在逐步提高，国民经济发展有明显改善。另据2009年4月30日老挝《巴特寮报》报道，老挝工贸部工业局局长向媒体透露，老挝目前共有22 822家工业企业，其中大型工厂企业832家，中型工厂企业431家，小型工厂企业21 559家，企业总投资金额为152 200亿基普，其中固定资产129 660亿基普，流动资金22 540亿基普，解决就业119 800人，外国劳工4 355人。①

尽管当代老挝工业和以往相比取得了令人瞩目的成就，但是由于其本国历史的复杂性，殖民创伤以及战后恢复等因素的制约，老挝的总体工业发展水平还是相当薄弱，特别是和当代新兴工业化国家相比，老挝总体工业发展水平与这些新兴工业

① 中华人民共和国商务部，驻老挝使馆经办处，2009年5月6日。

化国家的差距还在进步一扩大，而且这种差距有逐年扩大的趋势。老挝经济发展水平的落后，严重影响了整体工业的发展，大量的劳动力仍然束缚于土地，驻扎在农村，工业发展所需的资金缺口大，技术支持紧张，资源开采力度小，利用率低。

联合国工业化发展组织和世界银行以制造业增加值占整个产品增加值比重划分工业化国家与非工业化国家，60%以上为工业化国家，40%～60%为半工业化国家，20%～40%为正在工业化国家，20%以下为非工业化国家。按照这一方法计算，2005 年老挝制造业增加占整个产品增加值的比重约为 35.5%，而且制造业的贡献值包括了外资的贡献值，尽管在数值上看老挝目前属于正在工业化国家，但是刨除外资贡献值，老挝工业化的现实应当是处于工业化的初期阶段。

老挝作为目前世界上最不发达的国家之一，确立了面向2020年的长期经济发展目标，并将最具潜力的五个行业纳入发展规划，即：水电业，农业生产，旅游业，矿业和建筑材料制造业。这些产业已经被认为是老挝深化发展的主要行业。

在2000年早期，老挝政府宣布国家目标是，到2020年老挝不在最不发达国家名单上。为了实现该目标，老挝政府制定了一系列战略目标：包括2010年和2020年战略，工业化现代化战略和到2020年国内经济增长贫困消除战略。为了保证所有战略目标的实现，相关部门和地区也制定了发展战略，比如国家出口战略，国家气候变化对策，北部经济发展总体规划，老挝南部三角区发展总体规划等。

中期发展计划又称作国家五年社会经济发展计划，它在实现国家目标中扮演着重要角色。国家五年社会经济发展计划是将国家战略规划转变为具体行动的主要工具。从2000年早期开始，老挝政府就制定了四个国家五年社会经济发展计划（第五个、第六个、第七个、第八个）。为实现2020年的目标，相继实现国家五年社会经济发展计划有着非常重要的意义。

目前，两个国家五年社会经济发展计划已经完成。2012财年，老挝GDP达到703 428亿基普（合87.9亿美元），人均1 080万基普（合1 349美元），同比增长8.3%。其中，工业占28.2%，增长14.4%。工业加速增长，尤其是能源矿产行业发展迅猛，全年发电120.4亿度，同比增长32.3%，在建水电站11个，装机327万千瓦。矿业出口9.82亿美元，占出口总额57.9%。2013财年工业将增长10.9%，占GDP的30.3%，财年上半年发电61.2亿度，完成全年计划的46%，收入约7万亿基普（约合8.72亿美元）。[①]现在，老挝正在进行第七个国家五年社会经济发展

① 《2012年老挝经济形势》，中华人民共和国驻老挝经济商务参赞处。http：//la.mofcom.gov.cn/article/zwjingji/201308/20130800244771.shtml

计划（2011—2015）来实现一些重要目标，包括减少贫困、加强地区经济整合，为确保持续的社会经济进步以实现将老挝从最不发达国家名单上消除的目标，2016年到2020年期间的第八个国家五年社会经济发展计划至关重要。考虑到东盟自由贸易区和到2015年及以后的东盟经济共同体协定，要维系老挝的工业化，老挝需要一个全面、综合的工业政策。

二、工业部门结构

一个国家的工业部门结构，是国家经济结构的重要组成部分，它反映着一个国家工业发展水平的高低和国家经济实力的强弱，可以说，工业部门结构是国家经济结构的晴雨表。合理的工业部门结构为社会生产的正常运行提供良好的物质保障，有利于改善国民的物质文化生活，提高国民生活质量。

尽管老挝人民在老挝政府的领导下改变了极度贫困的状况，工业得到了进一步发展，但是目前老挝落后农业国家的身份仍然没有改变，和世界工业国家相比，老挝的工业仍然十分薄弱，各项工业投入的资金、技术、机械设备、人才等都依然匮乏，工业在国民经济中的比重仍然很小。目前，老挝主要的工业部门包括电力工业、采矿业、建材业、日用品工业、食品和卷烟工业、医药工业六个工业部门。

根据2020年战略目标的草案，2016年到2020年期间的经济目标是至少平均每年8.5%的持续经济增长，通过两类相关部门来帮助目标实现。第一类部门是为维持经济快速增长，包括：水力电气，矿业，运输业（公路、铁路和空运），与建筑材料生产。第二类部门是维持经济可持续增长、确保收入公平，包括农村发展，小型、中型企业发展等。

（一）经济高速增长部门

为实现从最不发达国家名单上消除的目标，经济增长依然是老挝发展的首要目标。相关的主要部门已确定，包括经济基础设施发展、水力电气，尤其是可以促进建筑材料生产的矿业。

1. 基础设施建设

为加强国家工业化，老挝政府强调基础设施建设的重要性。在第七个国家五年社会经济发展计划（2011—2015）中，在基础设施上的投资对发展至关重要。老挝政府对基础设施发展项目设定的预算分配占35%（社会35%，经济30%）。公共工程和运输部认为基础设施建设对接下来的五年很重要，其包括：公路建设，城市规划发展和运输项目，如机场、后勤等。

在国家范围内，该战略计划即所谓的“道路四通八达”战略是和工业化、现代化战略一起在2000年早期起草的。为了实施这个战略，国家道路建设项目已经提供了2020年的路线地图。在该路线地图的中心，两条平行的高速公路对老挝来说很重要，尤其是新高速公路国道13，其他与邻国相接的公路也极其重要。

为了与公路系统相连接，铁路规划也纳入在新加坡—昆明的泛亚铁路。部分铁路路线如下所示：

线路1：曼谷—阿兰—波别—诗梳风—金边—禄宁—胡志明市—河内—老街—河口—昆明。此项线路还将建一条支线，以连接老挝首都万象。

线路2A：曼谷—南拓客—三塔关—丹标扎西—仰光—腊戌—穆斯—瑞丽—大理—昆明

线路3A：曼谷—廊开—万象—他曲—穆吉亚—塔纳—昂顿—河内—老街—河口—昆明。考虑到从他曲到穆吉亚全长136公里，从穆吉亚到塔纳（53公里），越南政府接受了财政援助以完成可行性研究。

线路3B：曼谷—廊开—万象—磨丁—祥云—昆明。从万象到磨丁这段路线穿过山地。根据可行性研究，这段路线总长为493公里，隧道和桥梁占44%，总产217公里。在中国境内新建的祥云—磨丁段长为730公里，同样穿过山地。综上致使该线路大概耗资250亿美元。

线路3C：曼谷—乌汶—春梅—百色—沙湾拿吉—劳保—东河—老街—河口—昆明。为了将国内铁路连接到泛亚铁路上，老挝政府又建了一条支线，从他曲到沙湾拿吉到百色，长约348公里（不在泛亚铁路的框架内）。花费约150亿美元。

线路3D：曼谷—穆达汗—沙湾拿吉—劳保—东河—河内—老街—河口—昆明。该线路长222公里，耗资120亿美元。泰国将建一条新线路，从布阿瑶到穆达汗，长达283公里。越南也将建一条从东河到劳保的铁路，长约84公里。

国家发展计划和地区基础设施战略也开始实行。比如，北部9省经济发展总体，该规划主要是指到2020年老挝北部地区的总体全面规划。根据规划，老挝政府引入了1334北部区域发展模式。数字1334的含义：1个经济中心，3个经济走廊，3个工业集中区，4个边境合作区。由于琅勃拉邦的地理位置和社会经济文化背景，琅勃拉邦已经被指定为经济中心。琅勃拉邦是老挝的前首都，有深厚的历史文化背景。在1998年，它已经被联合国教科文组织列为世界文化遗址，并且是老挝最受游客光顾的旅游目的地。3个经济走廊分别是：第一个是通过老挝琅勃拉邦连接中国和泰国，第二个是通过老挝连接泰国，第三个是通过老挝连接泰国和越南。发展经济走廊的主要目的是保证其他省份地区得到多样的发展机会。3个工业集中区分别是：第一个在乌多姆塞省，第二个在川圹省，第三个在万像省。建立工业集中区是为了确保经济多元化发展和资源有效利用，在收益扩大前巩固已取得的优先项目的成绩。4个边境合作区包括在琅南塔省与中国（磨丁）的边境处，在川圹省与越南（农黑）的边境处，2个与泰国的边境处（博胶省的好塞通和哑巴里省的基恩绍）。边境合作区的主要目标是确保获得地区市场，尤其是新兴经济体，比如中国，泰国和越南。

为了实施1334模式，一些交通路线已得到确认，如3条垂直路线，5条水平的路线，和8条连接路线。铁路运输也确认为1条垂直路线和3条水平路线。除了路面的运输方式外，空运和飞行路线也纳入计划（包括国内国外）。其他基础设施项目，包括水力发电和电网、电信等也都计划在内。

2. 水力电气发展计划

随着与周边新兴经济体中国、泰国和越南区域经济一体化，电力需求预计将迅速增加。拥有潜在的超过23 000兆瓦的水力发电，老挝已开始了其计划发展潜在的水电项目，并将要成为东南亚主要的电力供应商或叫“东南亚电池”。目前，只有约10%的潜在水电被利用（约2 500兆瓦），到2020年老挝政府计划增加其潜在的至少1/3的水力发电输出。下表显示了到2020年老挝水电项目的计划和生产能力。

表4-3 2020年老挝水电项目的计划和生产能力

地区	项目编号	产量（兆瓦）	生产（百千瓦时/年）
北方地区	31	1 466（2010—15） 1 623（2016—20）	8 016（2010—15） 7 783（2016—20）
中央地区	19	1 333（2010—15） 323（2016—20）	5 366（2010—15） 1 524（2016—20）
南方地区	27	1 027（2010—15） 905（2016—20）	6 504（2010—15） 4 729（2016—20）
合 计	77	3 846（2010—15） 2 851（2016—20）	19 886（2010—15） 14 039（2016—20）

资料来源：EDL，2011.

为了实现所有潜在的项目，老挝的水电不仅面向国内企业，也面向外国投资者。最近10多个国家已经在老挝投资水电行业，其中最主要的投资者是泰国，老挝政府和老挝电力公司(老挝的上市公司)。一些项目已经吸引了法国，韩国，日本，中国和马来西亚的公司。老挝也和泰国签署了合作备忘录，计划在2015年以后提供7 000兆瓦的电力给泰国，到2020年提供3 000兆瓦的电力给越南。

3. 矿业开发计划

矿业仍被视为老挝潜在的经济增长部门，但估计2014年到2015年期间会下降。在第七个国家五年社会经济发展计划中，矿业部门仍会有助于国家的经济发展，但自从大量矿产作为主要出口产品后，预期产量减少，可持续性的问题出现。因此，关注与采矿相关的加工业生产，如建筑材料生产以及其他加工行业，对国家发展至关重要。

(二)可持续发展部门

伴随强劲的经济增长，可持续发展是国家实现2020愿景的一个重要问题。尤其是在2016到2020年期间，这已经成为一个关乎国家社会经济发展的焦点问题。尽管第八个国家五年社会经济发展计划还没有起草，有些发展部门最近已经开始讨论了。聚焦的行业包括制造业(包括服装、摩托车/电动摩托车装配)，生态旅游，农业和农村发展(包括村和分组村发展)，中小企业发展等，由于这些行业的发展关系到人力资源的发展，人力资源的发展反过来又可以确保国家未来发展的可持续性。

三、工业发展布局

“老挝的工业设施主要集中在首都万象市，据1994年初老挝国务院国家统计中心统计，老挝的企业单位(含工厂、公司和工业管理单位等)共25 807家①，万象市的企业达6 244家，约占全国企业总数的24%。其中全国大型企业444家，万象市达131家，约占30%；全国中型企业611家，万象市达154家，约占25%；全国小型企业24 752家，万象市达5 959家，约占24%。”②

老挝各省市的企业所占的比重较小，其中湄公河沿线省市相对较多，这些企

① 这一数据大于2009年4月30日老挝《巴特寮报》其工贸部工业局长透露的数据，老挝目前全国共有22 822家工业企业。这是因为前者统计的是工业企业，而后者统计的是老挝所有企业单位，由此可以看出，老挝工业企业在全国企业单位中的比例是很大的，足见老挝政府对于工业企业的重视。

② 马树洪:《当代老挝经济》，昆明：云南大学出版社，2000年版，第274页。

业大都集中在省城。其中分布为[1]：

大型企业：南塔省2家、乌多姆赛省5家、琅勃拉邦省11家、华潘省2家、沙耶武里省10家、川圹省2家、万象省22家、玻利坎赛省9家、甘蒙省31家、沙湾拿吉省21家、沙拉湾省3家、色功省2家、占巴赛省27家、丰沙里、波乔和阿速坡3省没有大型企业。

中型企业：丰沙里省5家、南塔省4家、乌多姆赛省11家、波乔省9家、琅勃拉邦省7家、华潘省4家、沙耶武里省15家、川圹省14家、万象省26家、玻利坎赛省13家、甘蒙省68家、沙湾拿吉省110家、沙拉湾省7家、占巴赛省20家、阿速坡省没有中型企业。

小型企业：丰沙里省385家、南塔省229家、乌多姆赛省1 034家、波乔省385家、琅勃拉邦省2 190家、华潘省361家、沙耶武里省584家、川圹省612家、万象省2 853家、玻利坎赛省777家、甘蒙省1 141家、沙湾拿吉省2 911家、沙拉湾省984家、色功省89家、占巴赛省3 893家、阿速坡省350家。

值得注意的是老挝对于大、中、小企业的划分是以人数为基准，其大型企业人数一般不超过百人，产值仅仅几十万美元，中小型企业多是微型工厂和手工作坊，机械设备少，人数不多，往往只有几十人，产值数万或十多万美元，这也反映出老挝工业严重依赖于劳动力，自动化、机械化、信息化程度普遍偏低。

四、工业发展面临的主要挑战和问题

2012年10月26日，老挝正式加入世界贸易组织，成为其第158个成员国。入世后，老挝面临着单一市场和生产基地、高度竞争的经济区域、公平的地区经济发展以及如何完全融入全球经济等一系列问题。因此，老挝需要相应的调整经济、社会和行政部门以适应加入世贸组织后国家发展的需要。然而，考虑到老挝的现状，其发展面临许多挑战和障碍，这些都需要通过老挝积极参与区域一体化和经济全球一体化的进程来支持老挝的工业发展，这些具有挑战性的方面如下：

（一）产业结构

从宏观经济的角度来看，在2006—2010年的五年随着农业占GDP的比重迅速下降，产业结构向工业化进程发展较为顺利。工业和服务部门占GDP的比重

① 马树洪：《当代老挝经济》，昆明：云南大学出版社，2000年版，第275页。

得到提高，但只有在为数不多的次级部门，特别是水力发电和采矿业。这两个部门在2006年至2010年占外国直接投资总额的55%以上。但这两个部门在提高国内技术上没有太大的贡献。

老挝的采矿量2014年和2015年预计将下降，即在第七个国家五年社会经济发展计划之后。当老挝试图刺激经济增长以确保人均国民总收入提高，从而使老挝从不发达国家列表中移除时。这些都是对老挝人民民主共和国明确的挑战。

水力发电是另一个促进经济增长的机会。水力发电支持其他领域的部门的发展，为其他部门发展提供电能，也为国家的发展提供资金支持。这对于确保其他行业的就业十分重要，尤其是制造业，需要的电能和资金的支持。

生态旅游、地区转口贸易和物流服务的服务行业，是一个潜在的增长行业，但是基础设施还很薄弱。以生态旅游为例，老挝的拥有生物多样性，并且在旅游业的发展方面潜力巨大。然而，基础设施薄弱，导致老挝潜力巨大的很多省的生态旅游都很难发展。

近年来，虽然对外贸易有显著改善，但是老挝仍主要依赖于较少的地区贸易伙伴，包括泰国、越南和中国。如果有任何不确定性因素发生在这些贸易伙伴中，那这种低水平的多元化贸易将会使老挝经济变得脆弱。此外，大多数出口仍然是以自然资源为基础的产品，这种情况下更是增加潜在的经济不稳定性。

（二）基础设施建设

基础设施建设已经成为老挝社会经济发展的一个重要的因素。第七个国家五年社会经济发展计划确定需要在该项目上投资约150亿美元。政府预算资金只占该数目的10%～12%，而官方开发援助（ODA）可贡献25%～30%，私人部门50%～55%。鼓励私人参与基础设施建设将有助于克服工业化的挑战。

在2016年到2020年的5年间，初步估计平均每年经济增长大约为8.5%，以确保达到2020年的发展目标。预估的总投资约为250亿美元，其中55%～ 60%来自于私人部门。然而，国内私人部门不足以有能力参与到这样大的投资程度，因为大多数老挝企业都是中小型企业，并且主要分布在万象和其他城市地区。

因此，招揽更多的官方开发援助和外商直接投资仍然是一个重要的方面。但是，促进私营部门发展也是必要的。通过改善投资环境，促进私营的业务活动，才有望使私营部门对老挝的社会经济发展做出贡献。

（三）人力资源发展存在的问题

老挝工业化的挑战还有人力资源发展问题或劳务问题。大部分的老挝人从事农业活动，特别是温饱型农业。这种类型的农业是老挝农村地区的标志，在农村生活着大部分的老挝人，这与“市场导向”农业系统形成鲜明对比。农民仅仅生产出足温饱的食物和非食品。此外，实证研究表明，农民在林地和草场劳作仅为生产粮食作物，在1995年至2005年，种植土地面积每年增加4.7%，远大于每年的粮食产量增长速度。因此，农业产量增长主要是靠耕地面积的扩张，几乎没有证据表明有收益率增长。这种趋势使农业经济发展变得不可持续。

另一个与就业有关的问题是老挝的劳动力。许多工人被称为季节性工人，在干季节退出劳动力市场，在潮湿季节又返回劳动力市场。虽然近年来，因现金需求的增加，季节性撤军工人已经趋于减少，但许多工人仍然是季节性的。这种劳工问题已经给主要城市的制造业带来了相当大的压力，尤其是在万象、沙湾拿吉、巴色，因为大多数工人从各省迁移。此外，大量涌向周边国家的移民（主要是泰国：大约占总劳动力的8%），已经引起了边境省份劳工短缺，在这些省份，政府还要开发经济特区。

其中的一个与人力资源和劳动力相关的关键性问题是技术和职业教育。它没有完全与国家在特定产业的投资（尤其是外国直接投资）和工业化进程相配合。大多数与外国直接投资相关的企业必须外包给外国技术人员和工程师。一个缺乏训练有素的劳动力市场是一个国家发展的障碍。

自从1986年新经济模式和开放的政策实施后，老挝逐渐走向以市场为导向的发展道路。国家战略为实现2020的目标：包括2020年的战略，工业化和现代化战略，国民经济增长和消除贫困战略等，老挝必须制定指导经济社会发展的一系列方案。由于实行对外开放的政策，包括促进外国直接投资，大量资金的流入，为老挝社会经济发展做出了巨大贡献。

2001—2010年也就是在老挝制定2020年目标的前一半的时间里，老挝社会经济发展方面取得了巨大的进步。然而，为了确保在2011—2020年的后一半的时间里实现战略目标，战略措施必须认真执行，特别是在经济高速增长部门和可持续发展部门。

老挝2020年工业再调整可以在以下几个部门着力：继续发展水力发电。推动基础设施发展进一步解决了“四通八达公路”战略。在2011—2015年期间，要充分利用官方开发援助（ODA）发展基础设施建设，促进私人资本流向基础设施发展。公私合作伙伴关系（PPP）可被认为是一个合适的机制。在2011—2015年期间，矿业领域被认为是经济增长的重要领域，面对下降的趋势，这个部门需要更多地关注加工和制造。因此，利用收入增长较快的采矿业来发展和培养制造业是至关重要的举措。通过改善农业生产率来发展具有潜力的农业部门。发展传统的草药和植物是另一个可能的选择。据世界卫生组织估计，全世界目前每年所需的药用植物约为140亿美元，预计到2050年是5万亿美元。利用自然资源，推动生态旅游行业发展。以知识为基础的人力资源发展具有重要的战略意义。发展过境贸易，服务行业（如区域贸易信息服务、银行服务、电信等），这些都是使国家发展的长期因素，也是老挝面向2020年工业再调整需要着力贯彻落实的部门。

第二节 能源工业

由于地理环境的特殊性，老挝的自然资源比较丰富，矿产资源丰富，水力资源充足，全国森林覆盖率高，以多产名贵木材而闻名。但是老挝自然资源的总体开发程度、开发效益比较低。

一、电力工业

电力工业是老挝发展最快的产业，也是老挝工业当中最为主要的产业项目。与此同时，老挝电力工业的开发前景巨大，受益波及面广泛，社会效益较好。

老挝电力工业以水电为主，这有赖于它天然的水资源优势，由于老挝地势北高南低，与越南边境接壤处为高原，西部湄公河地处谷底，支流形成盆地和平原，加之受热带、亚热带季风影响，夏季雨量充沛。

湄公河是亚洲最重要的跨国水系，是世界第六大河流，也是东南亚最大的河流，湄公河干流全长4 880公里，流经中国、老挝、缅甸、泰国、柬埔寨、越南，但是流经老挝境内长1 846.8公里，占总长的44.4%，水域面积达21.3万平方公里。另外，老挝独特的地形与气候特征使得湄公河在老挝境内的落差增大，水能储量丰富，潜力巨大。

从地缘经济角度出发，东南亚各国的电力都相当紧缺，而老挝地广人稀，河岸植被优越，水能集中，搬迁人数少，淹没损失小，有利于水电工程的开展，因此电力出口创汇对于老挝经济十分重要，而且它在很大程度上支撑了国内和邻国的经济发展，为地区的稳定提供了强有力的能源保障。

老挝水电站主要集中在琅勃拉邦以上到于中国接壤的河段，范围大约在600公里以内，第二处集中在老挝中部的万象段，第三处集中在湄公河老挝境内巴色段。这三段水文条件较好，水域面积开阔，落差大，以湄公河为核心，易于开发利用。其他水电站的开发主要依赖湄公河支流的水能资源，开发分散，施工难度大。

根据老挝《能源——矿业第六个五年发展规划（2006—2010年）》（简称《五年规划》）的战略部署，老挝在该时期要建设大批的水电站，以满足国内和国际需求。

表4–1　老挝《五年规划》计划兴建的水电站

项目名称	发电功率（兆瓦）	发电量（亿度）
波乔省南约河水电站	2.4	0.1
沙耶武里省南楠河水电站	5	0.21
华潘省南辛河水电站	8	0.34
乌多姆赛省南奔河水电站	20	0.67
色卡蛮第三水电站	25	0.98
占巴色省会伽丹电站	30	1
赛宋奔地区南俄河第三水电站	460	1.851
占巴色省色伽达电站	60	2.01
阿速波省色卡蛮第一电站	68	2.8
川圹省南莫河水电站	105	3.04
色瑟第二水电站	76	3.09
会拉潘电站	60	3.54
南吞河第二水电站	75	3.59
南林河第二水电站	100	3.74
沙拉湾省色奔河第三水电站	100	4.2

续表

项目名称	发电功率(兆瓦)	发电量(亿度)
南俄河第五水电站	120	5.16
色贡第五水电站	250	9.29
吞—衡奔第二期工程	280	10.18
玻利坎赛省南俄河第一水电站	260	14.29
色比—南洛河电站	390	15.35
东沙洪电站	240	16.4
色卡蛮第一水电站	468	16.45
色贡第四水电站	470	17.46
玻利坎赛省南吞河第一水电站	525	18.07
万象省南俄河第二水电站	615	20.19
洪沙黎莱电站	1 400	80.73
波乔省南哈河水电站	0.12	不详
波乔省南宗河水电站	0.06	不详
川圹省南奔河水电站	0.25	不详
丰沙里省南亚河水电站	0.12	不详
丰沙里省乌勒河电站	0.5	不详
琅勃拉邦省南森河水电站	0.06	不详

资料来源:《能源——矿业第六个五年发展规划(2006—2010年)》，万象：老挝国家政治出版社，2006年。

1968年，老挝兴建了当时国内最大的水电站——南俄河一级电站，改电站位于万象市以北90公里，由日本、美国、加拿大、澳大利亚、荷兰等国和亚洲开发银行共同承建，耗资9 750万美元，装有5台发电机机组，总装机容量15万千瓦，年发电量6亿~8亿度，耗时16年，于1984年竣工。工程竣工后，泰国购买了70%的电量，剩下的30%供国内用电。1989年，老挝又开始兴建变电站，并架设了多条输电电路，1991年全国开始铺设高压输电电路。由于水电工程带来了巨大的经济效益和社会效益，老挝政府在往后的数年内都积极鼓励国家兴修水电工程，截止到20世纪90年代末，老挝规划建设的水电站共58个，总装机容量高达1 096.612万千瓦，年总发电量为559.99亿度。但有些许遗憾的是，几乎在老挝建设的水电站都需要国际社会的支援和帮助，老挝本国是无力承担水电站建设的所有消耗和技术支撑的，因此水电站的建设往往是合作形式、合股形式、合营形式，通过各种合作模式来达成协议，使老挝本国受益。

老挝水电站和电网的数量增加，为老挝经济发展提供了物质基础，人民生活水平得到改善，就业状况得到提高。老挝政府很注重电力事业的发展，对于电力的投资占老挝政府总投资的70%左右。而2001年至2005年，国际社会对老挝的16个项目进行了无偿资助，资助的总值额高达1 000多万美元，其中投资在电力行业的项目就有13个，外商对于老挝的投资其中电力行业投资额就占总投资金额的一半以上。截止到2005年，老挝全国约90%的县城都已覆盖电力输出网络，家庭用电得到满足，尽管老挝电网在很多地区还没有覆盖到，但是随着电力行业投资的不断增加，电网覆盖范围的不停扩张，这一窘境会逐渐得到改善。在满足本国用电需求的前提下，老挝向周边邻国销售电力，泰国是老挝主要的电力输出国，而且泰国电力需求量持续增大，老挝沙耶武里省南楠河水电站才提上议事日程时，泰国就向老挝提出购买90%的电力。虽然老挝水电站以合作形式建设，但是电力工业的发展为其带来了相当的外汇收入。

为保证电力行业的兴盛和持续发展，老挝政府制定了一系列措施，以满足国内外对于电力的需要。

首先，对于电网覆盖地区要做好维护工作，确保电力输送的生产和运输正常，电力供应应当足额供应，满足家庭用电、企业生产经营用电的需求，对于电网未覆盖区域，要调查研究电网覆盖的可能性和可实施性，划分潜在电力、电网覆盖区域，做好统计工作。要继续挖掘现有供电能源项目的潜力，增加电力生产和电量输送，创造更好的电力收益和社会效益。

其次，努力挖掘多种经济成分并存的电力投资项目，鼓励他们为地方电力生产、输送做贡献，以便满足地方电力需求。政府直接出台相关政策，鼓励群众参与投资，直接参与管理，减少政府干预，实现自主经营，自负盈亏。

再次，尽快研究和制定老挝乡村电力发展规划，电力生产应当多样化，不仅仅限制在水力发电方面，多方面利用不同的发电形式，如太阳能发电、生物资源发电、沼气发电等形式。

紧接着，应当努力改变当前处于财政窘境的电力局势，提高电力生产、输送效率、提高服务质量。对于财政困难要花功夫研究问题的症结所在，努力寻找改革出路，电力投资的构成尽可能多样化，多方参与，资金筹措多样化，同时为国家筹集更多的优势资金。

然后，电力输出和使用的定价应当由老挝政府参与，稳定日常用电行为，防止物价大幅波动。另外由私人完全出资的企业应当结合当地实际情况和老挝法律政策来适中定价，定价应当公开、公平，由政府组织监管部门对价格进行时时监管。

最后，对于规范用电，正确用电进行大量宣传，出台相应的规章制度，并向社会公布电力技术标准和用电安全标准，积极鼓励节约用电。

在电网改善和建设方面，老挝基本实现了省与省之间的电网互联互通，在北部地区建设了连接三省的电网，长达252公里的电缆铺设，使得琅勃拉邦省、乌多姆赛省、南塔省之间的电网能互联互通，并且使得周边上百村庄能用上电。位于老挝南部和中部地区建立了多条省际互联的电网，新建多条中压输电线路和低压输电线路，使得该区域上千个村庄受益，居民用电得到大规模普及。

另外，为使国家电力能够充分发挥作用，产生效益，老挝政府计划在发展本国电网的同时，实现与其他东盟国家电网的衔接，以实现不同国家之间电力输送的互联互通，便于电力输送。2002年至2003年度老挝电力生产达33.2亿千瓦/时，比上年度同期下降7%，但是出口比去年增长3%，占发电总量的61.27%。其中，老挝电力公司创汇1 836万美元，南吞欣汶电站创汇8 500万美元，会河电站创汇2 100万美元。据老挝官方预计电力需求年均增长10%左右，国内大城市对电量稳定输出的需求最大，而老挝政府每年投入在电力方面的资金约占总投资的4%～6%。

在保障电力工业有序发展的前提下，老挝政府决定成立电力设计研究院，保障国家技术人才的储备，并且成立老挝国家电网公司，提高国有电力公司的经营机制和管理水平，接着还要建立合适的机构来负责对外电力出口项目中的政府投资核算工作，最后要建设一批电力配套服务和维修企业，提供相应的技术指导和维修工作。2010年8月9日老挝政府宣称打算到2020年兴建大约20座水电站。老挝水电产业的兴旺发展使得老挝成为了东南亚最大的蓄电池。

二、煤炭工业

老挝的煤炭资源勘查程度低，而且勘查工作多由国外煤炭企业或者研究院来完成。老挝煤炭资源主要为褐煤，从利用角度分析，褐煤是煤化程度最低的矿产煤，褐煤含水量高，主要用于发电厂燃料。

老挝煤炭产地主要分布在丰沙里省、乌多姆赛省、万象省、沙拉湾省和川圹省境内，大部分都是小型煤矿。[①]其沙拉湾省产烟煤，煤田位于其东北部，据推断储量约为4 000万吨。

老挝煤炭资源大致可以分为如下几个区划：

（1）沙拉湾

沙拉湾位于老挝南部，行政区划属于沙拉湾省、阿速坡省、沙湾拿吉省管辖，煤矿以烟煤为主。

（2）万荣

万荣位于老挝中部，行政区划属于万象省，有万象市直接管辖，煤矿以烟煤为主。

（3）丰沙里—孟赛

丰沙里—孟赛位于老挝北部，行政区划属于丰沙里省、乌多姆赛省和沙耶武里省管辖，该区域煤矿以烟煤为主。

（4）南塔

南塔位于老挝西北部，行政区划分属于乌多姆赛省、南塔省、波乔省、沙耶武里省管辖，煤矿以褐煤为主。

（5）桑怒—孟佩

桑怒—孟佩位于老挝东北部，行政区划主要属华潘省、川圹省管辖，煤矿以褐煤为主。

由于老挝本国无法承担煤炭勘查工作，因此煤炭的开采往往有赖于国际援助，但实际上老挝煤炭资源的开采度并不高。《老挝矿业法》规定“从事勘查和采矿工作需要交纳矿地租金，其中勘查阶段每公顷0.5～1美元，采矿阶段3～12美元。从事矿业开采除交纳20%的利润所得税外，还需交纳矿产权利金，金额一般是矿产品销售额的2%～5%”。加上跨国矿业勘查成本高，老挝地质复杂，都使得老挝煤炭资源投资风险增大，因此老挝煤炭资源并没有大规模采掘，仅仅限于

① 贾玉伟、刘春学、刘小平：《老挝矿产资源投资环境分析》，载《科技风》，2011年第8期，第230～232页。

试探性的开采活动。

三、油气工业

老挝油气工业和煤炭工业的勘查具有相似性，油气储量虽然没有任何机构、企业全面地勘查过，但是由于老挝地质构造演化历史比较长，晚于前寒武纪，并且经历了新元古代晚期的构造变动，在伴随小规模中酸性岩浆活动的影响，有利于石油及天然气的生成，被国际社会看作是矿物能源开发潜力巨大的国家。老挝西南部地区包括巴莱、万象、北汕、沙湾拿吉省以及湄公河流域附近，主要产出沉积型岩盐、钾盐、石膏的等矿产，并有少量砂矿型和风化淋滤型的金、锡等矿物。①这些特征表明这一地带是石油、天然气开发的远景潜在地区。

2010年5月，英国Salamander Energy公司对外宣称，他们在老挝沙湾拿吉省地下3 400米处发现有天然气的存在迹象，其大概位置在地下2 020米至2 120米之间，初步的数据显示，天然气层大致有25米厚。英国Salamander Energy公司拥有老挝沙湾拿吉省30%的矿产资源开采股份。

总的来说，老挝油气资源的勘查力度相当低，开采力度更低，也正因为如此，基本属于全球尚未开发的资源地区之一的老挝才受到全球能源机构和企业的关注。

第三节　原材料工业

一、采矿业

（一）老挝矿物资源种类

据理论分析，老挝矿产资源相当丰富，20世纪20年代，法国、英国、美国等国家就先后在老挝开展过矿产调查，但是由于战乱和交通可进入性低的原因，经过系统地质勘探的矿点很少，开发程度很低。目前老挝已发现有铁、金、铜、铅、锌、钨、钼、锡、锰、铝土矿、钾盐、石膏、铬矿、煤、高岭土、叶腊石、宝石、石墨、石棉、滑石、石灰岩、石英砂等矿物资源。

① 胡雄伟、吴良士:《老挝人民民主共和国地质特征与区域成矿》，载《矿床地质》，2009年第1期，第104～106页。

据《万象时报》报道，来自老挝矿产资源部的官员披露，近年来老挝批准许多矿产项目，但仍有大量未开发矿产资源。已批准的矿产项目占国土面积的21%，其中只有3%被开采。

老挝能源矿产部部长苏里冯·达拉冯在第六届国会第九次常务会议的工作报告中披露：截止到2010年共有154家企业在老挝从事矿产投资，涉及268个项目。其中，国外企业118家，涉及185个项目；国内企业36家，涉及83个项目。会上，能矿部还提出了在地质矿产勘探工作中需要注意的13个保护区。

老挝政府为严格对矿产项目的监管，已叫停新的矿产勘探协议审批，并授权能矿部配合地方政府在全国范围内开展对各矿产项目的绩效评估。通过检查发现，有30%的矿产项目存在不同程度的问题需要解决，目前已暂停和取消了16家企业的矿产勘探权。

当前，老挝能矿部正在加紧相关矿业法律法规的起草和完善，其中包括：《矿产法执行规定（草案）》、《矿产贸易管理规定（草案）》、《勘探区管理规定》、《小型手工开采管理规定（草案）》和《关于矿产项目环境及劳工安全保护的管理规定（草案）》等。

表4-2 老挝金属矿产分布一览表

地区	金银（吨）	铁锰铬（万吨）	锡钨钼（万吨）	铜（万吨）	铅锌锑（万吨）	铝（万吨）
丰沙里省	5	10		3	2	
波乔省	5			1	6	
琅南塔省	3	1		1	1	6
乌多姆塞省	11	4	31	9	4	3
琅勃拉邦省	12	4	32	1	11	4
华潘省	9	9	56	5	16	17
沙耶武里省	7	1		5	4	17
万象省	28	5	64	9	14	8

川圹省、赛松本	30	25	101	12	17	17
玻里坎赛省	16	3	34	2	5	8
甘蒙省	4	1	16	2	4	5
沙湾拿吉省	9	1	15	2	2	1
沙拉湾省	2	1		1	1	5
色公省	4	2	12	4	1	1
占巴塞省	1	2	15	6	5	1
阿速玻省	12	1	24	5	4	2

资料来源：潘玉军：《老挝金属矿产分布及投资矿业政策规定》，载《资源再生》，2007年第5期，第43页。

（二）老挝主要矿物资源分布

1. 金矿

老挝有许多金矿化线索，原生矿床主要为与花岗闪长岩有关的石英脉型和产于碎屑岩中的蚀变岩型；此外，砂金矿分布广泛，具有很长的民采历史。根据已知金矿化线索，可划分出8个金矿化集中区，即（1）北奔—北塔区；（2）沙那勘姆—南乌江区；（3）会罗区；（4）南俄河上游和万象冲积盆地；（5）南山河上游地区；（6）那坡—娆康区；（7）车邦—安康姆区；（8）南部和东南部区。①

除了在湄公河河谷地区可以使用机械化生产和开采金矿外，其他地区沿河流域的金矿采集都靠人工搜集。老挝金矿多以对外合作方式开采，老挝军方开采和冶炼的金矿相当少。

2. 铁矿

老挝铁矿主要分布在华潘省和川圹省，热液型矿床居多，存在少量沉积型矿床。其中川圹省的珐兰和会农是磁铁矿和赤铁矿的密集区。其中矿石品位约60%左右，储量巨大，开发利用价值较高。

3. 锡矿

① 王志刚、李建利：《老挝矿产资源及相关投资政策》，载《西部资源》，2006年第2期，第54页。

老挝锡矿储量相当丰富，全国估计储量高达6.8万～8万吨。主要分布在华潘省、万象省、川圹省和甘蒙省境内。其中华潘省境内锡矿类型主要是重砂矿床，川圹省境内主要以热液型矿床居多，甘蒙省境内主要是残积型矿床。[①]

4. 铜矿

老挝铜矿资源以矿化点分布，没有大型的铜矿床，在川圹省北部会山周围发现5个铜矿点。铜矿床类型主要是热液型和沉积型。

二、冶金工业

冶金就是从矿石中提取金属或金属化合物，用各种加工方法将金属制成具有一定性能的金属材料的过程和工艺。虽然理论表明老挝矿产资源丰富，但因为开发利用程度低，老挝冶金工业几乎没有规模。老挝的金属建材，高端农业金属器具以及其他金属材料，几乎都要靠进口，加之老挝矿业开发几乎都是靠外企合作形式完成，冶金产品也几乎是以外来加工和外来购买完成。

三、化工原料工业

老挝由于工业基础薄弱，整个国家没有一座自己的化工厂。老挝化工原料工业仅停留在日用品化工，如生产洗涤用具、香皂、洗衣粉、陶瓷、塑料以及常用手工工具，这一特点反映了老挝化工仅仅以作坊形式存在。加之冶金工业的滞后又间接导致老挝化工工业几乎没有起色。老挝用于社会经济建设的化工材料都需要国际援助或者购买。

2006年，经中老两国政府的正式批准，由云南盐业股份有限公司着手培养老挝第一代化工工人。2005年经过双方多方考察，挑选了老挝11名青年送往昆明盐矿进行全面的学习培训。为了帮助老挝学员掌握过硬的化工技术，中方提供师资帮助他们学习汉语，委派优异的技术人员为他们授课，并且理论结合实际，让老挝学员到具体岗位中跟班学习锻炼，手把手地教会他们生产技术。

2012年，越南化工集团投资5.22亿美元开发加工老挝甘蒙省农布县的钾盐矿。越南获得了10平方公里20年的钾盐开发权，同时还获得了另外196.5平方公里钾盐矿勘探权。

---

① 贾玉伟、刘春学、刘小平:《老挝矿产资源投资环境分析》，载《科技风》，2011年第8期，第230～232页。

四、建筑材料工业

老挝建筑材料工业是在依靠国外的援助和合作下才兴建的，主要有水泥厂、砖瓦厂、大理石加工厂，花岗岩加工厂、砖瓦厂、石料厂，石棉瓦厂、纤维板厂以及木材厂。

老挝目前有6家相当规模的水泥厂。(1)1995年老挝万象市北部的万荣第一水泥厂建成，是老挝较大的水泥厂，万荣水泥厂的建成标志着老挝政府最终拥有了自己的水泥工业。(2)2002年建成的老中合资万荣第二水泥厂，合计年产水泥总量为30万吨，老挝万荣第一、第二水泥厂均由云南国际经济技术合作公司参与。(3)江西省某私营业主投资950万元人民币的琅勃拉邦水泥厂，年产水泥8万吨，是老挝北部地区第一座水泥厂。(4)由云南玉溪中亚实业有限公司投资6 000万人民币独资兴建的沙拉湾省水泥厂，年生产20万吨普通水泥，投产后将缓解老挝南部五省的水泥缺口问题。(5)另一家水泥厂在万象，年产15万吨。(6)正在建设中的甘蒙省水泥厂，由老挝永珍银行(当地华侨)投资，预计年产75万吨，目前已开工建设。[①]

砖瓦厂在老挝比较多，越南援助老挝建立的万象砖瓦厂同老挝沙湾拿吉砖瓦厂是规模较大的砖瓦厂。

木材加工主要得益于老挝林业资源的丰富，据数据统计，截止到2010年老挝的全国森林覆盖率高达68.3%[②]。2011年来自老挝农业部的消息称，“由于过去森林资源的开采过度及今年更加大力度的整治资源滥伐，目前全国森林覆盖率保持在52%左右。”考虑到进一步加大资源的保护力度，老挝政府已经设定了一个恢复森林覆盖率的目标，即2015年和2020年分别达到65%和70%，以帮助村民减轻贫困，并减少地域气候变化的影响。1940年老挝森林覆盖率约为70%，达1 700万公顷，1973年森林覆盖率下降至约54%，1982年进一步下降至47%，到2001年下降至几乎历史最低约41%。

老挝依托森林资源优势，主要包括家具生产、竹木雕刻、藤木雕刻编制以及乐器制作。老挝主要木材加工厂多集中在万象市，有老挝木料成材厂、老挝坤达木材加工厂、万象市木材加工厂、老挝彭东木材加工厂、西沙瓦木材加工厂、老

① 潘玉军：《老挝金属矿产分布及投资矿业政策规定》，载《资源再生》，2007年第5期，第43页。

② 马建堂：《国际统计年鉴——2012》，北京：中国统计出版社，2012年版。

挝地板条厂、老挝层板厂、万象塔考木材加工厂、万象市赛弄藤蔑加工厂、万象市高留锯木厂、西凯锯木厂、万象市隆达锯木厂。尽管老挝木材资源丰富，但是随着近年来的不断开采和市场需求的增大，直接导致老挝森林资源消耗巨大，为此老挝政府开始制定相关法律推行更加严厉的限伐措施和偷伐森林资源的惩戒制度，以便更好地保护当地森林资源。2012年，老挝政府发放给中国伐木采购商的指标明显较往年减少，而且采伐指标相当紧张，不少采购商受此影响不得不另谋出路。

由于保护意识的提高，老挝丰沙里省环保厅与中国云南省西双版纳州国家自然保护区管理局于2012年12月签署了中(西双版纳)老(丰沙里省)保护区域协议。该协议涉及保护区面积达110 453公顷。实际上早在2009年，中老就建立了第一个面积为5.4万公顷的联合保护区域。

第四节　制造工业

一、机械制造业

老挝没有规模化的机械制造业，农业小型设备、日常用品的生产制造多是小工厂、小作坊完成。甚至当地销售的自行车、灯饰、空调等都从中国进口。由于矿业资源的开发利用限制和冶金工业的落后，老挝无法实现生产规模化，大中型化的机械设备，即便是当地印刷行业机械设备，汽车维修设备或者是建筑行业设备都是国外进口的。

据老挝《新万象报》报道，韩国Ko Lao集团将在老挝沙湾拿吉省建设小型货车生产厂，初期投资超过4 500万美元。Ko Lao集团此次投资是老挝第一家现代化的小型货车生产及组装工厂。

Ko Lao集团拟在2013年3月开始建成年产小型货车6 000辆的工厂，2014年产量达到10 000辆，2015年增加至13 000辆。Ko Lao集团还计划出口上述货车到柬埔寨、缅甸等。

老挝全国摩托车拥有量约50万辆，据老挝贸易部不完全统计，2002年的销量为5万辆，2003年市场销量约8万辆。市场最畅销的车型是110cc(表示汽缸容积，即排气量）和125cc的四冲程摩托车，50cc的产品需求不多，电动摩托车和赛车摩托基本没有市场。

老挝没有本国自己品牌的摩托车，现市场上大部分摩托车产品是中国大陆产品，市场占有率约为80%，其次是韩国品牌和泰国产的日本本田、铃木品牌（这二款车早已在当地设立了组装厂），目前中国大陆的力帆、建设、嘉陵、宗申、豪情、新科等品牌大部分已在老挝设立组装厂（其中大部分是借用老挝人的营业执照）。目前在老挝主要的组装中国大陆摩托车厂有：Yada Company（中港合资），Sinco Company，Hoching Company，Dongchong Company，Chongseng Company，Thongpong Company，S.P.I.Namta Factory（重庆建设集团校办工厂独资），其次是韩国在当地投资的Kolao Motors汽车—摩托车组装厂；当地人办的日本Honda摩托车组装厂、Suzuki摩托车组装厂。

二、电子电器制造业

电子电器属于精细产品生产，多数精密电子产品如空调、冰箱、复印机、传真机、电脑等，在老挝本国是无法生产的，老挝往往是以来件组装的形式生产电子电器设备。如湄公电器（老挝）有限公司，该公司位于老挝首都万象市，但是属于中资企业，该公司有一条空调机组装线，主要从中国进口散件到老挝组装，而且还组装电脑和手机。

老挝大部分电子电器制造商都非本国公民，技术属于外资企业，即便是合资企业，外商股份也占绝对的优势。

三、信息产品制造业

老挝通讯业的落后，导致老挝信息产品匮乏，20世纪90年代，通过国际援助老挝发展了通讯。在国外资助下，老挝建成了一座卫星通讯地面站，但是受限于电话线路的数量不足，大量的国际电话还要经过香港转接。之后通过国际贷款，老挝开始全国重点省市电话网络的覆盖工程，但是这一工程是有选择性的，尚未做到全国普及。到21世纪初期，老挝政府才开始考虑通信产业的现代化。目前老挝电信业务覆盖了超过80%的人口，于2008年还推出了3G业务，但是移动数据传输速率只限于114千比特每秒(Kbps)，总体运营效果不理想。

虽然老挝的移动电信业务基本普及，但网络发展却相当滞后。1998年底，美国一家公司与老挝政府合作才实现了老挝互联网的接入。但是由于互联网接收范围有限，只有少数地区能真正登入互联网。2003年底，老挝电信企业通过拨号上网的方式负责老挝互联网的链接，但是由于老挝文字特殊的字形和相关软件开发的限制，老挝文字无法在网页上清楚呈现出来，因此老挝网站数目少，发展落后。

依据老挝通信管理机构指定的2001—2005年发展计划，老挝政府逐步扩大互联网的使用范围和数目，并于2000年公布了《关于授权国家英特网管理委员会检查和管理在使用因特网过程中的错误倾向》、《关于在老挝提供因特网服务和使用因特网的禁止内容》等公告，严格规定了互联网的使用范围和内容。总的来说，老挝信息产品的成果是匮乏的，而且信息通畅度远远落后于世界。

截止到2011年老挝全国有通信光缆4.1万公里，移动电话通信塔4 644个，可覆盖全国17个省（市）138个县的通信，其中3G网络已覆盖2 000个自然村。新注册座机号码1.08万个，手机号码17.7万个，全国已注册电话号码累计达540.2万个，平均每百人有88个号码。新增互联网用户200户，累计发放互联网账号2.6万个，网民近50万人。①

四、工艺品制造业

老挝工艺品门类繁多，都是传统手工艺品，这些工艺品融入了老挝文化特色和传统。这些工艺品多以作坊生产来完成，是老挝比较活跃的制造业。但主要的工艺品主要包括木雕和针织品。

老挝木雕是老挝传统的雕刻艺术，而且木雕雕工精细，木料选择考究，因此成为很多木雕爱好者所钟情的工艺品，收藏价值不菲。

其二是老挝手工针织品，老挝大多数妇女都会编织，而且丝织品采用线压纺织技术，造型独特，技艺精湛。另外，老挝刺绣、蜡染也是当地一项独具特色的手工艺术。

① 《老挝经济社会报》，2011年8月。

第五节　粮食、食品加工业

一、粮食加工业

老挝粮食作物主要是稻谷，通过与国际合作，建立了老挝国家水稻研究项目。并且建立了3个水稻生态区。一是雨养低地生态区，该生态区主要研究水稻的品种改良，土壤肥力和栽培技术。二是雨养高地生态区，主要向农民传授先进的栽培技术。三是可灌溉低地生态区，该区是小规模资本投入区，主要由农民自己管理。据统计，老挝90%以上的水稻面积种植的是糯稻。

老挝主要的粮食加工业务包括稻谷碾米，面粉制作，玉米加工、植物油脂提取、植物蛋白产品生产、淀粉加工、粮油加工副产品的综合利用。

二、食品加工

老挝食品加工产品主要有糕点、面条、罐头、卷烟、咖啡、酿酒、饮料等。但是这些生产厂家规模都比较小。除了卷烟、啤酒和咖啡有出口外，老挝其他食品加工产品只能供应当地市场。

在诸多食品加工业中，老挝卷烟市场相对活跃，卷烟消费量约为8万箱/年。老挝国家批准并完全控股的卷烟厂仅有两家，即老挝烟草有限公司和老挝寮中红塔好运烟草有限公司。

老挝啤酒是世界十大名啤之一，而且出口泰国、越南。美国《时代》杂志评价其为亚洲最好喝的啤酒。

老挝咖啡很受欢迎，老挝Dao咖啡每年销量都在增加，而且老挝人有饮咖啡的习惯。2010年度世界出口商品排序中，老挝咖啡名列第58位。据老挝《经济社会报》报道，老挝咖啡协会会长希努·希宋巴日前向媒体透露，2010年老挝咖啡出口额达3 200万美元，位居老挝农产品出口第一位，预计2015年后将达1亿美元。

另外越南于2013年1月18日报道，其投资建设的糖厂开始运营，并且其热电中心使用的糖渣发电也正式并入到老挝国家电网，该糖厂投资1亿美元，日产7吨糖。越方预计乙醇和化肥厂将于2013年第二季度竣工。

第六节　消费品工业

一、纺织工业

老挝有丝织、棉织、针织和刺绣等工厂和作坊，但是规模都不大，这些纺织品主要是旅游纪念品，因为几乎是手工生产，深受国外旅游者的喜爱。万象市相对成规模的棉织厂仅两家，各自有自动织布机20余台，工人200余名。其他还有华潘省织布厂、川圹省农赫织布厂、甘蒙省织布厂、丰沙里织布厂、沙湾拿吉织布厂、巴色织布厂。另外以小作坊形式出现的纺织单位还很多，主要是当地妇女有纺织的传统和习惯以及家族沿袭。

20世纪90年代，老挝政府和中国协商联合兴办现代化纺织厂的计划还得到了中国的大力支持。现代化纺织企业的建设标志着老挝传统纺织工业将迈入新的阶段。

据老挝《经济社会报》报道，老挝纺织品协会透露，2011年前6个月，老挝纺织品出口额达1亿多美元，同比增长28%。其中向欧盟、美国和日本出口占比分别为75.3%、17%和3.3%。带动老挝纺织品出口大幅增长的原因主要是欧盟从2011年1月起，对欠发达国家实行原产地优惠政策，如取消产品种类限制等。

二、成衣与皮鞋制造业

服装业是老挝发展较快的产业之一，主要原因是国外公司纷纷投资到老挝服装行业中，并把产品作为老挝出口产品在国际市场上销售。老挝的每座省市都有几十家服装企业。截止到20世纪初期，老挝有52家服装出口工厂。老挝成衣工人每月可赚得100～250美元，其中包括膳宿，因此吸引了大批劳动力，加之老挝成衣出口没有出口配额限制，欧盟对老挝实施原产地优惠政策，取消了产品种类的限制，因此利用老挝劳动力廉价的优势，使得成衣订单满满当当，但是随着社会经济的发展，各行各业对劳动力的需求也越来越大，老挝也面临着劳工短缺的问题。老挝成衣制造业计划通过宣传使2015年成衣业劳动力增加至6万名。

老挝服装、鞋类产品的主要出口市场是欧盟，但是老挝皮鞋并不是老挝自有品牌，都是利用老挝廉价的劳动力进行加工之后再返销给海外。老挝皮鞋加工往往被划入到纺织品行业中计量统计。总的来说，出口欧盟的服装、皮鞋占老挝服装出口总量的81%，但是由于近年来欧盟经济的不景气和美国经济衰退的影响，老挝服装、皮鞋出口也遭受到打击。2012年上半年，老挝对欧盟服装出口金额约6 900万美元，同比下降10%，对美国服装出口金额约540万美元，同比下降9%。

第五章　第三产业的发展和布局

老挝由于工业基础薄弱，长期以来农业都是国民经济的重要部门，第三产业发展相对来说很不充分。近年来，由于老挝重视三大产业结构调整，第三产业发展迅速。老挝的第三产业包括商业、旅游业、银行和保险业、交通和通讯业、建筑业、文教和卫生事业及社会其他事业，老挝第三产业的基础是对外贸易、外资和旅游业。本章重点介绍老挝的交通运输业、国内商业、对外经济合作和旅游业。

第一节　第三产业发展概述

第三产业由英国经济学家、新西兰奥塔哥大学教授费希尔1935年在《安全与进步的冲突》一书中首先提出，它具体是指在再生产过程中为生产和消费提供各种服务的部门，即服务业，它包括除第一和第二产业外的其他各行业。老挝的第三产业包括商业、旅游业、银行和保险业、交通和通讯业、建筑业、文教和卫生事业及社会其他事业。

进入21世纪，老挝政府“以经济发展为中心，增强经济实力”在《国家社会经济发展计划（2006—2010年）》中将经济建设提到重要位置，老挝经济得到了很大的发展。从1997年中到1999年底，老挝经济面临严峻的困难，尤其是遭受亚洲金融危机的严重负面影响及遭受自然灾害的侵袭。然而，第五个社会经济发展计划（2001—2005年）后，老挝经济开始复苏，并表现出良好的势头。同时，老挝第三产业也发展迅速，随着国家越来越重视，在老挝国民经济的比重中迅速增大，其比例接近并超过了第二产业。

一、第三产业发展历程

老挝第三产业基础薄弱，起步较晚。老挝的第三产业主要是在1986年的“革新开放”后才开始发展起来的。老挝第三产业的基础是对外贸易、外资和旅游业。80年代末老挝一方面积极调整产业结构，促进第三产业的发展，尤其是老挝的优势产业——旅游业；另一方面老挝政府积极推动对外贸易，调整政策吸引外资。

老挝在1986年实行“革新开放”，积极推行第三产业的发展，主要是因为：

第一，老挝的第三产业有巨大的发展空间和发展潜力，如老挝拥有丰富的旅游资源；老挝国内市场刚刚起步，有巨大的需求；老挝的对外贸易还处于低位，有较大的增长空间。第二，老挝党和政府意识到只有发展经济才能使老挝脱离贫困，让老挝人民过上幸福的生活。第三，老挝看到临近中国的“改革开放”取得了巨大的成就，鼓舞了贫穷落后的老挝人民。第四，第三产业是经济的重要组成部分，国家社会经济的发展离不开第三产业的发展，第三产业的发展进步标志着一个国家社会经济的发展进步。于是，老挝的“革新开放”首先从第三产业开始。

从1986年开始，老挝政府对第三产业在政策和法律上放宽权限。在80年代末，老挝颁布了《外国投资法》、《关于国家税收制度的决议》等法律，并提出“对内充分搞活”的发展经济的政策和方针，随后实行了“家庭经济”和发行彩票等有建设性的措施。

1985年第三产业占老挝国内生产总值（GDP）的18.4%，到了1990年，第三产业总值达到了1 473.76亿基普，占老挝国内生产总值（GDP）比重也增长到了24.9%。

表5-1　老挝1985—2002年第三产业增长情况统计表

年份（年）	总值（亿基普）	占GDP比重（%）	比上年增长（%）
1985	--	18.4	--
1990	1 473.76	24.9	--
1991	1 569.93	24.1	7.5
1992	1 630.38	23.3	3.9
1993	1 756.32	24.3	7.7
1994	1 583.76	23.7	6.5
1995	2 044.86	24	7.8
1996	2 216.15	24.7	10.22
1997	2 282.96	25	7.76
1998	2 515.05	25.1	5.39
1999	2 688.9	25.2	7.2
2000	2 817.24	25.4	6.2
2001	2 976.92	25	5.5
2002	3 147.02	25.5	7.7

资料来源：张瑞昆：《老挝经济结构——老挝经济探析之一》，载《东南亚纵横》，2004年第1期。

在90年代老挝的第三产业增长较快，商业贸易有了巨大的发展，旅游业更是迅速增长，交通运输有了较大改善，外资引进显著增加。但是老挝的第三产业在老挝国民生产总值中的比重变化不大，仍占老挝国内生产总值(GDP)的20%左右，这意味着老挝第三产业的发展没有跑赢老挝国内生产总值(GDP)的增长。出现这一状况主要是因为：首先，老挝工业增长迅速，工业增长不仅超过第三产业增长也超过农业增长；其次，老挝第三产业基础薄弱，在90年代的发展缺少动力；第三，老挝在90年代后期遭遇东南亚金融危机，使得老挝经济遭受巨大影响；此外还有战争、社会不稳定、交通不便、人民贫穷等因素也对老挝第三产业的发展产生重要的影响。

2003年后，老挝第三产业继续保持较快增长。首先是因为这一时期的老挝，刚刚走出东南亚经济危机的阴影，社会经济发展较快；其次是周边国家像泰国、越南等加大了对老挝的投资力度，还有像世界银行、亚洲开发银行等国际机构也扩大了对老挝的援助力度；此外老挝党和政府高度重视第三产业的发展，如老挝建立经济特区、经济专区，加大对旅游资源的开发，扩大国内市场，重视对外贸易，积极引进外资等一系列的措施。

表5-2 老挝2003—2011年第三产业增长情况统计表

年份(年)	总值(亿基普)	占GDP比重(%)	比上年增长(%)
2003	3 379	25	7.4
2004	3 625	25.5	7.3
2005	3 869	25.2	6.7
2006	4 154	25.5	7.4
2007	53 450	31	
2008	105 776.23	39	9.7
2009	112 139.19	38.5	6.0
2010	119 937.20	38	7.0
2011	129 598.34	38	8.1

资料来源：2003—2007年的数据来自于中国驻老挝大使馆经济参赞处，是以不变价格计算所得；2008—2011年的数据来自于老挝统计局，是以通货膨胀后的价格计算所得。

老挝第三产业总值从1990年的1 473.76亿基普增长到2011年的129 598.34亿基普，总值(按通货膨胀之后计算)增长了87.9倍之多，占国内生产总值(GDP)

的比重也从1990年的24.9%增长到2011年的38%。尽管老挝经过20多年的发展，第三产业增长较快，第三产业在国民经济中的比重不断的增长，但是老挝第三产业的布局不够合理，还是主要依靠外贸、外资和旅游。老挝以后的一段时间里，老挝党和政府将会致力于积极推动老挝第三产业的发展和优化老挝第三产业的结构。2012年10月26日，老挝正式加入WTO后，老挝政府专门成立了贸易促进中心来管理老挝的贸易，积极按照世贸协定推进国内第三产业的发展。

表5-3　老挝1990—2011年产业结构表

财年	第一产业（农林业）		第二产业（工业手工业）		第三产业（服务业）		
	基普（亿）	比重（%）	基普（亿）	比重（%）	基普（亿）	比重（%）	增长率（%）
1990	3 718.35	60.7	881.05	14.4	1 473.76	24.9	——
1991	3 653.47	50.3	1 056.34	17.8	1 569.93	24.1	6.5
1992	3 955.37	58	1 136.87	16.7	1 630.38	23.3	3.9
1993	4 052.33	56.3	1 252.58	17.4	1 756.32	24.3	7.7
1994	4 039.8	56.4	1 386.34	17.8	1 853.76	23.7	5.5
1995	4 536.84	55.4	1 568.29	18.3	2 044.86	24	7.8
1996	4 652.06	52.7	1 839.97	20.2	2 216.15	24.7	10.22
1997	4 986.83	52.2	1 988.48	20.8	2 282.96	25	7.76
1998	5 140.71	51.9	2 170.79	21.7	2 515.05	25.1	5.39
1999	5 561.99	52.1	2 341.61	22	2 688.9	25.2	7.2
2000	5 835.9	51.3	2 542.83	22.6	2 817.24	25.4	6.2
2001	6 056.18	51.1	2 800.31	23.2	2 976.92	25	5.5
2002	6 297.16	50.3	3 088	23.5	3 147.02	25.5	7.7
2003	6 300	50.1	3 386	24.2	3 379	25	7.9
2004	6 658	47.6	3 868	26.3	3 625	25.8	7.4
2005	6 986	45.5	4 123	27.7	3 862	26.1	7.5
2006	——	32.4	——	29.8	4 154	37.7	7.02
2007	——	33.4	——	28.3	5 345	38.3	22.34

续表

财年	第一产业（农林业）		第二产业（工业手工业）		第三产业（服务业）		
	基普（亿）	比重（%）	基普（亿）	比重（%）	基普（亿）	比重（%）	增长率（%）
2008	87 825.9	30.1	58 574.1	25.9	105 776.2	37.4	9.7
2009	90 311.8	30.5	69 396.4	24.5	112 139.2	38.7	6
2010	93 188.7	29.6	81 532.7	25.9	119 937.2	38.1	7
2011	95 665.7	28.1	93 452.4	27.5	129 598.3	38.1	8.1

资料来源：1990—2002年的数据源于张瑞昆：《老挝经济结构——老挝经济探析之一》，载《东南亚纵横》，2004年第1期；2004—2005年三大产值及比重的数据源于宫葩昌、孙鹤：《老挝产业结构及国民经济调整情况介绍》，载《云南农业大学学报》，2008年3月第1期；2006—2007年三大产业比重源于中国驻老挝大使馆参展处网站；2008—2011年三大产值比重源于老挝统计局网站。

二、第三产业的部门结构

老挝的第三产业主要是由交通运输与通信、金融服务、酒店与餐饮、批发零售和其他部分组成。老挝的批发零售业占到了第三产业一半的比重。90年代以来，批发零售在第三产业中的比重逐年增加，在2009年达到了历史高位的52.87%。交通通信和金融服务也占有较大的比重，二者在2011年达到31.7%的比重。其他部分的比重在不断地下降，从1996年的33.74%下降到2011年的15.7%，15年的时间里下降了一半多。

表5–4 老挝1996—2011年第三产业的主要组成部分构成情况

年份	交通运输与通信	金融服务	酒店与餐饮	批发零售	其他
1996	21.7%	5.3%	6.8%	34.64%	31.56%
1997	22.22%	5.4%	6.94%	35.7%	29.74%
1998	22.42%	5.17%	7.1%	37.1%	28.21%
1999	22.23%	5%	8.1%	37.3%	27.37%
2000	22.96%	4.8%	8.53%	37.09%	26.67%
2002	24.31%	1.65%	8.17%	39.08%	26.79%

续表

年份	交通运输与通信	金融服务	酒店与餐饮	批发零售	其他
2003	24.76%	1.74%	7.5%	40.3%	25.7%
2004	25%	1.59%	8.14%	39.79%	25.48%
2005	24.8%	1.4%	9%	41.3%	23.5%
2009	13.11%	9.6%	1.8%	52.87%	22.62%
2010	22%	8.6%	1.7%	48.4%	19.3%
2011	22.4%	9.3%	1.86%	50.74%	15.7%

资料来源：老挝国家银行，http://www.bol.gov.la/

此外，老挝的对外贸易在老挝国内生产总值(GDP)中占有较大比重。根据老挝国家银行的数据显示，老挝的外贸在2005年占到国内生产总值(GDP)比重的6.06%，2006年占到6.09%，2007年占到5.98%，2008年占到6.94%、2009年占到6.68%、2010年占到5.89%、2011年占到6.24%。

(一)批发零售业

目前，老挝的商业规模还在起步阶段，零售行业还没有明显的发展趋势，商业多由外商进行投资，市场前景广阔。据老挝统计局报告显示：2008年，老挝批发和零售总额达到了10.3亿美元，其中有70%的外商投资企业；2010年老挝总投资额为80.7亿美元，其中外商投资占75%，国有企业只占25%。

老挝至今还没有一家本国大型连锁超市或百货商城，这是因为首先人民生活水平比较低，需求不大；其次，老挝没有足够实力进行项目开发的个人或集团公司。现在老挝只有“便利店”，全国共有400多家便利店，其中万象最多，共有53家。

(二)交通运输业

老挝是中南半岛上唯一的内陆国，交通运输业总体而言比较落后。老挝的交通运输主要依靠陆路运输，其次是内河航运，再次是航空。

老挝的陆路运输业以公路运输为主，铁路运输几乎可以忽略不计。根据官方统计，老挝道路总长约40 000公里(2010年)，主要以泥土路和碎石路为主，柏油路仅占道路建设总量的30%，并且主要集中在城市地区，比如万象、沙湾拿吉、占巴塞和琅勃拉邦等。

老挝的内河运输业是目前仅次于公路运输业的第二大运输业。老挝的内河运输线长3 000公里，湄公河在老挝境内全长1 800多公里，流经13个省(市)，沿湄公河有20多个小型码头，2009年货运占全国的20.59%，客运占全国的4.38%。湄公河的内河航运连接老挝上、中、下寮三大部分，沟通中、缅、老、泰、柬、越6国的交通运输，南塔河、南乌江、南堪河、南俄河、南嘎丁河、色邦发河、色邦亨河等嵋公河主要支流是民间内河运输的重要交通线。

相比于公路运输业和内河运输业来看，老挝的航空运输业是老挝最快捷和最先进的运输方式。老挝的航空主要运输的是乘客和物资，因为老挝国内的机场建设滞后和航程较短。

(三)金融服务

1. 银行业

1987年8月在老挝中央人民革命党委员会会议上提出经济改革计划，计划建立以央行为中心、商业银行为主题的两级银行系统。随着20多年经济金融改革的成功，老挝银行业的发展有了相当大的改善，从解放前的老挝国家银行(中央银行)掌握全部金融业，到现在的两级银行制度；从单一的4家国有商业银行发展到有合资银行(外商与老挝政府合资)、私人银行(全资银行)约23家，并允许外国金融机构开办分支机构，促进和改善了老挝金融业的发展。

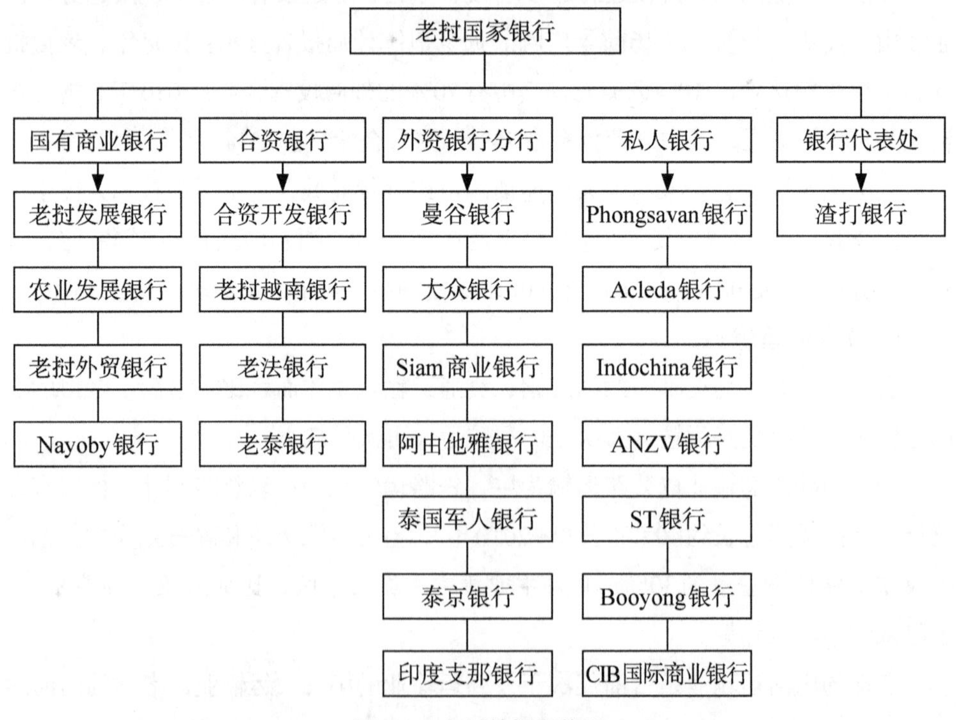

图5-1　老挝的银行体系

2. 保险行业

目前老挝市场上共有6家保险公司运营，其中以老挝保险公司（Assurances Generales du Laos，简称AGL）为首。该公司是老挝政府与法国保险公司于1990年12月建立的股份制公司，老挝政府持股49%，法国保险公司持股51%，股金共 200万美元。现老挝保险公司在全国开设了17个分支机构，业务遍及全国，信誉良好，年利润额达到2亿美元，为个人和机构消费者提供了一系列完善的保险产品。

2008年1月8日，越南投资和发展银行（BIDV）、越南BIC保险公司、老挝外商银行（BCEL）、老—越联营银行（LVB）四方代表在老挝万象签署成立“老—越联营保险公司（LVI）协议”，成立老—越保险公司，该公司是老挝保险行业第二大公司，主要从事人寿和非人寿保险业务。

随着外商投资需求增长，老挝政府进一步开放本国银行、保险业务，来自日本、泰国、越南等国的保险公司也相继在老挝开立了保险业务。

三、第三产业发展布局

老挝的第三产业主要集中在老挝的城镇、经济特区和经济走廊。在经济特区和经济走廊建设以前，老挝的第三产业主要集中在老挝的城镇，尤其是老挝的首都和各省会城市。21世纪以来，经济走廊和经济特区在老挝的第三产业中的比重越来越大。

老挝的第三产业主要集中在老挝的中部地区，其次是北部，最后是南部。老挝中部4个省份的第三产业比重就占据全国的三分之一，老挝首都万象也位于中部，该地区的第三产业主要是以商业、金融、交通运输、酒店与餐饮和其他的服务行业为主。

老挝北部8省以交通运输、酒店与餐饮和金融为主。北部的琅勃拉邦省是著名的旅游大省和经济中心；西北部有连接中国和泰国的“南北经济走廊”。

老挝南部的第三产业主要以交通运输、城镇的商业和酒店与餐饮为主，此外，沙湾拿吉省的金融服务在不断地成长。

第二节 交通运输业的发展和布局

一、交通运输业的发展情况

老挝是中南半岛上唯一的内陆国，交通运输业经过长时间发展，仍比较落后，主要依靠公路，其次是内河，再次是航空和畜力。老挝很多地方还没有通公路，而且现有公路养护不力，新公路建设缓慢；内河流域的河道险滩使水上运输受限；机场建设落后，除了首都万象之外，都不能起降大飞机。

老挝的陆路运输业以公路运输为主，铁路运输几乎可以忽略不计。根据官方统计，老挝道路总长约40 000公里（2010年），主要以泥土路和碎石路为主，柏油路仅占道路建设总量的30%，并且主要集中在城市地区，如万象、沙湾拿吉、占巴塞和琅勃拉邦等。

老挝的内河运输业是目前仅次于公路运输业的第二大运输业。老挝的内河运输线长3 000公里，湄公河在老挝境内全长1 800多公里，流经13个省（市），沿湄公河有20多个小型码头，2009年货运占全国的20.59%，客运占全国的4.38%。湄公河的内河航运连接老挝上、中、下寮三大部分，沟通中、缅、老、泰、柬、越6国的交通运输，南塔河、南乌江、南堪河、南俄河、南嘎丁河、色邦发河、色邦亨河等嵋公河主要支流是民间内河运输的重要交通线。

相较于公路运输业和内河运输业来看，老挝的航空运输业是老挝最快捷和最先进的运输方式。老挝的航空主要运输的是乘客和物资，因为老挝国内的机场建设滞后和航程较短。

近年来，老挝政府积极参与国内交通的建设，专门成立公共与交通部来进行管理，很多重大的交通运输项目得以执行，如南北经济走廊间的公路、东西经济走廊的9号公路以及13号公路。与此同时，老挝的交通建设还得到了国际社会的大力支持，如亚洲开发银行援助的经济走廊建设、中日援助的老挝机场建设以及泰国和中国援助老挝的水上运输建设等。老挝政府将每年接收贷款和援助的60%以上，即4 800万～6 000万美元用于公路和桥梁建设。

目前，老挝陆路客运量约占全国旅客运输总量的90%以上，陆路货运量约占全国运输总量的85%以上。老挝水运增长较快，客运量从1976年的13.4万人次增长到2008年的181万人次，增长了13.5倍；货运量从1976年的202万吨增长到

2009年的96.1万吨。老挝的航空运输发展也较为迅速，老挝航空的乘客从1976年的1.6万人次，增长到2009年的32.04万人次，增长了20倍；老挝航空的货运从1976年的100吨左右，上升为2009年的4 000吨。

表5-5　老挝1976—2009年客运交通结构表

年份	总计	陆路运输（%）	水上运输（%）	航空运输（%）
1976	100	93.17	6.10	0.73
1980	100	95.69	3.07	1.24
1985	100	95.81	3.24	0.95
1990	100	95.52	3.56	0.92
1995	100	96.04	3.16	0.80
2000	100	87.56	9.78	2.66
2005	100	96.16	1.75	2.09
2007	100	93.52	4.77	1.71
2008	100	94.76	4.48	0.76
2009	100	94.75	4.38	0.87

资料来源：老挝统计局，http://www.nsc.gov.la/

表5-6　老挝1976—2009年货运交通结构表

年份	总计	陆路运输（%）	水上运输（%）	航空运输（%）
1976	100	91.85	8.12	0.03
1980	100	91.57	8.19	0.24
1985	100	92.59	7.29	0.12
1990	100	82.51	15.87	1.62
1995	100	64.62	32.8	2.58
2000	100	70.83	29.11	0.06
2005	100	76.24	22.38	1.38
2007	100	81.23	18.76	0.01
2008	100	80.55	19.44	0.01

资料来源：老挝统计局，http://www.nsc.gov.la/

二、陆地运输业

老挝多山地、高原，地形条件复杂，使得铁路建设极为困难，因此，公路运输在老挝的陆地运输中占有主体地位，公路运输量在全国运输总量中占有相当大的比重。

南北向的13号公路为主，连接各支线，沟通国内主要的城镇。

老挝的公路大致分为三个等级，一是柏油路；二是碎石路；三是泥土路。由于陆地运输对老挝经济起着至关重要的作用，因此老挝的陆地运输发展相对较快。

表5-7 老挝1976—2009年国内的道路情况（单位：公里）

类型	1976年	1980年	1985年	1990年	1995年	2000年	2005年	2009年
柏油路	1 427	1 935	2 350	3 346	2 446	3 897	4 586	4 882
碎石路	4 371	4 174	3 253	4 775	5 138	5 315	11 608	13 864
泥土路	5 664	6 114	6 780	5 850	10 779	15 878	17 667	20 293
总长	11 462	12 223	12 383	13 971	18 363	25 090	33 861	39 039

资料来源：老挝统计局，http://www.nsc.gov.la/

1979年，老挝的公路总里程为11 462公里，其中，柏油路1 427公里，碎石路4 371公里，泥土路5 664公里；1990年公路总里程为13 971公里，其中柏油路3 346公里，碎石路4 775公里，泥土路5 850公里；2000年公路总里程为25 090公里，其中柏油路3 897公里，碎石路5 315公里，泥土路15 878公里；2009年公路总里程为39 568公里，其中柏油路4 882公里，碎石路13864公里，泥土路20 293公里。想对比之下，2009年公路总里程较1976年增长了将近3倍，但经过分析，可以看出，老挝的公路发展较快的主要是泥土路，柏油路发展相对缓慢。没有良好的公路运输系统，严重制约着老挝经济的发展。

近几年来，老挝政府将公路建设列为国家重点建设项目，集中精力，通过寻求援助，采取政策集资等方式，力图加快公路建设的进程。老挝政府将1号和13号公路的建设列为重点项目，1号公路是20世纪60～70年代由中国援助修建的全天候的沥青路，但是一直缺乏有效的维修和养护，公路的损毁十分严重，车辆运行十分困难。13号公路是20世纪20年代由法国等援助修建的，原为单车道碎石路面，现已经改造为全天候沥青路面。老挝政府通过向亚洲开发银行寻求贷款援助，同中国、泰国、越南等国家相互合作，已经开始了对1号公路和13号公路的维修和扩建工程，13号公路扩建以后，全长将达到1 351公里，成为连接中、老、柬、泰、越5国公路网中的中南半岛公路主要干线。

除了对1号公路和13号公路进行维修和扩建，老挝政府还对8、9、10、12号公路进行维修和扩建。“8号公路自波里坎塞省巴卡丁县的班老至老越边境，全长140公里，向东至越南荣市海港。9号公路自沙湾拿吉的坎布里至老越边境，全长244公里，向东至越南重要海港岘港。10号公路自万象市东伦至万象省中部的交通要道杜拉空镇，全长121公里。12号公路自甘蒙省他曲市至老越边境，与越南公路网想接，可达沿海城市。”①

随着老挝公路运输系统的不断建设，老挝的客运量与货运量也有了大量的提升，1976年，老挝的公路运输客运量为204.6万人次，2000年为1 642万人次，2009年为3 915.7万人次；1976年老挝的公路运输货运量为24.9万吨，2000年为163.5万吨，2009年为370.7万吨。客运、货运增加了15倍之多，大大促进了老挝经济的发展，这得益于老挝政府对公路运输系统的的大力建设。随着老挝政府政策的实行，老挝的陆地运输系统将进一步得到改善和加强，为老挝经济的发展贡献更多的力量。

表5-8　1976—2009年老挝陆路货运和乘客输送统计表

	1976年	1980年	1985年	1990年	1995年	2000年	2005年	2009年
货运量（万吨）	24.9	38.2	63.5	55.1	95.0	163.5	259.2	370.7
乘客（万人次）	204.6	556.6	947.0	1 258.8	1 324.3	1 642.6	3 488.7	3 915.7

资料来源：老挝统计局，http://www.nsc.gov.la/

三、水上运输业

湄公河连接了老挝上、中、下寮三大部分，沟通了中、缅、老、泰、柬、越6国的交通运输，南塔河、南乌江、南堪河、南俄河、南嘎丁河、色邦发河、色邦亨河等峭公河主要支流是民间运输的重要交通线。但由于老挝国力有限，加之长期的战乱和其他政治因素，这些江河至今还未能有效地开发利用。20世纪中期，

① 马树洪，方芸：《列国志老挝》，北京：社会科学文献出版社，2004年版，第211页。

一些西方国家和国际开发机构曾对开发利用嵋公河进行过多次考察和勘测，并制订过不少开发利用规划，但至今大部分尚未能付诸实施。因此，现在老挝江河可用作交通运输的部分，基本上是天然河道，未进行过人工疏导。

（一）主要航道

内河是目前老挝仅次于公路的居第二位的交通运输线。老挝的水路运输线长约3 000公里，湄公河在老挝境内全长1 800多公里，流经13个省（市），沿湄公河有20多个小型码头。湄公河的内河航线在老挝境内可以分成7个自然航段[①]。

1. 南腊河口至会晒航段：航程220公里，河道宽窄不一，多明礁暗石和险滩，水流时急时缓。除清盛一带地势较为平坦外，其余地段大多是深山密林和峡谷陡坡，人烟稀少，河道航运较为困难，洪水期可通航40～50吨江轮，枯水期只能通航10～30吨小舟船。

2. 会晒至琅勃拉邦航段：航程330公里，途经孟巴塔、北本、北乌等重镇。河床多为岩石结构，河道中礁石和险滩较多。其中，北乌至琅勃拉邦河段有许多河岛，枯水期为明礁，洪水期为暗礁。全年均可通航40吨级驳船，洪水期可通航50～60吨驳船。

3. 琅勃拉邦至万象段：航程420公里，途经巴莱、孟南和沙拉空等县城，巴莱以北河段多急流、险滩和礁石，河宽300～800米，巴莱—万象河道地势平坦，河宽800～1 000米，全年可通航30吨驳船，洪水期可通航80～100吨江轮。

4. 万象至他曲航段：航程386公里，途经塔莫、北汕、巴嘎丁和欣奔等城镇，全航段均为优良的自然河段，河宽为1 000～2 000米，全年可通航50吨级驳船，洪水期可通航300～400吨级江轮。

5. 他曲至沙湾拿吉航段：船程91公里，沿岸地势平坦宽阔，河道全部为优良河段，水流十分缓慢，河宽1 000～2 000米，全年可通航60吨级驳船，洪水期可通航300～500吨级江轮。

6. 沙湾拿吉至巴色航段：航程236公里，河段中有锦马叻险滩，还有许多暗礁、石壁和急流，河段间水深和河宽相差很大，枯水期只能通航10吨以下的小舟船，有时不能通航，洪水期可通航80～100吨级江轮，但航行的危险性较大。

7. 巴色至隆孔（康岛）航段：航程156公里，河段中岛屿石山和礁石众多，计

① 马树洪编：《当代老挝经济》，昆明：云南大学出版社，2000年版，第326～327页。

有4 000余座，河宽1 000～4 000米，最宽处（含河岛）为15公里，全年可通航30吨级驳船，洪水期可通航100～200吨级的江轮。

（二）老挝的出口港口和路线

作为一个无出海口的内陆国家，经第三国的水陆联运模式是老挝对外贸易的必然选择。因此，老挝出口的竞争力关键在于港口和运输路线的选择，在路线和海港上旅行费用和时间也起着重要的决定作用。有研究表明，考虑成本和时间因素，通过曼谷空堤（Khlongtoey）港口经新加坡的水陆运输模式是最有效的；而随着老挝和越南之间经济合作的加强，以及越南深海港口发展政策的推动，老挝经越南出口也是一条不错的选择线路。

一般来说，由买家决定货物运输到第三国的路线和海港，但在航线的选择上，海港和原产地之间的距离以及海港的状况都是重要的影响因素。从距离上看，泰国曼谷是最适合从琅勃拉邦首都万象和甘蒙的出口地之一；越南岘港最接近老挝的南部地区，特别是沙湾拿吉和占巴塞；越南海防港则利于老挝商品出口日本、韩国等市场。但同泰国的港口相比，越南港口的运输成本和时间成本较高。

尽管老挝政府在努力推动国家双边、区域层面上的跨境贸易便利化，但获取通关文件耗费的时间和成本仍然是老挝出口的重要障碍。通过比较经越南海防和经泰国林查班港口出口至日本的货物涉及的文件和程序的数量可以发现：海防路线内陆总旅行时间是林查班路线的一半；但出口到泰国所需的文件数量是越南的一半，定期货物是受控货物的三分之一。由此可见，海防港在总运输成本方面的有较大的竞争力，减少通关文件数量，精简老挝商品经越南的出口程序，可以有效提升越南作为对老挝出口路线的竞争力。

（三）运力状况

从老挝内河的航运载来看，老挝的水上航运在近几年有了较大的发展。老挝的内河航运现在年输送旅客在180万人次以上，货运在年100万吨以上。老挝的水上运输的货运量从1976年的2.2万吨上升到2009年的96.1万吨，增长了44倍。内河的载客量也呈逐年增长之势。从1976—1995年，老挝的内河载客量大致在40万人次以内，2000年以后，载客量迅速上升，人数达到150万人次以上，内河载客量的增加一方面说明老挝经济发展取得了显著成绩，另一方面说明老挝人民生活水平的改善。

表5-9 1976—2009年老挝内河货运统计表

年份	货运量(万吨)
1976	2.2
1980	3.4
1985	5.0
1990	10.6
1995	47.6
2000	67.2
2005	62.1
2007	76.7
2008	88.3
2009	96.1

资料来源：老挝统计局，http://www.nsc.gov.la/

表5-10 1976—2009年老挝内河乘客统计表

年份	载客量(万人次)
1976	13.40
1980	17.90
1985	32.00
1990	46.90
1995	43.64
2000	183.50
2005	157.00
2007	196.30
2008	181.10
2009	181.00

资料来源：老挝统计局，http://www.nsc.gov.la/

四、航空运输业

相比于陆路运输和水上运输，航空运输业是老挝最快捷和最先进的运输方式。老挝的航空业发展较早，早在法国殖民地时期就开始了，老挝人民民主共和国成立后，在原有基础上对航空工业有了一个较大的发展。

20世纪60年代初，老挝就拥有各种机场64个。随着印支战争的爆发，老挝的机场增至150个之多。老挝人民共和国建立后，老挝政府对部分重要地区的机场进行了改建和扩建，另外大部分机场由于使用频率较低而逐渐被废弃。老挝在1976年建立了航空公司，总部设在万象。到90年代初，老挝主要的机场有万象瓦岱、丰沙湾、沙湾拿吉、琅勃拉邦、巴色、色诺、查尔平原；一般(临时)机场有孟新、南塔、孟赛、班南坝、邦太、本怒、丰沙里、乌太、乌怒、南育、会晒、暹弄。①

表5-11　2001—2009年老挝航空运力情况统计表

年份	客运量(万人次)	货运量(吨)
2001	44.7	1 400
2002	46.7	1 900
2005	41	1 500
2007	35.1	5 200
2008	51.7	7 700
2009	56.4	8 000

资料来源：覃主元：《战后东南亚经济史(1945—2005)》，北京：民族出版社，2007年版，第446页。

截止2011年，老挝有11个机场，使用的主要机型为空客A320、MA-6和ATR-72-500。老挝现有8条国内航线，分别是：万象—南塔，万象—琅勃拉邦，万象—会晒，万象—巴色，万象—沙湾拿吉，万象—乌多姆赛，万象—川圹，巴色—琅勃拉邦；16条国际航线，分别是：万象—曼谷，万象—河内，万象—昆明，万象—暹粒，万象—金边，万象—胡志明市，万象—新加坡，琅勃拉邦—清迈，琅勃拉邦—曼谷，琅勃拉邦—河内，琅勃拉邦—暹粒，琅勃拉邦—景洪，巴色—曼谷，巴色—暹粒，巴色—胡志明市，沙湾拿吉—曼谷。

① 马树洪、方芸：《列国志——老挝》，北京：社会科学文献出版社，2004年版，第225～226页。

瓦岱机场是老挝客货运输量最大的机场，其运输量占全国运输总量的2%，位于万象市中心以西3公里处，是民用和军用双用途的机场。瓦岱机场跑道长10 499英尺（3 000米），海拔高度564英尺（172米），老挝航空是该机场唯一驻场航空公司。机场有定期航班到昆明、金边、曼谷、胡志明市、河内、清迈等地，此外还有一些不定期的包机服务，目的地包括香港、新加坡以及世界各地。机场内有银行、商店、免税店、餐馆、邮局、饮料台和出租车站等，到市中心的出租车车费约6美元（54 000基普）。

第三节 国内商业的发展和布局

一、商业环境

老挝是亚洲最贫穷的国家之一，商业不发达。这主要是由于老挝地处内陆，无出海口，地形崎岖，交通不便；印支战争给老挝造成了严重的影响，社会问题严重，国内市场狭小；老挝党和政府对国内商业的限制和不作为。此外，老挝人民贫穷、消费指数低、易受到国际市场冲击等因素，也给老挝国内商业的发展带来较大影响。

由于老挝的交通不发达和老挝地处高原山地。老挝各经济中心之间、各城镇之间、各集市之间的商业往来很少。城镇之间的商业贸易主要是靠公路运输；而农村的贸易还主要依靠商贩来完成。

老挝总人口600多万，大多生活在农村，国内市场狭小。老挝城市化程度低，城市消费群体有限；农村商业更为落后，农村人口基本从事自给自足的农业生产。

老挝的商业政策对商业发展影响很大。建国初期，老挝国有化政策的实施，限制了国内商业的发展。尽管20世纪80年代末90年代初老挝实行了革新开放的政策，但是在税收、相关手续办理等政策规定上，还是不利于国内商业的发展。21世纪，老挝开始积极促进国内商业的发展，尤其以经济走廊、经济特区和经济专区为主要龙头，大力引进外资。目前，外资占老挝商业比重较大，2008年批发和零售总额的10.3亿美元中，外商投资企业占了70%。

二、发展历程

老挝自独立以来，国内长期陷于内战，经济落后，国民收入低，市场狭小。1954—1975年间，老挝“除万象有几家较大的商店外，省城仅有少数小店铺，县城大都只有小摊点，乡村定期集市”①。这一时期，城镇市场上的主要商品有棉衣、衣服、胶鞋、肥皂、牙膏、香皂、香烟、火柴、锅、碗和药品等；乡村市场上主要是山货、药材、土产、鸦片和农副产品等。在城镇，主要以店铺的方式交易，有金银首饰店、缝纫店、鞋店、竹器店、木器店、糕点店、米店、肉食店、副食店、杂货店、咖啡店、米线店和酒店等；在农村主要是以乡村集市的方式交易，乡村集市一般5～6天一次，其中商贩将工业品和日用百货贩运到乡村集市出售，然后把农村的农副产品带到城市中。

1976—1985年的十年中，老挝实行的是统购统销的政策，“禁止农民到市场上出售粮食和其他农产品”，“禁止私商收购、贩运和销售农产品和其他商品”；“禁止私人商号进口和出口商品”；推广公私合营。造成许多商店关闭，商人弃商务农、改行或出逃，市场萧条、商品短缺。②

表5–12　1976—1985年老挝商业发展情况统计表

	1976年	1980年	1985年
商店总数	不到1 000家	3 285家	8 574家
商品零售总额	10.3亿基普	18.16亿基普	158.62亿基普

资料来源：马树洪编：《当代老挝经济》，昆明：云南大学出版社，2000年版。

1976年老挝食品销售额为4.53亿基普，日用百货销售额为5.77亿基普；1980年国营商店有176家，合资商店有356家，个体商户有2 753家，食品销售额为4.97亿基普，日用百货为10.17亿基普。1985年的国营商店有417家，合资商店有1 271家，个体商户有6 886家，食品销售额为70.27亿基普，日用百货为88.35亿基普。

1986年老挝开始实行“革新开放”政策。在县以上的城镇兴建农贸市场、百货商场，电器、农具、家具和其他专营市场，以及各种店铺和摊位；在农村，集

① 马树洪编：《当代老挝经济》，昆明：云南大学出版社，2000年版，第24页。

② 马树洪编：《当代老挝经济》，昆明：云南大学出版社，2000年版。

市贸易又重新活跃了起来，一般每日一小集，五日一大集，主要的商品有：粮食、土特产品、手工艺品、日用百货、电器和其他工业品等。交易的方式是以货币交换为主，也有以货易货的方式。

食物消费指数在1999年达到591.4的高峰后，在2000年降为110.1；非食物消费指数也从1999年的538.1降为2000年的116.3；国家消费指数直接从1999年的566.9降为2000年的108.4；年平均价格指数由1999年128.4下降到2000年的23.1；食物价格指数由1999年的118.9下降到2001年的6.7；货币供应量从1999年的21 900亿基普增加到2000年的33 970亿基普[①]。

2000年以来，老挝的社会经济有了很大的发展。各项经济指标稳步提升，这与老挝整体商业环境的改变有很大关系。

表5-13　2008—2011年老挝国内的零售业和批发总额（单位：亿基普）

年份	2008	2009	2010	2011
比上年增长（%）	7.3	6.8	6.5	8.7
总额	87 417.88	93 332.49	105 319.27	134 168.88

资料来源：老挝国家统计局，http://www.usc.gov./a/

表5-14　2008—2012年老挝消费指数统计表

年份	国家消费指数	食物消费指数	非食物消费指数
2000年	108.4	110.1	116.3
2001年	116.8	117.5	116.3
2002年	129.3	128.8	129.7
2003年	149.3	148.4	150.0
2004年	164.9	163.8	165.9
2005年	176.7	176.4	177.0
2006年	188.8	193.0	185.3
2007年	193.3	208.6	187.9
2008年	92.9	89.6	92.9

① 数据来源：亚洲开发银行。

续表

年份	国家消费指数	食物消费指数	非食物消费指数
2009年	92.9	91.7	94.3
2010年	198.5	98.7	98.3
2011年	106.0	108.8	108.8
2012年7月	110.33	115.69	106.7

资料来源：老挝统计局，http://www.nsc.gov.la/

表5-15 2001—2012年老挝货币供应量与价格指数统计表

	货币供应量（亿基普）	平均价格指数	食物价格指数
2001年	36 760	7.7	6.7
2002年	49 310	10.7	9.6
2003年	61 890	15.5	15.5
2004年	105 930	10.4	10.4
2005年	141 490	7.2	7.7
2006年	199 830	6.8	9.4
2007年	306 470	4.5	8.1
2008年	371 530	7.6	11.2
2009年	479 050	——	2.3
2010年	634 690	6.0	7.7
2011年	724 670	7.6	10.2
2012年7月	27 790	2.22	5.24

资料来源：老挝统计局，http://www.nsc.gov.la/

三、行政部门及法律法规

（一）行政部门

老挝国内的商业主要是由老挝工业与商业部管理，另外还有老挝贸易促进中心、老挝工商总会、老挝海关、老挝国家商会等协助管理。

老挝的工业与商业部在1976年成立之初，被称为“经济与生产办公室”，由人员与预算办公室、行政与财务办公室、维护与运输部门和生产办公室4个部门组成；1976—1978年更名为“经济与计划部”，是一个综合的政府部门，由中央“经济与生产办公室”管辖；1978—1982年被称为“工业与商业部”，由常任秘书办公室、人事部门、统计与规划部门、工业部、矿产地质部、国内贸易部门、外贸部门、存货控制部门和电力部9个部门组成；1982—1988年变更为“商业部”，由常任秘书办公室、私人部门、劳动与工资部门、贸易合作部门、管理部门、财政部门、价格与计划部门、基础设施建设部门、外贸部门、国内贸易部门、会计部门和技术设备供应与交通部门12个部门组成；1988—1990年被称为“对外经济关系与商务部”，由投资办公室、人事部门、对外经济关系部和国内贸易部4各部门组成；1990—1992年更名为“旅游与商务部”，由常任秘书办公室、人事部门、国内贸易部、外贸部和国家旅游组织5个部门组成；1992—1998年更名为“商务部”，常任秘书办公室、人事部门、国内贸易部、外贸部、国家企业注册部和出口促进部6各部门组成；1998—2001年发展为“旅游与商务部”，由常任秘书办公室、组织与人事部、检验部、国内贸易部、外贸部、经济研究与旅游学院和国家旅游组织7个部门组成；2001—2006年回归为“商务部”，由常任秘书办公室、组织与人事部、检验部、国内贸易部、外贸部、商业经济研究所和老挝贸易促进中心7个部门组成；2006年至今被称为“工业与商业部”，由常任秘书办公室、组织与人事部、检验部、国内贸易部、产业部、对外贸易政策部、进出口管理部、生产与贸易推广部和商业经济研究所9个部门组成。

其中，老挝国内贸易部下主要有总体计划与合作部、商品和价格预测部、商品与价格监测部、贸易检验部和消费者保护部5个下属部门构成。其主要职责是：第一，监测国内贸易目前的总体发展状况，对今后的国内贸易发展做一个简要的规划；第二，是对国内主要商品的价格和商品供应做监测，为上层做决策提供信息帮助；第三，对国内市场上的主要商品做检查检疫；第四，保护消费者的权益。

（二）法律法规

在革新开放后，老挝为促进国内商业的发展，积极颁布有关经济发展的法律。主要有1990年颁布的《老挝人民共和国合同外责任法》，1994年颁布的《老挝人民共和国企业法》，1997年颁布的《老挝人民共和国税法》、2005年颁布的《老挝人民共和国海关法》等。此外还有《老挝人民共和国保险法》、《老挝人民共和国银行法》、《老挝人民共和国土地税条例》、《老挝人民共和国经济纠纷处理规则》、《老挝人民共和国所有权法》、《老挝人民共和国企业破产法》、《老挝人民共和国合同法》、《老挝人民共和国鼓励外国投资法》等。

1991年8月15日颁布的老挝宪法在第2章第14条规定："国家保护和促进国内外所有投资者在老挝的投资方式，包括国家所有制、集体所有制、个体所有制和私人所有制。国家鼓励所有经营单位进行竞争和相互合作的经营活动，所有经营单位在法律上一律平等。"在管理方式上，老挝取消中央计划经济方式和行政官僚的经济管理机制，鼓励多种规模的经营方式共同发展，在政企分开的基础上建立新的适合经济发展的管理机制。

老挝一方面着手完善法律法规；另一方面积极地推动政策调整。老挝当局也认识到只有国内商业贸易的发展，才能促进老挝社会经济的发展；老挝为了发展国内的商业贸易，不断地完善商业经济法规。老挝的法律法规，为老挝今后的商业经济的发展制定了规则，他还将不断地完善和发展，指引老挝商业经济往健康的道路上发展。

目前，在老挝的投资公司创立审批时间已经从2004年的153天缩短到2008年和2011年的93天，所需的9个步骤减少到现在的7个。老挝中小企业的税收项目进行了简化，2012年4月颁布的税法通则修订版，开始对中小型企业实行推定课税制度。经商的国家成本从2004年占人均收入的23.9%下降到2008年的14.7和2012年的7.6%，而实际上，老挝在2007年后就取消收取此类费用。

第四节　对外经济合作的发展和布局

一、进出口贸易

进出口贸易是老挝经济发展的主要动力之一。随着外国直接投资的持续增加、大湄公河次区域(GMS)和东盟的建立、老挝进行区域经济一体化改革、老挝政府采取促进国家的出口发展的政策、鼓励所有的经济部门生产适合出口的产品。从1995年到2010年，老挝平均出口年增长率为30%以上，特别2006出口增长率接近两倍，2007年增长迅速，2008年为40%，2009年和2010年有小幅度下降。下图显示了老挝2000年到2010年的进出口增长过程。

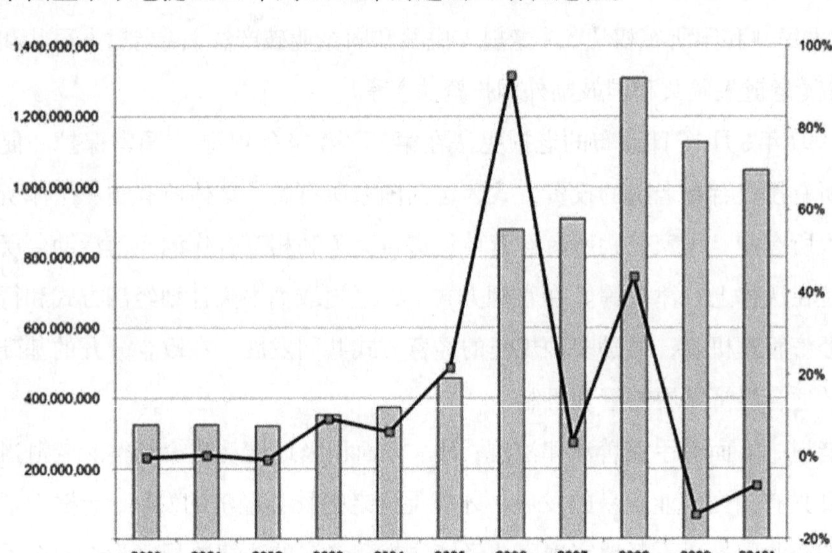

图5—2 老挝2001—2010年贸易出口额及增长率（单位：美元）

数据来源：老挝工商部，2010。

2012财年，老挝进出口总额42.63亿美元，下降0.9%。受老挝本币升值及欧债危机等因素影响，制衣业等工业产品出口大幅减少，全年出口额仅16.96亿美元，同比下降16.3%；同时由于主要进出口中转国泰国遭遇洪灾，产品和运输成本提升，老挝全年进口25.67亿美元，同比增长7.8%。贸易逆差8.71亿美元。2012财年批准国内外投资项目158个，吸引外资26.9亿美元，超计划76%。

2013财年上半年，老挝进出口总额20.4亿美元，同比增长9.4%。其中，出口8.8亿美元，同比增长6.7%，完成计划的42.71%，进口11.61亿美元，同比增长15.78%，完成全年计划的69.7%，贸易逆差2.8亿美元，较去年同期增长30%。①

老挝对外贸易呈现出以下几个显著的特点：一是增加制成品的出口规模，积极引进生产生活用品；二是立足于周边国家，如老挝、泰国、中国以及日本、韩国等国家，积极发展与西方国家的经贸关系；三是推动出口额的增加，减少贸易逆差。

老挝的出口获得了许多国家的优惠待遇。它的出口产品得到发达国家和东盟原始成员国的优惠待遇。老挝已经获得除武器外的欧盟普惠制待遇，并且获

① 中华人民共和国驻老挝经商参处，http://la.mofcom.gov.cn/article/zwjingji/201311/20131100379643.shtml

得免除欧盟配额出口的特殊纺织品协议。自2003年7月，所有出口到澳大利亚和新西兰的产品获得免费的关税和配额。在2003年，老挝与美国签署了一项双边贸易协议，并且在2004年11月于美国开展正常贸易关系(NTR)，即打开国门与美国建立广泛进口/出口关系的市场。老挝于1997年开始申请加入世界贸易组织（WTO)，并于2012年10月26日正式成为世界贸易组织的一员。加入世界贸易组织是老挝走向更加对外开放的关键一步，它将促使老挝更加紧密融入世界经济一体化的进程，推动国内社会经济发展。老挝加入世界贸易组织面对的机遇和挑战将在下文进行具体分析。

在老挝的进出口贸易中，进口一直大于出口，即老挝在独立以来一直都处于贸易逆差之中。老挝的进口物资主要是一些日用工业品、生产设备、运输工具、武器和高科技产品等生产生活用品；出口的物资主要是农产品、林产品、矿产资源和水电等初级产品。主要的贸易国有中国、美国、日本和东盟国家等。

老挝进出口状况取得改善的时期是在老挝的第六个国家五年社会经济发展计划期间（2006—2010年）。在2007年和2008年，老挝的进出口基本平衡，这主要是因为在这两年外商直接投资的增长促进老挝出口行业发展，特别是在以自然资源为基础的部门表现明显。不过，由于采矿行业在2014年和2015年有下降的趋势，所以其他工业领域出口的发展对老挝促进贸易平衡也是非常重要的。

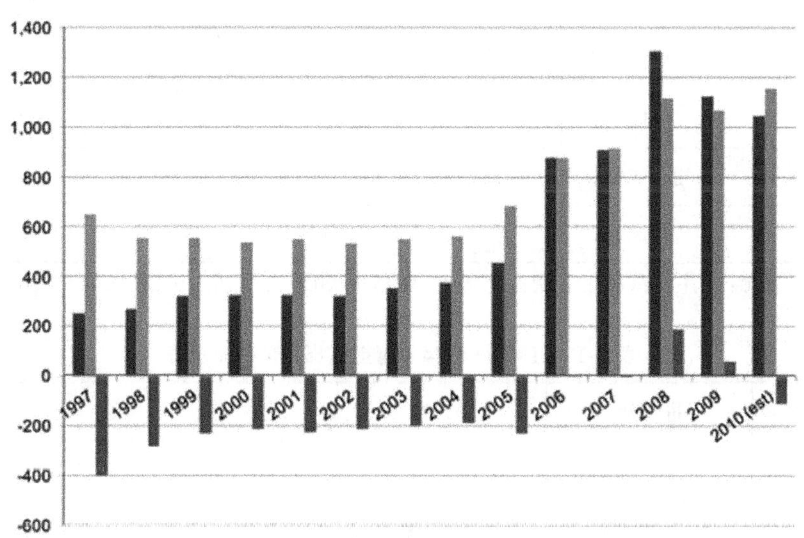

图5-3　老挝2001—2010年对外贸易顺逆差情况（单位：百万美元）

数据来源：老挝工商部，2010。

1954—1975年，老挝主要进口的物品有衣料、成衣、纸张、加工食品、油料、珠宝、武器、仪器、运输工具、水泥、药品、糖、大米、机械、金属制品、贵重金属、橡胶制品和化工产品等生产生活用品，出口的物品有锡矿砂、安息香、方材、砂仁、石膏、咖啡、层板、板材、圆木、电力、紫胶、金鸡纳、鸦片等农副产品和矿产品。主要的贸易伙伴有泰国、新加坡、日本、英国、香港地区和美国，其中泰国是老挝最大的进出口贸易伙伴（见表5-16）。1960年的贸易总额是13.488亿基普，1962年的贸易总额是19.9099亿基普，到了1974年的贸易总额是0.76亿美元（见表5-17）。

表5-16 1968—1972年老挝与泰国等国进出口贸易额所占对比情况

年份	泰国	新加坡	日本	英国	美国
1968年	出口63%	——	——	——	出口9%
	进口26%	——	进口14%	进口3%	进口16%
1969年	出口74%	——	——	——	出口11%
	进口18%	——	进口11%	进口2%	进口7%
1970年	出口70%	出口40%	——	——	出口10%
	进口35%	——	进口15%	进口2%	进口13%
1971年	出口43%	出口52%	——	——	——
	进口26%	——	进口19%	进口2%	进口16%
1972年	出口39%	出口57%	——	——	——
	进口47%	——	进口10%	进口1%	进口17%

资料来源：覃主元：《战后东南亚经济史（1945—2005）》，北京：民族出版社，2007年版。

表5-17 1960—1974年老挝进出口总额情况表

年份	进口额	出口额	贸易逆差	进出口总额
1960年	13.28亿基普	0.208亿基普	13.072亿基普	13.488亿基普
1962年	19.29亿基普	0.6199亿基普	18.6701亿基普	19.9099亿基普
1964年	41.35亿基普	2.133亿基普	39.217亿基普	43.483亿基普

续表

年份	进口额	出口额	贸易逆差	进出口总额
1966年	100.38亿基普	3.577亿基普	96.803亿基普	103.957亿基普
1968年	128.78亿基普	14.48亿基普	114.3亿基普	143.26亿基普
1970年	2.287亿美元	11.43亿基普	——	——
1972年	1.718亿美元	0.2483亿美元	1.4697亿美元	1.9663亿美元
1974年	0.65亿美元	0.11亿美元	0.54亿美元	0.76亿美元

资料来源：覃主元:《战后东南亚经济史(1945—2005)》，北京：民族出版社，2007年版。

1976—1985年，老挝出口的商品主要有电力、圆木、板材、层板、方材、咖啡、砂仁、锡矿砂、安息香、石膏等，进口的商品主要有汽油、水泥、钢铁、纸张、布料、汽车、药品、糖、自行车、大米、食盐等。主要的贸易伙伴有泰国、美国、新加坡等国家。

表5-18　1976—1985年老挝出口物品的统计表

出口物品	1976年	1980年	1985年
电力	1.57亿度	7.67亿度	7.16亿度
板材	29 000立方米	11 000立方米	15 000立方米
层板	41 000张	74 000张	65 000张
方材	30 000立方米	35 000立方米	50 000立方米
咖啡	2732吨	1 219吨	29 000吨
砂仁	2吨	2吨	75吨
锡矿砂	1 000吨	——	1 000吨
安息香	——	10吨	8吨
石膏	——	3 000吨	70 000吨
圆木	1 000立方米	16 000立方米	4 000立方米

资料来源：马树洪编:《当代老挝经济》，昆明：云南大学出版社，2000年版。

表5-19 1976—1985年老挝进口物品的统计表

进口物品	1976年	1980年	1985年
汽车	591辆	902辆	524辆
汽油	1 000吨	56 000吨	50 000吨
水泥	5 000吨	16 000吨	65 000吨
钢铁	7 000吨	9 000吨	20 000吨
纸	677吨	866吨	1 077吨
布料	16.2万米	10.6万米	782.4万米
药品	43.2万美元	108.7万美元	260.5万美元
糖	3 132吨	362吨	4 000吨
自行车	3 000吨	3 000辆	12 000辆
大米	45 000吨	1 000吨	7 000吨
食盐	1 000吨	900吨	500吨

资料来源：马树洪编:《当代老挝经济》，昆明：云南大学出版社，2000年版。

1986—2000年间，老挝对外出口商品在原来单纯靠自然资源、农副产品和电力的基础上，增加了服装、啤酒、工艺品和木竹藤等制成品，老挝的主要进口商品有汽车、燃油、自行车、水泥、钢材、棉纱、衣料、纸张、药品、白糖、炼乳、缝纫机、大米等。主要的贸易伙伴有泰国、中国、新加坡、日本、美国、越南和西方一些国家，其中泰国仍然是老挝的最大贸易伙伴。老挝向泰国的年出口额为10亿～20亿泰铢，老挝从泰国年进口额为40亿～80亿泰铢。此外中国也是老挝的重要贸易伙伴，1991年中老贸易总额为0.1337亿美元，1995年中老贸易总额为0.5422亿美元，2000年中老贸易总额为0.4084亿美元。

表5-20 1991—2000年的老挝进出口贸易总额情况（单位：万美元）

年份	进出口总额	出口额	进口额	贸易逆差
1991	39 800.5	14 930	2 870.5	9 940.5
1992	41 978.8	17 610	24 368.8	6 758.8

续表

年份	进出口总额	出口额	进口额	贸易逆差
1993	56 754.3	22 313.5	34 440.8	12 127.3
1994	70 387.2	23 846.2	46 541	22 694.8
1995	108 735.3	38 965.1	69 770.2	30 805.1
1996	93 322	24 712.7	68 609.3	43 896.6
1997	92 055.4	21 745.4	70 310	48 564.6
1998	85 037.7	25 105.4	59 932.3	34 826.9
1999	76 810.1	27 105.9	49 704.2	22 598.3
2000	86 453.5	32 397.4	54 056.1	21 658.7

资料来源：覃主元：《战后东南亚经济史（1945—2005）》，北京：民族出版社，2007年版。

老挝工贸部统计数据显示，2011财年，老挝对外贸易额为43.02亿美元，同比增长24.3%。其中，出口19.77亿美元，增长10.5%；进口23.25亿美元，增长39.1%。2008—2011财年，老挝对外贸易差额分别为-3.37、-2.75、1.18和-3.48亿美元，贸易差额基本维持稳定。2011财年，木材和木材产品（0.51亿美元、38.2%）、农产品和养殖产品（1.37亿美元、14.9%）、林产品（0.03亿美元、222.4%）、矿产（10.79亿美元、2.9%）、宝石（0.17亿美元、33.7%）出口增长较快，电力（1.78亿美元、-38.3%）、工业和手工业产品（2.63亿美元、-6.6%）出口呈负增长；一般商品（5.10亿美元、32.7%）、贷款项目项下免税商品（0.58亿美元、203.4%）、进口增长较快，政府管控商品（3.89亿美元、-22.5%）、投资项目项下进口（5.80亿美元、-17.2%）、国际组织机构进口（0.02亿美元、-43.9%）、无偿援助（0.40亿美元、-33.5%）进口呈负增长。

据老挝工贸部统计，2011财年老挝前五大贸易伙伴分别是泰国、中国、越南、日本、瑞士，双边贸易额分别为18.32、3.17、2.99、0.87、0.65亿美元。同比分别增长-24.2%、66.8%、31.1%、13.0%、27.5%。泰国以其地缘优势继续稳居老挝第一大贸易伙伴位置。

表5–21 2001—2012年老挝进出口贸易总额情况(单位：百万美元)

年份	进出口总额	进口额	出口额	贸易逆差
2001	830	510	320	191
2002	748	447	301	146
2003	798	462	336	127
2004	1 076	713	363	349
2005	1 432	882	553	329
2006	1 942	1 060	882	178
2007	1 988	1 065	923	142
2008	2 495	1 403	1 092	311
2009	2 514	1 461	1 053	408
2010	3 806	2 060	1 746	314
2011	4 276	2 423	1 853	570
2012	4 263	2 567	1 696	871

数据来源：东盟秘书处，http://www.aseansec.org/

老挝加入WTO对本国的对外经济发展来说，机遇与风险并存。首先老挝的对外贸易将会显著增长，贸易量也会迅速增长，贸易伙伴不断增多。其次加入WTO将会促进老挝的出口，减少贸易逆差，优化对外贸易结构。第三，加入WTO后，老挝将积极引入先进的科技和管理，提高国内的生产力，提升人民生活水平，有助于老挝国内的社会经济的发展。与此同时，国际社会也将会对老挝国内薄弱的经济基础造成巨大的冲击：第一，外资不断地涌入，将会加剧外资对老挝经济的控制，增加了老挝经济社会的风险；第二，国际社会科技水平高、廉价的产品会大量涌入老挝市场，对老挝薄弱的工业基础造成巨大的打击；第三，老挝政府和企业应对国际市场风险抵御的能力，将会承受巨大的考验。

二、外国的投资和经济援助

外国的投资和经济援助是老挝社会经济发展的主要动力。老挝独立以来的30年里(1954—1975年)，老挝社会经济的发展主要依靠外援，而外国的投资则几乎为零。外国投资开始于老挝1980年的“革新开放”，随后外国对老挝的投资如雨后春笋，遍布老挝的各个行业，外国投资与援助一起构成了老挝社会经济发展的主要组成部分。特别是在老挝加入WTO以后，外国的投资和经济援助将会再上一个新的台阶。

（一）外国投资

自1997年7月以来，老挝正式成为东南亚国家联盟（东盟）成员国后，外国直接投资不断提高。从1989年到2008年，外国直接投资的总数量大约170亿美元，并建立了约1 600个项目。60%的外国直接投资都集中于电力部门（约98亿美元到2008年），手工艺业和农业部门约分别为11%（18亿美元）和9%（16亿美元）。自2003年以来，增加的资金也投入到采矿业（12亿美元，2008年），占外国直接投资总额的7% 。在第五个国家五年社会经济发展计划中，外国直接投资约占19亿美元，但是从2006—2010年，外国直接投资大幅增加至约130亿美元。对于老挝在此期间（2006—2010年）成功实现它的GDP增长大约8%的宏观经济目标来说这是一个非常重要的因素。第七个国家五年社会经济发展计划、老挝2020年战略目标的实现、老挝2020年工业再调整、老挝三角区域的发展等都需要大量的外国投资，以推动老挝社会经济发展和战略目标的实现。1986—2000年，老挝吸纳外资的主要行业是：农林牧业、工业、手工业、采矿、交通、通讯、旅游和其他社会事业的建设。主要的投资国和地区有中国、中国澳门、中国台湾、韩国、日本、泰国、法国、英国、加拿大、澳大利亚、瑞典、越南等。其中，1988—1990年间，中国的投资额居第一位，达1.2亿美元。

表5–22　1988—2000年外资对老挝的项目数和投资额情况统计表

年份	项目数（个）	金额（百万美元）
1988（后五个月）	8	3.302
1989	51	64.552
1990	47	35.291
1991	70	161.393
1992	99	141.71
1993	154	159.26
1994（前7个月）	132	567.79

续表

年份	项目数(个)	金额(百万美元)
1995	63	534
1996	63	114
1997	62	98
1998	69	98
1999	60	108
2000	45	27

数据来源：覃主元:《战后东南亚经济史(1945—2005)》，北京：民族出版社，2005年版；马树洪:《当代老挝经济》，昆明：云南大学出版社，2000年版。

2000年至今，外国在老挝投资进一步增长。主要的投资国有中国、澳大利亚、越南、泰国、马来西亚、日本、韩国等；主要的投资领域有：工业、服务业、采矿业、交通、水电站、通讯、农林牧业、手工业、旅游业等。近几年，泰国、越南成为老挝最大的投资国。

表5-23 2001—2011年外资对老挝的项目数和投资额情况统计表

年份	投资项目(个)	投资额(亿美元)
2001	63	10.17
2002	102	1.10
2003	161	5
2004	661	5.3
2005	127	12.5
2006	171	10.4
2007	191	9.71
2008	162	11.79
2009	208	34.48
2010	261	17.01
2011		19.002

资料来源：老挝统计局，http://www.nsc.gov.la/

1994年4月12日，老挝国会颁布了新的投资法，规定政府不得干涉外资企业的事务，允许外资企业汇出所获利润；外商可在老挝建独资企业、合资企业，并获5年所得税优惠。2004年，老挝继续补充和完善外商投资法，放宽矿产业投资政策。2009年，老挝修订了投资法，把国内投资法和外国投资法合并在一起，其中49条规定外商投资的主要领域是：农业、工业、服务业和手工业。

当前外国对老挝的投资主要有三种类型：（1）一般商业（工业和商业部颁发经营执照）；（2）特许经营（计划投资部颁发特许经营证）；（3）经济特区和特别的经济区域的发展活动（国会的经济特区秘书处颁发经营证书）。这三种类型按照资本提供方式，又可以划分为三种模式是：（1）100%拥有的模式（外国人和商业机构可以申请）；（2）共同经营的模式（外国人、外国的联合公司或者公司法人可以申请）；（3）协议商业模式（外国公司可以通过与本地合作者签协议来生产、销售）。

（二）经济援助

经济援助在老挝的社会经济中占有重要的地位。从1954年老挝独立开始到今天，外国的经济援助是老挝经济发展的主要动力，其中1954—1985年的这一段时间里老挝的财政基本上是依靠国际援助。之后，老挝对国际援助的需求有所减少，但国际援助仍占有重要的地位。

20世纪90年代中期以来，老挝接受大量的经济援助，从1975年老挝人民民主共和国建立到1990年的15年间，老挝政府共接收23.47亿美元的援助和抵息贷款。以后世界各国和组织对老挝的援助也在逐年上升，2011年，老挝获得的国际援助一共有6.3亿美元。

1955—1975年，老挝的主要援助国有美国、法国、英国、日本、澳大利亚、中国和其他国家，还包括科伦坡计划等国际组织，其中来自美国的援助量居首位。美国在这一时期的军事援助占到了援助总额的3/4，对老挝王国政府的援助占到了1/4，另外美国在灌溉、公路建设、公共工程、教育、航空运输、卫生保健和社会发展等方面也有援助；法国为医学、法律、行政管理、一般职业和中等教育等学校提供师资，另外还为修建学校、修筑水坝、兴建纺织厂、开采锡矿、勘探石油和开发川圹省的铁矿等予以援助；英国在交通、保健方面向万象、琅勃拉邦提供援助，并向巴色天线广播电台提供财政和技术援助；日本为老挝的水电站、万象供水系统、万象瓦岱机场等工程建设予以援助；澳大利亚在农业、交通、采矿和教育等方面给予老挝财政、技术设备和技术人员的援助；中国的援助主要包括：一般物资、成套项目建设和提供现汇等。其中中国援助的一般物资是：大米、医药、运输工具、布匹、其他日用工业品等；成套项目建设有：公路建设、水电站建设、汽车修理厂、水泥厂、印刷厂、广播电台、驻北京代表机构用房等。

表5-24 1959—1975年美国、中国等国援助老挝的金额统计情况

年份	美国	法国	英国	日本	澳大利亚	中国	科伦坡计划
1959	9.296亿基普	1 059万基普				67万人民币	190万基普
1960	8.497亿基普	1 460万基普	15.6万英镑			1 210万人民币	30万基普
1961	11.527亿基普	710万基普					10万基普
1962	15.278亿基普	490万基普				945万人民币	20万基普
1963	19.487亿基普	170万基普				879万人民币	150万基普
1969	5 150万美元	650万美元	220万美元	280万美元	110万美元	9 690万人民币	
1970	5 330万美元	700万美元	210万美元	550万美元		4 302万人民币	
1971	4 790万美元	700万美元	180万美元	380万美元	100万美元	12 775万人民币	
1972	7 810万美元	1 000万美元	240万美元	530万美元		16 440万人民币	
1973	1 610万美元	230万美元	172万美元		155万美元	8 947万人民币	
1974						5 000万人民币	
1975						290万人民币	

数据来源：马树洪:《当代老挝经济》，昆明：云南大学出版社，2000年版。

1976—1990年的这一段时间里，外援占到老挝国家预算收入的50%，共接收外援23.47亿美元。其中前苏联占50%，西方国家占17.8%，国际组织占27.2%，其他国家占5%。外援中的65%用于经济建设①。

前苏联对老挝的援助有实物、成套项目建设、交通运输和文教卫生等，其中实物包括：粮食、运输工具、建筑材料、日用工业品、燃料油、机械设备等；成套项目建设有：桥梁、公路、工厂、医院、农场、输油管道、机场、仓库、广播电台、卫星接收站等；交通运输包括：援建公路、桥梁、提供运输工具、设备、汽车维修厂、汽油等；文教卫生包括培养各类人才8 000余人，援建一所中等综合技术学校，提供教学设备等。

西方国家的援助中，日本和瑞典是最大的两个国家，并且都是无偿援助，他们的援助有实物、物资、变电站、教学设备、项目建设、基础设施建设和森林开发与保护等。联合国开发计划署是援助老挝金额最多的国际组织，1983—1991年共向老挝提供了8 643万美元的援助。中国在1979年中断了对老挝的援助，到了1990年中国又重新恢复了对老挝的援助，中国在当年向老挝提供了5 000万美元的援助，用于中小型基本项目建设②。

1990—1999年，这一段时间外国对老挝的援助有所减少。主要的援助国有瑞典、澳大利亚、中国、法国、日本等，以及联合国开发计划署等国际组织。援助的主要项目有：瑞典无偿援助4 000万美元扩建巴卡丁—万象—万荣公路；澳大利亚援助3 000万美元兴建万象—廊开湄公河大桥；澳大利亚援助178万美元兴建万象卫星通讯地面站；法国援助480万法郎兴建万象—北汕长途微波电话线；法国援助911万法郎兴建万象电报中心；日本援助1 200万美元和联合国援助的180万美元用于万象、玻利坎赛、甘蒙、沙湾拿吉、占巴塞和琅勃拉邦6省市的电话网络建设等③。

2000—2011年，老挝共获援助总额为53.787亿美元，主要援助国及组织有：日本、瑞典、澳大利亚、法国、中国、美国、德国、挪威、泰国及亚洲开发银行、联合国开发计划署、国际货币基金组织、欧盟、世界银行等。外援主要用于公路、桥梁、码头、水电站、通讯、水利设施等基础建设项目。

① 徐建国主编：《东南亚国家对外经济关系研究》，香港：中国经济文化出版社，1991年版，216～219页。
② 徐建国主编：《东南亚国家对外经济关系研究》，香港：中国经济文化出版社，1991年版，216～219页。
③ 马树洪：《当代老挝经济》，昆明：云南大学出版社，2000年版，第294～295页。

2012财年，老挝共获得国际援助7.05亿美元，共554个项目，其中无偿援助5.16亿美元，523个项目，贷款1.9亿美元，31个项目。2013财年上半年，老挝政府获得外国官方发展援助项目47个，金额2.46亿美元，完成全年计划的31.75%。其中，无偿援助项目44个，金额1.55亿美元；贷款项目3个，金额0.91亿美元。上述项目主要用于基础设施建设和改善等工作。[①]

表5-25　2000—2012年老挝外援资金统计表

年份	援助额（亿美元）
2000	3.3
2001	3.857
2002	3.78
2003	4
2004	3.79
2005	4.36
2006	4
2007	5
2008	5.08
2009	5.6
2010	4
2011	6.3
2012	7.05

数据来源：东盟秘书处，http://www.aseansec.org/，2012年数据来自中华人民共和国驻老挝经济商务参赞处。

外部部门在老挝人民民主共和国社会经济发展中发挥了重要作用，包括官方发展援助（ODA），外国直接投资（FDI）和对外贸易（主要是边境贸易的形式）。官方发展援助（ODA）在老挝社会经济发展中也发挥了重要作用，特别是在公共投

① 《2013上半年财年老挝社会经济发展简况》、《2012年老挝经济形势》，驻老挝经商参处，http://la.mofcom.gov.cn/article/zwjingji/201311/20131100379643.shtml

资部门。官方发展援助金额在2001年达到3.783亿美元，无偿援助达2.3 827亿美元，占公共投资总数的63%。增加官方发展援助（ODA）资金流入老挝被认为是政府更加开放的政策的结果。官方发展援助提供了一个公共投资项目基金（PIP），扮演着促进国家经济持续发展的重要角色。从20世纪19年代中期以来，大量资金从官方发展援助进入老挝，可以帮助政府处理预算赤字的问题。官方发展援助一大部分比例投入了基础设施领域，人力资源发展，健康卫生和其他社会部门。因此官方发展援助一直对扶贫起到重要作用，特别是通过给穷人提供必要的设施，包括通路、教育和卫生基础设施以及谋生之技。然而，在2006—2010年的五年中，官方发展援助资金进入老挝已显著增加到超过22亿美元或平均每年约为4.6亿美元。但是，在第七个国家五年社会经济发展计划（2011—2015）中，老挝对官方发展援助的期待资金估计占GDP的30%，为40亿～60亿美元每年需要7.5亿～8亿美元，以确保老挝第七个五年社会经济发展计划目标的实现，国民经济增长率平均每年不低于8%。在第七个国家五年社会经济发展计划中，总投资要求估计约150亿美元，官方发展援助预计占总投资的25%～30%。

老挝于1998年开始接受外国投资，在1997年7月老挝正式成为东南亚国家联盟（东盟）成员国后，外国直接投资逐渐提高。从1989年到2008年，外国直接投资的总数量大约170亿美元，并建立了约1 600个项目。60%的外国直接投资都集中于电力部门（约98亿美元，2008年），手工艺业和农业部门约分别为11%（18亿美元）和9%（16亿美元）。自2003年以来，增加的资金也投入到采矿业（12亿美元，2008年），占外国直接投资总额的7%（部门的投资，MPI，2009）。

从2009年开始外商直接投资采矿业急剧增加。在2009年仅在矿业领域的投资就占了外国直接投资总额的50%。在第五个国家五年社会经济发展计划中，外国直接投资约占19亿美元，但是从2006—2010年，外国直接投资大幅增加至约130亿美元。对于老挝在此期间（2006—2010年）成功实现GDP增长大约8%的宏观经济目标来说，这是一个非常重要的因素。随着外国直接投资的增加，特别大湄公河次区域（GMS）和东盟的建立，老挝进行区域经济一体化改革。老挝政府采取了促进国家的出口发展的政策，并鼓励所有的经济部门开发适合出口的产品。从1995年到2010年，老挝平均出口增长率为30%以上，特别2006（几乎两倍）大幅增加，2007年增长迅速，2008年为40%，在2009年和2010年有小幅度下降。

目前老挝政府在不断寻求经济多样化和减少国家经济脆弱性。目前将近70%的老挝官方出口的商品仍集中在以自然资源为基础的产品，包括木制品、服装、采矿和电力。老挝获得了许多国家的优惠待遇。它的出口产品得到发达国家和东盟原始成员国的优惠待遇。老挝已经获得除武器外的欧盟普惠制，并且获得免除欧盟配额出口的特殊纺织品协议。自2003年7月，所有出口到澳大利亚和新西兰的产品已获得免费的关税和配额。在2003年，老挝与美国签署了一项双边贸易协议，并且在2004年11月于美国开展正常贸易关系(NTR)，即打开国门与美国建立广泛进口/出口关系的市场。在1997年，老挝人民民主共和国申请加入世贸组织，老挝于2012年10月加入世界贸易组织。

老挝的对外贸易从20世纪90年代至2000年处于赤字。贸易结构改善的时期是在第六个国家五年社会经济发展计划期间(2006—2010年)，2007、2008年，老挝进出口额基本平衡。主要是因为外商直接投资的增长促进老挝出口行业发展，尤其是在以自然资源为基础的部门，但是，由于采矿行业在2014年和2015年有下降的趋势，所以其他工业领域出口对老挝的贸易平衡也是至关重要的。

三、对外劳务合作

(一)老挝对外劳务合作概要

老挝的对外劳务合作主要包含2个方面：一是老挝的劳务向外输出；二是老挝的人才引进。老挝对外劳务合作的特点是形成了一个不对称的劳务结构。老挝劳务输出主要地区是周边和发达国家，而且都是低层次的劳务工作者，主要分布于制造业、服务业等领域；另一方面，老挝积极引进高层次的人才参与国内建设，如矿产、水电、工程承包、科技等领域的技术人才。

在外劳务输出方面，泰国是老挝对外劳务输出的最大输入国，占到老挝劳务输出的大半，而且女性的人数在不断地增加。2006年对外输出的40.32万人中，57%流向泰国、28.6%流向马来西亚、14.3%流向亚洲其他国家[①]；截至2009年，老挝在泰国的劳务工人数总计有120 580人，其中合法劳工61 929人。但是受到金融危机的影响，根据2009年初老挝社会劳动部《关于金融危机对老挝劳工就业的影响与对策报告》，从国外失业回国的有15 000人。尽管受到金融危机的影响，

① 李晨阳主编：《GMS研究(2009)》，昆明：云南大学出版社，2009年版。

但是外国劳务市场对老挝劳务市场的需求仍然很大，如泰国需求约20 000人，韩国约2 500人，日本约300人，马来西亚约1 000人，美国约500人等，合计用工人数84 618人，其中短工约15 830人[①]。

表5-26　1998—2004年间在泰国的老挝劳动力移民工作人数统计

年份	性别				总数（人）
	男（人）	比率（%）	女（人）	比率（%）	
1998	1 029	82	232	18	1 261
1999	849	73	315	27	1 164
2000	749	74	262	26	1 011
2001	25 771	43	33 587	57	59 358
2002	13 166	41	19 326	59	32 492
2003	8 611	40	12 703	60	21 314
2004	47 315	45	57 819	55	105 134

资料来源：中华人民共和国驻老挝人民民主共和国大使馆经济商务参赞处，http://la.mofcom. gov.cn/

2009年老挝对高新技术人才、高级经营管理人才、新兴产业和特殊技能人才需求明显在增加；对脏苦险行业工种需求增加；对普通工人、简单技工、低层次的经营管理人才需求减少。如建筑业、采矿业、水电站建设等领域的工程规划师、项目管理师、工程师、监理工程师等供不应求，需从中国、韩国、日本等国家引进。而像普通工人、制造工人等技能低下或无需技能的工种多来自于老挝本地和越南、缅甸等地。劳务输入方面，2009年共计17 083外籍劳务人员进入老挝工作，其中按国家分：中国3 215人、越南6 864人、泰国3 524人及其他国家3 480人；按行业分：农业2 121人、工业8 796人、服务业1 230和其他4 936人，而且各行业、各工种之间的劳动价格存在一定的差异[②]。

① 资料来源：中华人民共和国驻老挝人民民主共和国大使馆经济商务参赞处，http：//la.mofcom.gov.cn/aarticle/ztdy/201 001/20100106769 094.html

② 资料来源：中华人民共和国驻老挝人民民主共和国大使馆经济商务参赞处，http：//la.mofcom.gov.cn/aarticle/ztdy/201 001/20100106769 094.html

表5-27 2009年老挝劳动价格统计表

序号	工种	劳务价格	
		基普（老挝币）	美元
1	普通工人	90万～120万	105～140
2	工程项目工人/翻译	370万～630万	400～750
3	中层管理人员	630万～1 000万	750～1 200
4	熟练工人	100万～150万	118～176
5	大车司机	120万～150万	235～353
6	工程机械师	150万～300万	176～353
7	保姆/清洁工	80万～120万	94～140
8	门卫	60万～100万	70～118
9	办公室秘书	100万～150万	118～176
10	餐馆服务员	50万～80万	59～94
11	纺织工人	30万～70万	35～82
12	会计	60万～150万	70～170

资料来源：中华人民共和国驻老挝人民民主共和国大使馆经济商务参赞处，http://la.mofcom.gov.cn/aarticle/ztdy/201001/20100106769094.html

（二）法律法规

目前，老挝政府已颁布实施的劳动、劳工和移民等相关法律主要有：《劳工法》（修订本，2007年1月16日）、《引进外籍劳务许可的决定》（2007年12月10日）、《关于老挝劳务外派的总理令》（2002年5月28日）、《老挝出入境管理和外国人管理的总理令》（2009年5月25日）、《引进和使用外籍劳务管理的决定》（1999年3月23日）和《外籍劳工引进和使用管理规定》（1999年3月）等。老挝已经基本具备较为完善的劳动就业法律体系。

老挝的劳务输（出）入管理和移民管理分属不同职能部门，即老挝社会福利劳动部劳动就业司和老挝公安部出入境管理局（也称“移民局”）。劳动社会福利部劳动就业司负责老挝全国劳动就业组织和管理，其中包括劳务输出和劳务输入管理。而老挝公安部出入境管理局则负责所有出入境者的签证、暂住证和移民等管理。二者分别依照老挝劳动部《关于引进和使用外籍劳务管理的决定》(1999年3月)、《关于引进外籍劳务许可的决定》(2007年12月)和老挝总理府《关于老挝住出入境管理和外籍人员管理的总理令》(2009年5月)的各项规定履行各自职责。其具体规定如下：

1. 外籍劳务引入的条件：必须身体健康并具有一定技能和专长，年龄在20周岁以上，无犯罪记录等。

2. 外籍劳务引进申请、登记和延期的程序：向劳动部提出申请(含引进申请书、企业营业执照或工程承包合同和用工计划如用工数量、专长、时间等内容)、经公安部出入境管理局检验的名单、到老挝驻外国使领馆申请LA～B2签证、到老挝社会福利劳动部办理登记和工作证、到公安局出入境管理局办理暂住证、向计划投资部提交投资项目所需外籍劳务计划。获得批准后，用工单位须持相关材料到劳动就业司进行劳务登记(材料含：登记申请、引进批准证书、护照、健康证、学历证或技能证明、简历、劳动合同、2张3×4cm相片)；外籍劳务入老工作的期限为半年或一年。延期者须办理延期手续(需递交的材料有：延期申请、用工者评价及推荐信、工作证、完税证明等)，延期期限为6～12个月。

3. 用工单位的义务：负责支付劳工工资报酬和代缴10%个人所得税，指导劳工遵守法律、风俗习惯，工作结束后15日内负责送劳工回国。

4. 外籍劳务比例：外国投资者使用外籍劳务，体力劳动者不能超过本企业职工人数的10%、脑力劳动者不超过20%。

根据2010年老挝社会福利劳动部工作计划显示，随着老挝社会经济将继续保持快速发展，越来越多的援助项目、矿产、水电、建筑、加工、农业和服务业等产业将新增大量工作岗位，会有越来越多的外籍员工去老挝工作。

四、经济走廊、经济特区和三角发展

老挝社会经济发展呈现三驾马车齐头并进的发展趋势，经济走廊、经济特区、三角区域发展是老挝为实现2020年在最不发达国家名单目标的内生驱动力。

(一)经济走廊

发展中国家的合作伙伴，主要是亚洲开发银行(ADB)，通过大湄公河次区域(GMS)框架，老挝和其邻国之间的双边合作，促成了老挝政府从内陆封锁到内陆开放的政策。这些政策的实施诞生了经济走廊发展观，重点发展交通基础设施，连接老挝与其巨大的邻国，包括建设东西经济走廊(EWEC)和南北经济走廊(NSEC)，促进经济走廊沿线地区的发展。

老挝经济走廊发展主要是由区域和次区域组成的集成框架，由主要经济走廊、经济次走廊以及沿省替代走廊组成。主要由亚洲开发银行资助的大湄公河次区域计划领导，旨在加强大湄公河次区域经济一体化，为老挝连通性的提高、区域经济的发展和参与全球经济提供有利条件。

1. 主要经济走廊

老挝最重要的经济走廊有两条，一条是南北经济走廊的西线：昆明(中国)—清迈(泰国)—曼谷(泰国)，穿过老挝北部的南塔和波乔省；另一条是东西经济走廊：毛淡棉(缅甸)—彭世洛(泰国)—孔敬(泰国)—沙湾拿吉(老挝)—岘港(越南)，穿过老挝中部省份沙湾拿吉省。

(1)南北经济走廊

南北经济走廊在老挝境内长约228公里。第一阶段的建设是以开始于2004年的会晒—波乔公路为主，该公路是连接中国、老挝北部南塔与波乔两省和泰国之间的道路，整个路段分为三段：一是老挝北部与中国相连的69公里；二是中部的74公里；三是南部与泰国相连的74公里。由中国、泰国、老挝和亚洲开发银行共同出资1.29亿美元进行建设，其中中国、泰国和亚洲开发银行分别提供92.4%的资金，老挝提供7.6%的资金。建设重点是升级和改造道路，以减少运输成本和提高车辆、货物与乘客的运输效率。所有路段的升级改造由老挝公共与交通运输部在2007年完成。该条道路通车后，运输时间由5天缩短到2天，从南塔到波乔的车流量增长了39.5%，从会晒到泰国的文布卡的车流量增加了17%，小汽车、大巴和卡车的运输成本分别下降了43%、14%和21%。

第二阶段的建设开始于2008年。由中国和泰国分别出资50%修建位于泰国与老挝边境的第四湄公河国际友谊大桥，从中国磨憨到老挝和从老挝会晒到泰国清莱的铁路正在修建中，同时，老挝加快了磨丁和金三角经济特区的建设，中老缅泰签署了跨境运输便利化(CBTF)协议，中老缅泰2011年末开启了湄公河联合巡逻执法，并且还将从旅游、能源、通信、物流等其他方面打造全方位的经济走廊。

（2）东西经济走廊

东西经济走廊在老挝境内全长236公里，途经三个比较重要的城市：凯山丰威汉、孟品、丹沙湾。其中第一阶段的主要建设工程有：（1）新建从孟品到丹沙湾的78公里公路；（2）升级从凯山丰威汉到色诺27.8公里的9号公路；（3）加宽长达178公里并连接101个村庄，覆盖45 513人的9条乡村公路；（4）修建南康河大桥；（5）改进丹沙湾的边境设施；（6）建设1个固定和4个移动等级的设施来测量载重；（7）在凯山丰威汉修建路标和路灯；（8）重修在2000年被洪水冲垮的路段。

整个阶段老挝有超过105.8公里的道路得到改善，共投资4 000万美元。来自境外的资金2 900万美元，占比72%；来自老挝境内的资金1 100万美元，占比28%。其中亚洲开发银行计划投资3 200万美元，实际投资3 280万美元；老挝计划投资800万美元，实际投资800万美元。

2007年第一阶段建设完成，从孟品到丹沙湾的78公里路程铺设了双向3.5米宽的车道，最大载重量为11吨。建成后，从凯山丰威汉到丹沙湾的236公里路程，从以前的10～12个小时缩短到现在的4个小时，节省7个小时的时间；平均车速也由原来的21.5公里每小时，增加到现在的59.0公里每小时。车流量也在以每年8%的速度在增加。

除了加快公路运输建设以外，老挝同其他国家之间的跨国运输协议也促进了经济走廊的发展，2005年，泰国、老挝、越南签署了三国间的便利客货跨境运输协定（CBTA），在老挝由以前的入关228分钟和出关259分钟，减到了现在入关70分钟和出管81分钟。

2. 沿省替代走廊

沿省替代走廊是指老挝各地区的一些主要省份的替代路线。这些走廊将对塑造这些省份未来的发展有重大的作用。

（1）7号线和川圹省

川圹省位于北部地区，在北部与琅勃拉邦和华潘有共同边界，位于越南东部、万象省东南部、波里坎赛西部。从老挝首都万象有直达川圹省的空中通道，所有邻省均可通过公路直达川圹省。7号干线是横向道路，穿越全省的中心，连接东部省份以及越南乂安省；它同13号线北（13N）连接，可通往首都万象等北方省份。6号干线连接川圹省和华潘，可通过纳美边境到达越南。1D号干线未来将通过13号线南（13S）同川圹连接，打通首都万象和波里坎赛等老挝中部地区。纵向、横向连接道路的贯通，将进一步促进川圹省交通运输业的发展。

7号干线全长约400公里，贯通全省约7个小时，是北部地区以及老挝首都万象通往其他省份的交通走廊。通过7号干线，从越南库阿洛岗口到达老挝首都万象的约15小时，到琅勃拉邦约13小时。结合北总体规划和7号干线，川圹省将迸发巨大的经济潜力，如肉牛饲养可以进一步发展成商业规模化养殖，而后发展为肉类加工行业。由于川圹交通的方便，其生产的肉类和加工肉类将销售至老挝其他地区，出口到越南，甚至通过越南出口到第三国和其他地区。

（2）13号线和波里坎赛省

波里坎赛省位于老挝中部地区，万象省和川圹北部，甘蒙南部，越南东部，首都万象和泰国的西部。全省有6个区，包括资本区巴色，都位于13号干线沿线。中部地区省份可通过13号线经首都万象、南部地区道路到达波里坎赛省，也可以从泰国素攀武里省通过水路到达。达波里坎赛省东部有两条路可以到越南，传统的路线是从巴色经纳包过吊桥口岸到越南河静省的边境；另一条路线从巴色经Vieng thong区、翠槟城、永城，然后到达吊桥口岸，总里程约223公里。

（3）12号线和甘蒙省

甘蒙省位于老挝中部地区，地处波里坎赛省北部，沙湾拿吉省南部。12号线是甘蒙省最重要的出口战略道路，东西走向，可从首都万象、泰国东北部到达越南的顿昂港口，12号线是在1996年老挝—越南双边协议下修建的，后来，泰国政府参与建设这条路线并兴建了第三座湄公河大桥。12号线的重要性类似于9号线在沙湾拿吉省的地位，对推动甘蒙和老挝中部地区的产业发展起到至关重要的作用。

（4）18号路线和老挝南部地区

老挝南部地区经济发展十分不均衡。占巴塞省是老挝南部地区的经济中心，而阿速坡、色贡和沙拉湾则是老挝最小和最贫穷的省份。基于这一特点，老挝同越南、柬埔寨展开合作，决定以通过地区性集团发展产生的协同效应，综合开发南部地区（通常简称为越老柬发展三角区或DTA）。

越老柬发展三角区，总面积约为44 026平方公里，位于三国交界地带。该区域可以通过空中和陆路到达，每周有5～7个航班从万象，曼谷和暹粒飞往位于占巴塞省巴色市的国际机场。老挝国内通往该区域的重要陆路路线包括13号线，16号线，18B号，16B号及15B号线。

18号B线、16号B线在改善南部地区的交通中具有至关重要的作用。目前，通过18号路线到达巴色的距离在600公里以内，远低于其他路线。如果16B号线建设全面完成，从巴色通往港口的距离将缩短至400公里以内。通过16号B线连通的缅甸安达曼海和越南中国海之间的距离只有1 549公里，略高于通过9号线连通的越南岘港和缅甸之间的距离。

上述交通走廊对沿线各省发展将产生显著的影响。7号线将加强川圹省养殖业、旅游业、经济作物种植业和经济特区发展潜力。8号干线为波里坎赛省提供了物流业、旅游业和成为经济特区的机会。12号线以及第三老泰友谊大桥，将推动甘蒙省农业、林业、加工业、旅游业和特区经济的发展。18B号线和16B号线将促进南部省份的农业和旅游业发展。

如何推动交通走廊向经济走廊转型，可以从以下几个方面考虑：

第一，加强财政政策和当地居民教育。财政和其他激励措施应具体考虑到本地公司和必不可少的部门，以促进和推动这些重要行业的发展，考虑到省级真正潜力和发展方向。应通过短期培训计划，促进当地居民参与学习和掌握涉及贸易，旅游等领域的重要技能。

第二，加强旅游业的发展。在加强通往旅游点的基础设施建设的同时，应通过短期培训当地导游，推广和促进家庭住宿的发展。中小企业应与旅游部门密切联动发展。当地的手工艺品，食品和小吃，休息区，厕所的服务和便利店，就是中小企业发展的机会。

第三，在老挝—越南边境，应进一步减少程序，以提高利用通过越南替代路线的效率。

第四，道路建设应该是基础设施发展的一项首要任务。政府应进一步支持16B路线的建设。

第五，应继续目前的势头，贸易便利化和自由化，实施大湄公河次区域便利客货跨境运输协定。

第六，每个经济特区的推广部门，应从实际出发，考虑劳动力密集型和资金密集型行业之间的相关代价，任何新的经济特区批准之前应考虑附近地区的经济特区之间的互补性和可替代性。

（二）经济特区

从2001年1月老挝发布《总理令》，宣布建立老挝第一个经济特区——沙湾塞诺经济特区开始，老挝一共建立了10个经济特区。2010年老挝通过了《关于老挝经济特区和专门经济区的政令》来管理经济特区，并成立了办公室专门负责经济特区的事宜。

1. 沙湾—色诺经济特区（Savan-Seno Special Economic Zone）

位于沙湾拿吉省（Savannakhet Province），并地处于连接东西经济走廊和第二老挝—泰国友谊大桥的9号公路旁，占地945公顷，[①]土地使用年限为75年。2003年正式建立，一共投资7 400万美元，全部是由老挝政府投资。地价为0.3美元每平方米每年，电价为0.088美元每千瓦时，水价为0.68美元每吨。其主要投资发展领域有：

服务方面：（1）银行、金融机构和保险；
（2）旅游促进服务；
（3）酒店、餐厅和度假村；
（4）公园、娱乐中心和体育中心；
（5）技能中心、会议中心；
（6）学校、医院；
（7）写字楼、客房；

贸易方面：（8）免税商店；
（9）边境免税贸易；
（10）进出口商业；
（11）批发零售店；
（12）百货商店；
（13）商品展销店；

物流方面：（14）交通商业；
（15）物流服务；
（16）仓库、冷藏；

工业方面：（17）电线生产工厂；
（18）食品、木材加工厂；
（19）纺织、鞋、包工厂；

① 《2013年老挝产业园区招商信息》，中国—东盟博览会官方网站，2013年6月30日。http://www.caexpo.org/index.php?m=content&c=index&a=show&catid=20167&id=200170

（20）自动装配车间和其他电子零配件工厂。

2. 磨丁经济特区（Boten Land Special Economic Zone）

位于琅南塔省琅南塔区，毗邻3号公路，占地1 640公顷，土地使用年限为50年，于2003年动工开发，投资总额5亿美元 。[①]园区由中国开发商全额投资开发，总占地面积1 640公顷。园区有着完善的基础设施，临近A3公路，该公路是连接“10+3”（中日韩）国家的战略通道。其主要投资发展领域是：

（1）农业、畜牧业和制造工业；

（2）文化中心、5星级酒店和度假村；

（3）高尔夫球场、旅游；

（4）教育机构、医院；

（5）商业与贸易；

（6）发展实体资产和银行金融、股票市场；

（7）邮政和电信；

（8）仓库和物流。

3. 金三角经济特区（Golden Triangle Special Economic Zone）

位于波乔省敦鹏区，同泰国、缅甸交界，占地3 000公顷，土地使用年限为99年。2007年建立，共投资8 600万美元，[②]由中国和老挝共同投资。园区有着完备的基础设施，属于同泰国和缅甸接壤的边境城市，区位优势明显，主要的投资发展领域是：

（1）基础设施建设；

（2）农业、畜牧业和制造业；

（3）酒店和住房；

（4）旅游和博彩业；

（5）高尔夫球场；

（6）教育机构和卫生医疗中心；

（7）商业和国贸中心；

（8）发展实体资产；

① 《2013年老挝产业园区招商信息》，中国—东盟博览会官方网站，2013年6月30日。http://www.caexpo.org/index.php?m=content&c=index&a=show&catid=20167&id=200170

② 《2013年老挝产业园区招商信息》，中国—东盟博览会官方网站，2013年6月30日 。http://www.caexpo.org/index.php?m=content&c=index&a=show&catid=20167&id=200170

(9)银行、保险和金融机构;

(10)邮政、电信、互联网、广告和印刷;

(11)货物与乘客的运输;

(12)旅游和娱乐;

(13)餐厅和酒吧;

(14)仓库、免税店和免税区。

4. 维塔特别经贸园(Vientiance Industrial and Trade Area)

位于首都万象塞塔尼(Xaythany)区,距离万象市区22公里,占地110公顷,土地使用年限75年。2009年建立,共投资4 300万美元,由老挝政府和中国台湾共同投资。土地租金为0.025~0.06美元每平米每月,电价为0.059~0.065美元每千瓦时,水价为0.25~0.35美元每吨。主要投资发展领域是:

(1)工业(纺织、鞋、服装、自行车、电子零部件等生产);

(2)商业(零售业、贸易中心、商业建筑等);

(3)服务业(训练中心、学校、酒店、医院等)。

5. 赛色塔发展特区(Saysetha Development Zone)

位于首都万象塞塔尼(Xaythany)区,毗邻万象市中心,占地1 000公顷,土地使用年限为50年。2010年建立,共投资1.28亿美元,[①]园区开发模式为政府和私人开发商(老挝和中国企业)合作。主要的投资发展领域是:

(1)农业加工工业;

(2)木材加工工业;

(3)红灯区;

(4)旅游;

(5)电器制造工业;

(6)机械工业;

(7)新能源工业。

6. 普乔经济特区(Phoukhyo Special Economic Zone)

位于甘蒙省(Khammnane Province),距老泰第三友谊大桥14公里,并邻近通往越南的12号公路。园区位于甘蒙省他曲区,2011年动工,土地使用期为99年,

① 《2013年老挝产业园区招商信息》,中国—东盟博览会官方网站,2013年6月30日。http://www.caexpo.org/index.php?m=content&c=index&a=show&catid=20167&id=200170

总投资额1亿美元，由老挝开发商全额投资开发。园区占地面积365公顷，地租为2 000～2 500美元每公顷每年。电价为0.06～0.08美元每千瓦时，水价为0.07～0.56美元每吨。[①]主要的投资发展领域是：

商业和工业方面：（1）商品生产、包装和备件；

（2）商品展销店；

（3）自然旅游的水主题公园；

商业建筑方面：（4）公寓、酒店和住房；

体育方面：（5）高尔夫球场；

（6）室内有氧运动；

（7）体育比赛中心；

（8）国际赛事；

物流方面：（9）航空运输；

（10）公路运输；

（11）船舶服务；

教育方面：（12）民族博物馆、文化中心；

（13）幼儿园、小学、中学和大学；

酒店和娱乐方面：（14）3～5星级酒店；

（15）娱乐中心。

7. 塔銮湖经济特区（Thatluang Lake Special Economic Zone）

位于首都万象赛色塔（Xaysettha）区，毗邻万象市中心，占地365公顷，土地使用年限99年。2011年建立，共投资1.6亿美元。园区基础设施完善，位于首都万象的中心区域，交通便利主要的投资发展领域是：

（1）大使馆文化区（大使馆、公寓酒店、法国店、超市、娱乐中心、5星级酒店、演艺中心）；

（2）金融商业区；

（3）密集居住区（附属设施：医院、国际学校和幼儿园）；

（4）低层住宅区（多种风格的住宅区：欧式风格、现代风格和老挝风格）；

（5）旅游休闲区（零售、休闲生活街、度假村和酒店）；

① 《2013年老挝产业园区招商信息》，中国—东盟博览会官方网站，2013年6月30日。http://www.caexpo.org/index.php?m=content&c=index&a=show&catid=20167&id=200170

(6)高尔夫球场。

8. 万象龙滩经济特区(Longthenh—Vientiane Special Economic Zone)

位于首都万象，距老泰友谊大桥400米，距市区16公里，占地557.75公顷，土地使用年限为99年。[①]2008年建立，共投资10亿美元。主要的投资发展领域是:

(1)高尔夫36洞;

(2)5星级酒店;

(3)豪华公寓、豪华别墅;

(4)度假村;

(5)会议中心;

(6)体育中心;

(7)超市;

(8)医疗中心;

(9)学前教育、国际学校;

(10)停车场。

9. 东坡西经济特区(Dongphosy Special Economic Zone)

位于首都万象哈赛丰(Hadxaifong)区，距老泰友谊大桥400米，距万象市中心16公里，占地面积为1 640公顷，土地使用年限为50年。2012年开始动工，共投资5 000万美元，[②]主要投资发展领域是:

商业方面:(1)酒店和餐厅;

(2)购物商场和DIY店;

(3)超级市场;

(4)综合度假胜地;

(5)金融中心;

(6)酒店

工业方面:(7)保税仓库;

(8)保税陈列室;

(9)批发市场;

① 《2013年老挝产业园区招商信息》，中国—东盟博览会官方网站，2013年6月30日。http://www.caexpo.org/index.php?m=content&c=index&a=show&catid=20167&id=200170

② 《2013年老挝产业园区招商信息》，中国—东盟博览会官方网站，2013年6月30日。http://www.caexpo.org/index.php?m=content&c=index&a=show&catid=20167&id=200170

居住方面:(10)公寓;

机构方面:(11)大学和技能中心;

(12)消费者检查站;

(13)药物中心;

(14)行政中心。

10. 他曲经济特区(Thakhek Special Economic Zone)

位于甘蒙省他曲区，距老泰第三友谊大桥14公里，邻近通往越南的12号公路，占地1 035公顷，土地使用年限为75年。2012年建立，共投资8 000万美元，[①]其地价为0～0.19美元每平方米每月，电价为0.059～0.065美元每千瓦时，水价为0.05美元每吨。主要的投资发展领域是:

(1)贸易服务方面:公寓酒店、餐厅、银行、金融机构、信息服务中心;

(2)酒店方面:3～5星级酒店、娱乐区和夜店;

(3)物流方面:仓库、物流服务;

(4)交通站方面:巴士和出租车车站;

(5)中心会议区:国际会议大厅、IT服务中心等;

(6)第一和第二阶层居住区:高级别墅、私人房子、出租公寓;

(7)体育方面:体育中心;

(8)教育和卫生方面:幼儿园、小学、初中、职业学校、大学、医疗中心、诊所、药物配给中心;

(9)行政和组织机构区;

(10)森林保护和绿色方面:公共公园、观景中心、绿色公园。

(三)三角区域的发展

传统上，在老挝的边境地区经济合作主要集中在促进边境贸易、建立边境贸易区和市场商品买卖。近年来，老挝三角区域发展主要以全新综合的模型在进行边境地区合作。最正式的三角形区域发展是柬埔寨—老挝—越南三角发展区域(CLV—DTA:即CLV 合作)，它创建于1999年，在2004年投入运营。其他三角发展区域包括:翡翠三角发展区域(柬埔寨　老挝　泰国)、金三角(老挝—缅甸—泰国)、大金三角(老挝—缅甸—泰国—中国)和经济四边形区域(中国、老挝、

① 《2013年老挝产业园区招商信息》，中国—东盟博览会官方网站，2013年6月30日。http://www.caexpo.org/index.php?m=content&c=index&a=show&catid=20167&id=200170

缅甸和越南)，这四个三角形发展相对于CLV框架，比较不活跃，对它们的正式承认也比较少。

三角区域发展与老挝政府的区域一体化和减贫政策相符合。在第七个国家五年社会经济发展计划中，将重点开发连接邻国的经济走廊，在战略地区建立经济特区和边境贸易区，并且为三角地区发展发展建立区域发展枢纽，尤其是CLV框架。事实上，在三角区域的次区域一体化，尤其是CLV开发，是老挝政府经济增长和发展的一个基本措施，它在消除贫困的战略中占有重要的位置，它可以增加区域市场发展的潜力，改善道路基础设施，发展工业企业，促进农村发展和减贫等。因此，三角区域发展对于老挝来说十分重要。

1. 老挝的CLV-DTA

CLV-DTA合作正式成立于2004年。现在的CLV框架覆盖了柬埔寨、老挝、越南的13个省。柬埔寨包括桔井、蒙多基里、腊塔纳基里和上丁；老挝包括占巴塞、沙拉湾、阿速坡和色贡；越南包括平福、大勒、多农、嘉莱和空土。老挝政府为了实现2004年的万象宣言和实行2010年—2020年三角区域发展，制定了社会经济发展和合作开发的总体规划，指明了三角地区包括占巴塞，沙拉湾，阿速坡和色贡的发展方向。LDTA的总土地面积达44 091平方公里，人口超过130万，地区生产总值超过10亿美元。老挝CLV的目标是到2020年使该地区成为南部老挝经济合作、贸易、投资、旅游和交通服务的中心，经济可持续增长，经济结构稳定，人民收入更高，生活质量更好，社会安全自由公正，消除贫困。

老挝CLV采用“1-3-4-5-6”发展模式。占巴塞将被开发为LDTA的1个经济中心，以作为南部地区经济增长极。三个旅游点将进行重点开发，包括占巴塞省的瓦普庙，占巴塞庙和卡宏岛，这三个地区规划为文化和自然遗产旅游区，将与周边其他的自然和文化旅游景点相连接，包括空哈鹏瀑布和淡水海豚保护区。在布拉万高原地区发展以有机农业和休闲为基础的旅游业，它覆盖了占巴塞省的帕克松，色贡省的沙腾和沙拉湾省的烙甘。这个区域有各种有机农业，尤其是咖啡和茶，这个区域还有许多壮丽的瀑布。在阿速坡省将开发一个自然和文化保护旅游区，核心地带将覆盖胡志明小道，这里有庇护革命领袖的洞穴和自然保护区。四个工业生产区域将设置在雅塞沙区(阿速坡)，达克辰区(色贡)，沙拉湾区(沙拉湾)，拔查嘞嵩区、峰嵩区和沙纳颂布区(占巴塞)。五个经济走廊将分别水平和垂直分布，包括东西经济走廊-1(EWEC-1)(从佛克阿边境到国道13号南部，通过国道18A和国道18B连接)，EWEC-2(从色贡省的老挝越南边境到占巴塞省的老挝泰国边境，通过国道16和国道16B连接)，EWEC-3(从沙拉湾省内的老挝越南边境到国道13南部，通过国道15A和国道15B连接)，NSEC-1(从阿速坡省的老挝柬埔寨边境垂直到沙拉湾省的透兰区，通过国道11，国道16，国道1H，国道1G连接，同时也连接了沙湾拿吉市和北部)，NSEC-2(从占巴塞省到百色省)，通过国道13连接沙拉湾南部和老挝中心地带。六个边境贸易中心将在以下地带建设，包括佛克阿(在阿速坡的老挝越南边境)，达科塔弄(在色贡的老挝越南边境)，拉赖(在沙拉湾的老挝越南边境)，佛卧区的老挝柬埔寨边境(阿速坡的新边境检查站)，农贡海(在占巴塞的老挝—柬埔寨边境)，纹滔(在占巴塞的老挝泰国边境)。

老挝CLV得到了从中央到省级政府政策的全力支持。老挝的规划和投资部将发挥主导作用，协同其他部委和省当局实施整体计划，外交经济部为国家联合协调委员会秘书，以协调中央和省级行动，以及外国谈判。省级别的小组委员会负责与其他省份协调工作、组织会议、向利益相关方宣传老挝的CLV信息。有关的CLV的活动，所有委员会和小组委员会机构的经费需单独预算。

2. 老挝三角发展区域的社会经济发展

(1)占巴塞省

占巴塞省一直是老挝南部社会经济发展的中心，目前为LDTA经济枢纽。它和沙拉湾省北部接壤，南接柬埔寨，色贡和阿速坡在其东部，泰国在其西部。占巴塞省拥有悠久历史，与国内其他省份交通方便，并且与邻国相连。占巴塞省分为10个行政区，省府是巴色。巴色是占巴塞省唯一的市区，巴塞超过80%的是农村。占巴塞省是人口最多的南部省，人口总数在全国排名第三，2011年人口超过66万人，人口密度全国第二(43人/每平方公里)。人口增长速度平均每年1.37%，相对其他大省较慢。然而，其省府巴色人口增长迅速，预计从2010年到2015年将以每年3.8%的速度增长，从2015年到2025年，将以每年4.5%的速度增长。全国范围内，巴色是为数不多的净移民地区，净移民率高于人口的0.5%，十分接近首都万象，这种现象在一定程度上反映了巴色城市化一些特征。

在2006—2010年五年间，即老挝第六个国家五年社会经济发展计划期间，占巴塞省的总省级生产总值(GPP)年均增长率为10%。工业和服务业增速超过农业。尽管经济结构发生了转变，但农业依然是最大的部门(2011年GPP36%)，服务(34%)和工业(30%)。

占巴塞省在农业和旅游业方面拥有巨大的发展潜力。布拉万高原，距离巴色40公里，它有优质土壤和有利的气候条件，适合种植咖啡、橡胶、香蕉和其他农业经济作物，咖啡是该省的主要产品。占巴塞省农业出口额从2001年的780万美元(出口总额的46%)增加到2010年2 790万美元(出口总额的70.9%)。

随着经济的持续增长，占巴塞省的贫困比率已经大幅下降，从2002—2003年的18.4%下降到到2007—2008年的10%；教育和医疗服务逐步提高，2010年学校数量增加到1 032所，共有4 359间教室和134 952名学生。占巴塞省有10家医院，总床位385个，63家医疗中心。占巴塞省83.8%的家庭可获得清洁水，家庭使用清洁厕所也从2005年的36.6%增加到2010年的52.1%。

(2)沙拉湾省

沙拉湾省是老挝人口第二大省和LDTA中第二大经济体。2011年人口达到37.5万，人口密度为每平方公里35人。塔欧意和拉叶是最大的少数民族聚集区，分别为30%和20%。沙拉湾省东部与越南交界、西部与泰国交界，战略位置十分重要。该省有相对较大的平原区和布拉万高原，适合农业生产。人口主要集中在沿着国道13号的平原地区和布拉万高原。沙拉湾有八个区，两个归类为贫穷和高优先级，这些贫困地区恰好位于该省东部山地区，交通基础设施落后。除了这些地区，进入该省其他地区交通相对便利。

在2006—2010年的五年即第六个国家五年社会经济发展计划期间，沙拉湾省GPP的年增长率为10.14%，略高于目标增长率的9%～10%。GPP为2.408万基普，人均GPP为805美元。农业所占的份额从2006年的60%下降到2010年的54%。工业部门和服务部门各增加3%，分别为19%和26%。尽管农业的份额略有下降，在沙拉湾省农业仍然是占主导地位的经济部门。从2006年到2010年，全省生产超过130万吨的大米。水稻生产成功的背后的因素是政府投资修复和扩展灌溉系统、引入信用体系、改进种子和培育新生产技术。例如，干季稻田收获面积从2005年的4 000公顷增加到2010年的12 000公顷。在2006—2010年的五年，咖啡生产也超过了50 000吨，总种植面积为22 489公顷(2010)。其他重要的农业产品包括豆蔻(2 600吨)、花生(54 520吨)、香蕉(285 000吨)、玉米(77 300吨)、木薯(467 690吨)和红薯(26 350 吨)。工业作物，如橡胶种植总面积为4 474公顷，主要分布在老甘、虹邪当、沙拉湾和那卡宏分。沙拉湾省积极饲养牲畜。在2010年主要牲畜包括牛(129 831头水牛和151 007头奶牛)、猪(695 800头)、家禽(250

万只)、山羊(44 101头)和马(1 904匹)。

(3)色贡省

老挝的色贡省是从沙拉湾省分离出来的，成立于1984年，省会拉马。色贡是老挝的第二小的省(7 665平方公里)，人口最少(约10万，2011年)，人口密度第二低(每平方公里13人)。分布着14个少数民族族群，占该省人口12%。色贡是老挝最偏远地区，2010年，47%的家庭处于贫困线以下。该省多山地高原，65%是山地，30%是高原，只有少数平原，交通落后。近年来由于连通越南的16号公路的修建，情况已有所改善。

色贡的经济在最近开始以平均每年6.67%增长。在2011年GPP达到3 600亿美元，略超过占巴塞GPP 的5%。色贡的GPP的结构出现了逐渐从农业向服务业转变的发展趋势。农业的比例由2006年的65%下降到2011年的57%，服务业从25%上升到31%。主要农产品包括米(27 865吨)、玉米(7 450吨)和咖啡(2 305吨)。畜牧业包括牛(58 000头)、猪(134 000头)、山羊(31 000头)和家禽(705 000只)。制造业主要是传统的手工劳动，如木材加工、家具生产。主要的服务业是旅游业和零售业。

(4)阿速坡省

阿速坡位于老挝南部，北部与色贡相接，南部与柬埔寨毗邻，东部是越南，西部是占巴塞。与LDTA和整个国家相比，阿速坡是也是一个相对较小的省份，2011年约有13万人口，人口密度为每平方公里13人。由于山区地形，阿速坡的东部、南部的散雅和农贡海区比其他地区交通更加落后。18B号公路修建后，连通了该省省府与越南和邻近省份(色贡和占巴塞，改善了该省的道路基础设施状况。

近年来，阿速坡的经济发展迅速，从2006年到2011年GPP平均年增长率为0.8%。在2011年GPP达到8 900万基普，超过了2006年制定的目标并且翻倍。人均GPP从2006年392美元增加到2011年881美元。服务行业增长快速，其次是农业和工业。阿速坡省水稻产量在2010年超过67 800吨，其他农产品包括：玉米(4 200吨)和芋头、甘薯(22 800)。阿速坡畜牧业也在迅速扩大，2011年，阿速坡有鱼场253个，三个养猪场，三个养鸡农场和一个鸡蛋农场。2010年，阿速坡橡胶种植园约30 000公顷，是LDTA中最大的橡胶种植省。

阿速坡工业行业产值持续增长，但传统行业仍占主导，如木材、建筑砖块和手工艺品。工业部门发展的主要驱动力是基础设施建设，包括道路、展览馆、住房。旅游业随着LDTA发展开始扩大，游客的数量增加，从2007年不到2万人次增加到2011年的6.7万人次。2011年，住宿点从15个增加到22个，有506张床位。

自从CLV成立和老挝CLV总体规划实施以来，老挝所有LDTA省份都吸引了相当多的外国直接投资。在2010和2011年的财政年度报告中，有超过1亿美元的外国直接投资于占巴塞、沙拉湾和色贡。在占巴塞，外国直接投资项目包括橡胶种植和加工项目、啤酒厂、高尔夫俱乐部。沙拉湾除了进行橡胶种植，还成功吸引了一些获益巨大的项目，如水泥工厂和经济作物设施。在色贡的外商直接投资项目主要是水电和采矿，占外国直接投资总额的72%。最近几年，阿速坡也成功地吸引了外商直接投资。例如，在财政年度报告中，2010—2011年外国直接投资超过6.32亿美元，这对较小的阿速坡省可以说是很高的金额了。外商直接投资项目主要是在水电行业(总投资的95%)，例如，塞克汗的水电项目。LDTA的采矿行业也从投资中获得巨大利润。国内和国外的一些投资者，已经获得政府矿产调查项目许可，包括2个黄金调查项目，6个铝土矿调查项目，3个铁矿石调查点和一个煤炭项目的调查。

3. 老挝CLV发展潜力

三角区的发展框架对本区域的经济发展起到了至关重要的作用。占巴塞省将由老挝南部中心，转变成为一个完善的避免双重征税协定的经济中心。占巴塞的国内生产总值已经占南部地区的国内生产总值约57%，农产品加工业、服务业呈现良好发展势头。随着16B线和18号干线的进一步发展，旅游业增长迅速。经济走廊的发展，也有利于全省边境贸易发展，其中，巴色市在亚洲开发银行的资助补充支持下以及利用走廊和南部地区的整体发展将开发项目11个。

塞公省也将显着受益于16B线和其他走廊南部地区的发展，未来将与泰国和越南市场相连接。塞公省目标建立成农业与旅游业为主的经济城市，较少依赖于其他劳动密集型产业。从中长期看来，塞公省将在老挝CLV中获得收益，包括沿16B线的物流枢纽，越南边境附近的边境贸易区，建设工业生产重点领域等。

阿速坡位于CLV发展区的中心，同越南、柬埔寨边境相邻。目前，收益于18号路线近年来经济已经得到了很大的改善，努力成为老挝南部、泰国与越南之间的快捷运输走廊。阿速坡省优先发展经济作物种植业、畜牧养殖业、能源矿产开发、旅游也和物流服务业。老挝CLV计划重点是整合阿速坡旅游区的自然风光和历史传统，保护森林地区，开发洞穴，瀑布和民族文化村等特色旅游。

沙拉湾与老挝的其他省份和地区相比，交通优势明显，位于国家东西经济走廊和南北走廊的交叉点上。近期，沙拉湾将重点发展农业部门和边境小额贸易。中长期，沙拉湾将在第15A路线和13号路线的交界处开发贸易中心，促进贸易、货物运输和人员流动。从长远来看，经济走廊的发展将加速老挝CLV所提出的产业中心区域沙拉湾经济发展，农林业加工，采矿和其他重工业将会是该省发展的重点。

4. 老挝CLV的成就与挑战

柬埔寨—老挝—越南发展三角合作的三角开发框架（CLV），是这一地区三角发展的典范。近年来，老挝发展三角地区取得了一些重大成就，包括改善道路基础设施、扩大贸易、外国直接投资的增加以及促进老挝旅游业的发展。其中，最突出的成就是基础设施的发展，特别是道路建设。18B号线和国道15B号线促进了水平经济走廊的建设，其他基础设施，包括巴色国际机场，阿速坡城市道路建设，也极大的提升了这一区域的基础设施水平。老挝CLV框架有助于增加该地区的外商直接投资和扩大各省间的贸易往来。如越南积极投资农业（特别是橡胶种植园）、水电业和采矿业。

该框架的发展也面临许多挑战。尽管老挝建立了优惠政策和机制，但缺乏有效实施措施，并且，投资激励机制没有体现出促进行业发展方向的作用；旅游业发展迅速，但主要集中在占巴塞；出口结构不可持续，出口产品主要集中在初级产品如木材、半加工木制品，农业和矿业；各参与省之间的协调缺乏系统性，一省项目延期会导致其他省项目的延迟；吸引外部资源的能力总体来看还比较弱。

第五节　旅游业的发展和布局

一、老挝旅游业发展历程

老挝的旅游资源相当丰富，在首都万象市，有塔銮和玉佛寺；在琅勃拉邦省，有国家博物馆、香通寺、迈佛寺、维春寺和关西瀑布；在占巴塞省，有孔阜瀑布和以瓦普神庙建筑群为主体的占巴塞文化景区。琅勃拉邦古城、占巴塞省文化景区被联合国教科文组织列入世界文化遗产名录。老挝自然恬静的田园风光吸引了许多国外游客前来观光休闲。尽管老挝有着丰富的旅游资源，但其旅游业并不发达。1975年12月2日，老挝人民民主共和国成立，当时的老挝既要巩固政权，医治战争的创伤，又要恢复经济，国家百废待兴，老挝的旅游业就是在国家经济发展非常困难的条件下开始的。

1980年以前，老挝实行闭关政策，只接待各社会主义友好国家的代表及资本主义国家中的共产党成员来老挝工作访问。因此，旅游业的发展可谓一片空白。1980年以后，老挝开始放松来老挝签证政策，为了吸引优质游客，老挝政府也制定了更加简便的来老签证政策，老挝的旅游业才逐渐发展起来。

自1986年老挝人民革命党“四大”确立全面革新路线及扩大与外国合作的方针以来，旅游业对老挝社会经济发展的推动作用日益显著。老挝政府为鼓励旅游业的发展出台了许多政策，鼓励文化、自然、历史类旅游景点的开发。在老挝刚开始开放旅游业时，对外开放接待外国游客的城市并不多，仅仅只有万象、琅勃拉邦、沙湾拿吉和巴塞这些比较大的观光城市。

第四届老挝革命党代表大会指出：“旅游是国家对外开放的一个重要组成部分，并将成为国家的一项收入来源”。第四届中央委员会第二次全体会议也提出：“旅游服务业是国家8个主要社会经济项目之一。”第八届中央委员会全体会议也提出：“旅游服务业是国家11个大计划之一。”[①]20世纪90年代末，随着各发展项目的相继实施，老挝旅游业得到了迅猛的发展，老挝已成为一个新的旅游热点国家。

老挝的琅勃拉邦市、巴色瓦普寺已被列入世界文化遗产名册，万象塔銮、玉佛寺，占巴塞孔埠瀑布、琅勃拉邦光西瀑布等也是老挝著名的旅游景点。2001年，老挝国家旅游局设立了湄公河旅游信息服务中心，并于2005年制定了《老挝2006—2010年旅游业发展战略计划》等一系列政策，旅游业逐渐成为老挝经济发展的新兴产业。目前，老挝已与超过500家国外旅游公司签署合作协议，开放11个国际旅游口岸，同时采取加大旅游基础设施投入、减少签证费，放宽边境旅游手续等措施，旅游业持续发展。

二、老挝旅游业发展现状

众所周知，老挝周边的国家，如中国、泰国、越南、柬埔寨和缅甸，都是旅

① *25 Years: Lao P.d.R.1975—2001.* Ministry of Information and Culture, 2001, p33～34.

游业资源相当丰富的国家。特别是中国的旅游业，在亚洲乃至世界上都是有名的。中国发展旅游业的历史悠久，以完善的旅游服务设施和独特的旅游项目吸引来自世界各地的观光客。泰国旅游业也获得迅速发展，泰国以佛教文化和热带自然风光的旅游胜地和优质的旅游服务，使泰国旅游业的创汇收入，在东南亚国家中位居第一，在亚太地区中也居于前列。老挝吸引游客的地方在于它保持相对好的自然风光和优秀的传统文化和风俗习惯。

根据2009年11月3日老挝《经济社会报》报道，老挝国家旅游局局长宋蓬·蒙昆维莱先生于日前宣布正式实施老挝2006—2020年旅游人力资源开发战略，强调培养旅游、宾馆管理方面的人力资源的重要性。目前老挝旅游从业人数为2.3万人，预计2020年达4万人。①2012财年，老挝接待外国游客310万人次，收入达4.5亿美元。

（一）老挝旅游业政策

老挝旅游业被老挝政府提出成为最重要的产业之一以后，政府已确定并宣布，发展和促进文化、自然和历史旅游，以促进旅游业和相关产业的增长，例如饭店业、餐饮业、运输业、旅行社等相关产业。由于旅游业是综合性的产业，它的发展需要各行业的相互支持，特别是在基础设施建设的投资，如：改善旅游景点与开发新的旅游景区、改造与建设基础设施的全国道路。

"对外国在经济方面的合作开放政策：鼓励旅游和推进工业旅游，逐步提高老挝各族人民的日常生活水平，全面促进国内生产；对吸引外国游客到老挝旅游的艺术文化、优秀的民俗民风、传统食物和历史遗迹，应予以发扬、宣传和保护；为社会提供就业机会，为各族人民增加创收；在政府出台有关鼓励旅游业的外交政策下，与各国建立友好关系。"②

老挝旅游业政策包括：一是旅游业必须是所有老挝公民有权享受的一项基本权利；二是应该对旅游进行统一、综合的管理，以便为子孙后代保护好老挝的旅游资源遗产；三是旅游业发展必须能够促进当地居民对自然环境保护的支持，同时也是保护民族文化；四是当地居民必须能够从旅游业中获得经济效益和就业机会；五是必须利用现代技术保持老挝旅游业在国际舞台上的竞争力，提高公有和

① 《老挝国家旅游局预计2020年老挝旅游从业人数达4万人》，中华人民共和国商务部网站，2010年11月30日。http://www.caexpo.com/news/country_news/laowo/2010/11/30/3510405.html

② Ms. Phengchan Phengrneuang:《旅游发展计划培养手册》，万象：老挝国际旅游局，2010年2月。

私有部门的服务与管理标准。

为了成功地实施与旅游相关的政策，老挝政府制订了一个行动计划，该计划包括：地方政府的能力建设；可持续旅游发展；电子旅游；会展和奖励旅游的促销；社区旅游和中小型企业；朝着成为世界级旅游目的地的目标改进质量；促进知识社会的旅游发展；旅游市场的促销与扩大；作为亚太地区旅游中心的老挝。在老挝国家外交政策的指导下，政府提出进一步扩大与世界各国在经济、文化方面的交流与合作，与世界各国发展良好的关系，促进老挝旅游业的全面发展。

2005年外国游客来老挝共计109.5万人次，旅游收入约1亿美元。2010年前6个月到老挝旅游的外国游客达110万人次，同比增长26%，预计全年有望达到220万人次，取得了历史性突破，其采取的措施主要有：增设通关口岸、延长签证停留期、免除部分国家签证以及提供外国投资优惠政策等。截至2010年底，老挝政府共设立21个国际通关口岸，其中16个口岸可以办理落地签证；签证停留期为30天，可延长30天；免除东盟国家及部分国家的签证；外国投资者可以独资经营大型酒店、餐馆，还可以与老挝企业和个人合资开办旅游公司，外方持股比例最低30%，最高70%。通过实施上述政策和推广旅游业，旅游业的发展突飞猛进。从1990年到2005年每年的游客的平均增长率为27.6%。在1990年，当时只有14 400游客，1991年有37 113游客，收入为2 250 000美元。在2000年，有737 208游客，获得收入为 113 898 285 美元，使旅游业排在老挝财政重要的外汇收入来源之一的首位。在2004年，老挝举办东盟博览会之后，游客人数增加到 894 806人，获得收入118 947 707美元，旅游产业仍然排在老挝财政重要的外汇收入来源之一的首位。在2005年，有游客110多万。预计到2015年将有220万游客，2020年将有300万游客，每年收入为250万～350万美元。

老挝官方统计，2008年至2012年，老挝接待的外国游客人数分别为160万、200万、250万、270万和330万，2012年旅游业创汇5.14亿美元。近期，老挝还被欧洲旅游和贸易委员会评选为“2013年世界最佳旅游目的地国”。近年来，老挝政府致力于改善基础设施，提高服务质量，以迎接不断增加的外国游客。预计2014年老挝外国游客将达到358万人次，2020年将增加到450万人次。①

① 李国章：《旅游业成老挝第二大创汇产业》，经济日报网，2013年5月28日。http://paper.ce.cn/jjrb/html/2013-05/28/content_157803.htm

（二）旅客来源

外国到老挝的旅游者可以分为两大类：一类是国际旅游者，另一类是区域旅游者（当日往返）。国际旅游者：是持护照入境，由老挝驻外使馆签证或者在老挝各个国际口岸“落地签证”进入老挝的外国游客；区域旅游者（当日往返游客）：是从邻近的周边国家持“时过境证”进入老挝的，虽然说是当日往返，但也可以在老挝留宿。

表5–28　1996—2003年老挝的国际旅游者统计情况（单位：人次）

年份	1996	1998	2000	2002	2003
亚太	374 930	421 196	556 782	665 934	668 726
泰国	227 634	273 095	415 124	501 295	524 595
总计	422 234	500 200	723 705	820 426	749 242

资料来源：老挝统计局，http://www.nsc.gov.la/

到老挝的国际旅游者以亚太地区为主，其中最多的是泰国。1996年泰国旅游者约占老挝国际旅游者的54%，但是到了2003年这一比重增长到70%，越南和中国分别占8%和5%。另外去老挝旅游的国际旅游者还来自欧洲、北美、澳大利亚、日本等国家。

虽然老挝政府早在1990年已经对旅游业开放，但是一直到90年代中期老挝的旅游业仍然很落后。1991年进入老挝的外国游客仅6 920人，1995年增长到3.6万人，到了2000年达到7.24万人。在老挝旅游平均逗留时间从1995年的4.3天增加到2000年的5.5天。2005年后才有了较大的增长。

表5–29　2005—2010年老挝年老挝的国际旅游者统计情况（单位：人次）

年份	2005	2006	2007	2008	2009	2010
亚太	899 237	1 008 663	1 406 456	1 482 499	1 820 571	2 260 026
泰国	603 189	675 845	949 452	891 448	1 274 064	1 517 064
总计	1 095 315	1 215 106	1 623 943	1 736 787	2 008 363	2 513 028

资料来源：老挝统计局，http://www.nsc.gov.la/

老挝2010年的国际旅游者是2000年的3倍多，其中泰国和亚太地区还是老挝国际旅游者的主要来源地，亚太地区占了总量的90%以上。据老挝新闻文化和旅游部发布的报告，2013年第一季度老挝吸引外国游客99.8万人次，其中来自亚太地区的游客约90.8万人次，实现了开门红。凭借多彩的自然景观以及传统的风土人情，老挝旅游业迅猛发展。老挝在1999年举办了首次旅游年活动，此后旅游业发展并突飞猛进，外国旅游人数年均增长25%，2011年吸引旅游者达到295万人次，几乎占老挝全国总人口的一半，老挝的外国旅游人数还在不断的增长。

（三）旅游交通

交通运输是发展旅游业的先决条件之一。由于老挝国土60%是山区，同时又没有出海口，加上国民经济发展的滞后，这些导致老挝旅游业的发展缓慢。

目前老挝尚未有铁路，所以公路汽车是老挝主要的交通工具，其承担的运输业务占到90%以上。从1975年独立以来，老挝政府一直积极投入公路的建设和维护。到2004年为止，老挝拥有公路长2.4万公里，其中油路占35%，其余是碎石和沥青路。但除了4条总长度为4 180 公里的干线国道和其他省级的主要国道外，其余的省级和省级以下公路由于缺乏足够的维护资金，很多在雨季不能通行。

老挝航空运输相对发达，过去由于战争所需，先后建立各种机场150余个。共和国成立后对部分机场进行改、扩建，用于民用。然而，由于市场的限制，老挝只有一家航空公司——老挝航空公司，由老挝国防部下属的民航部门经营，大部分的飞机是小型苏制飞机，国内航班主要用运7、运12、安24和伊尔18飞机，国际航班主要用图159和波音737。2003年老挝航空公司租用了法国航空公司的空中客车A300作为国际航班，是老挝航空公司目前最先进的民用飞机。目前老挝主要的民用机场有12个，其中2个是国际机场——万象国际机场和琅帕拉邦国际机场。在航线上，老挝航空公司开通了至昆明、曼谷、河内等周边10多个国家主要城市的航班。外国航空公司飞往万象国际机场的有：中国南方航空公司、泰国国际航空公司、越南航空公司、马来西亚航空公司、柬埔寨皇家航空公司。

老挝没有出海口，内河航运是唯一的水运。湄公河是老挝的主要运河，纵贯南北1 900公里，是老挝和中国、泰国、缅甸贸易、旅游的主要运输航道。此外，支流达200公里以上的河流在老挝还有20多条，分支百余条。它们对一个公路尚不发达的内陆小国来说起着重要的运输作用。湄公河在老挝境内河段通航里程1 600多公里，从万象北上琅勃拉邦，南下沙湾拿吉，全年可以通航。此外，湄公河是老挝的主要运河，是老挝唯一的国际运河，由于湄公河在老挝—柬埔寨边界形成大瀑布，船只无法在这段流域航行，只有湄公河上游通行。目前湄公河流域国家（老挝、中国、缅甸、越南和柬埔寨）已积极合作开发湄公河航道，开发的主要任务是爆破河中的障碍物。运河的主要服务对象是来自中国、缅甸和泰国的游客。

（四）旅游饭店

为了接待越来越多的游客，政府鼓励老挝社会积极投资于旅游业务。目前，老挝已经有越来越多的饭店、度假村和招待所。为了应对游客数量的增加，老挝政府制定出一系列的政策法规，以优惠的政策鼓励外商到老挝投资。许多外国投资者抓住机会在老挝投资兴建宾馆饭店。据老挝统计局统计，2008年老挝全国有饭店、招待所和度假村1 385家，其中299家在首都万象，192家在古都琅勃拉邦和154家在巴塞。而到了2009年就发展到了1 701家，其中古都琅勃拉邦的增加数量是最多的，增加了180家，接下来是巴塞增加了94家，最后是首都万象增加了12家。可见老挝的饭店、招待所和度假村数量增长速度是非常快的。

表5–30　2005—2010年老挝的酒店、客房、度假村、餐厅和娱乐场所的数量（单位：间）

项目＼年份	2005	2006	2007	2008	2009	2010
酒店	165	193	211	265	357	388
客房、度假村	923	1 000	1 120	1 120	1 344	1 482
餐厅	634	816	976	742	1 148	1 254
娱乐场所	137	182	153	164	310	229

资料来源：老挝统计局，http://www.nsc.gov.la/

虽然招待所的数量众多，可是大部分饭店是四、五层楼高的招待所，具有国际先进水平的高星级多功能饭店极为缺乏，只有在首都万象有2家5星级、4家4星级和14家3星级饭店，在琅勃拉邦省有2家4星级和12家3星级饭店，在巴塞有3家3星级饭店外，其余是无星级饭店和招待所。

（五）旅行社

旅行社是旅游业的销售系统，其职能是作为交通、住宿、餐饮、娱乐、景点等服务单位的代理，向旅游者销售产品。近几年来，来老挝旅游的游客数量越来越多，老挝的旅行社不断地增加，尤其是在首都万象、古都琅勃拉邦和巴塞这三个主要老挝旅游城市。截至2011年，全国总共有237家旅行社，其中71家与国外旅游公司签署合作协议。从目前的情况来看，老挝旅行社总体上以小规模的旅行社为主。大多数的老挝旅行社仍然缺乏专业的高素质的导游，营销管理理念也相当落后。同时，老挝多数的旅游社在营销方面缺乏创新性，行业内模仿性比较强。比如旅游社的路线大致相同，网页或报纸上虽然有占满整个版面的旅游线路广告，却找不到一则给人印象深刻的旅游信息。

表5-31　2002—2010年老挝国内旅行社的数量（单位：间）

年份	2002	2003	2004	2005	2006	2007	2008	2009	2010
旅行社	33	41	56	64	93	113	143	166	189

资料来源：老挝统计局，http://www.nsc.gov.la/

（六）老挝旅游资源

旅游资源是旅游业发展的前提，是旅游业的基础。一个国家或地区的旅游业是否能发展起来，在很大程度上取决于该国或地区是否有丰富独特的旅游资源来吸引游客。老挝的旅游资源主要由自然风光、文化遗产、历史建筑及文化节日等组成。

老挝自然资源丰富，气候条件良好，空气清新，无污染，许多旅游资源尚待开发。但老挝各省的游客量极不平衡，比较出名、重要的旅游景点集中在5个省：琅勃拉邦、万象、万荣、川圹、占巴塞。前往老挝旅游的入境游客中，有98%的游客都去了首都万象，64%的游客去了琅勃拉邦，有16%的游客去了占巴寨增，11%的游客去了川圹。2002年外国游客来老挝73.57万人次，同比增长9.18%，创汇1.13亿美元。2012年，老挝接待的外国游客人数330万人次，旅游业创汇5.14亿美元。这十年间，老挝接待外国游客共增长了256.43万人次。

1. 琅勃拉邦

古都琅勃拉邦是一个精致的古色古香的小山城，位于湄公河畔群山环抱的谷地，距离首都万象大约有500公里，是老挝现存的最古老的一个城镇，距今已有1 000多年的历史。经联合国专家组考察，琅勃拉邦全市有679座有保存价值的古老建筑物。1995年12月，琅勃拉邦被联合国教科文组织列入世界历史遗产名录。

民风纯朴，自然生态保护完好，没有过分商业化的人际关系，被公认为东南亚传统与殖民风格保存最为完好的城市，成为西方游客追求的“世外桃源”。

琅勃拉邦是老挝的佛教中心，寺庙、佛塔林立，仅市区内就有30多座寺庙，居民笃信佛教，是名副其实的佛都。2万多的人口中，有200多名和尚。每天清晨和尚沿街化缘是一大景观。等待布施的信徒沿街排列，等各个寺庙的和尚十来个排着队到来时，信徒便把糯米饭、粽子等食物依次献给和尚们。化缘的和尚排成长长的队列，黄色的袈裟，在太阳的照射下，映照出琅勃拉邦人对宗教的虔诚。佛教兴盛造成了琅勃拉邦古寺众多。有的寺院古榕蔽天，有的寺院花木繁茂，有的寺院大佛塔耸立。寺庙装饰的主色有的以红为主，华贵雍容；有的以金色为主，灿烂辉煌；有的以黑色为主，庄严沉稳。其中被列为东南亚名寺的就有玄通寺和维崇寺等。

走进琅勃拉邦，也就走进了老挝的历史。这里曾经是老挝很多朝代的都城所在地，自孟骚，历经澜沧舞女国以及琅勃拉邦澜沧王国，再到现在的老挝王国，国王的御座均设立在此。今天，这座面积不到10平方公里的小城无疑已成为老挝历史与文化的象征。比比皆是的古建筑被宁静的自然景色包围着。整个城市被群山环绕，城市中郁郁葱葱的树木依稀掩映着寺庙、佛塔，还有平凡的住家，这一切都使琅勃拉邦的空气中充满了平和而又迷人的气息。

琅勃拉邦悠久的历史和丰富的自然资源使其成为老挝最主要的旅游目的地之一，吸引着大量的国际游客。据统计，2002年琅勃拉邦的游客数量总共约94 846人次，2003年约99 150人次，2004年约105 513人次，2005年约133 569人次。主要来自：法国、英国、美国、澳大利亚、日本和德国。2004年来自亚太地区的游客有31 982人次，同比增加了18%；接待欧洲客人54 614，同比增加了9%；北美游客11 568人次，同比减少了5%。2005年来自亚太地区的游客有45 292人次，与2004年和2005年相比增加了42%。欧洲客人有6 263 859，与2004年和2005年相比增加了15%，北美游客17 786人次，同比增加了54%。

2. 万象

万象是老挝人民民主共和国的首都，位于湄公河中游北岸的河谷平原上，与泰国进城廊开市隔河相望，是世界上少有的位于边境的首都。人口以佬龙族为主，通用老挝语，居民多信奉佛教，其语言、风俗习惯和中国傣族相似。万象始建于公元前4世纪，是一座历史悠久的古城。从14世纪以来，万象就是老挝的首都，至今已有500多年的历史。1893年至1975年为法国的殖民地，其间第二次世界大战中被日本占领。1975年12月，老挝建立了人民民主共和国，万象被定为首都。万象属于热带气候类型，终年高温多雨，树木长青，在当地语中，“万象”意为“檀木之城”，就是万象这个地方曾经生长着茂密的檀木树林，因为殖民统治时期的过度砍伐，现在的万象已很少见到檀木树了。但在万象市的背面，还有一带郁郁葱葱的森林，为万象筑起了一道天然屏障。市内多寺庙、古塔，共有350多座，其建筑体现了热带风格和老挝艺术的特点。2002年万象的游客数量共有506 677人次，2003年有437 059人次，2004年有544 253人次，2005年有653 212人次，主要来自：泰国、中国、越南、法国、日本、澳大利亚、德国、美国和加拿大。

万象还是座佛教气氛浓厚的城市，市内各种寺庙、古塔处处可见，主要佛寺有玉佛寺等。塔銮是老挝最著名的佛塔，始建于1560年塞塔提腊国王统治时期，塔身高大雄伟、金碧辉煌。塔銮后来历遭毁坏，也历经修葺，最终保存至今，成为万象市的标志和东南亚重要名胜古迹之一。塔銮广场是万象最大的广场，规模仅次于北京天安门广场。每年11月，这里都会举行盛大的塔銮庙会。万象的另一个标志性建筑是凯旋门，它位于万象中心大道中央，为纪念老挝反殖民战争的牺牲者而建，远看很像巴黎的凯旋门。它由法国工程师设计，1969年完工。与法国巴黎的凯旋门不同的是，这座凯旋门的顶层加了一层佛塔顶，展现出老挝传统民族文化艺术的魅力。

目前，万象已经成为国际闻名的旅游城市，旅游业也已成为当地的支柱产业，并带动了整个万象省的旅游业和经济发展。万象的编织及金银首饰工艺也颇有名气。

3. 万荣市

万荣是老挝一个很著名的休闲旅游地，位于万象和朗勃拉邦两个主要城市之间，距万象160公里。山清水秀，民风纯朴，来到这里的中国人都称其为“小桂林”。万荣的山都很俊秀，没有一点做作。一座座山峰拔地而起，巍然耸立，形态万千，气势雄伟。

在万荣，除了能够欣赏到秀美的山水外，还可以探洞、漂流、滑索等。南松河（Nam Song）围绕在万荣周边，很适合漂流，河两岸风光秀丽。

万荣以众多的岩洞而著名，静谧的南松河流过、神奇的喀斯特地形、千奇百怪的岩洞，以及附近传统的老挝村庄。既可以在这里逍遥地消闲度日，又可访问附近村庄的老挝人家，深入了解并体验当地民族纯朴的生活方式。

万荣的国际旅游客主要来自法国、英国和美国。2002年旅客约30 480人次，2003年47 899人次，2004年82 521人次，2005年82 521人次。

参考文献

一、中文文献

[1][英]埃文斯著.老挝史.郭继光等译.上海：东方出版中心，2011.

[2][老]志荣.老挝经济社会发展现状与对策建议.东南亚纵横.2006(1).

[3]曹大明.走进老挝.昆明：云南美术出版社，2004.

[4]刘必权.越南老挝柬埔寨·世界列国志.福州：福建人民出版社，2004.

[5]马树洪，方芸.老挝·列国志.北京：社会科学文献出版社，2004.

[6]严城民，朱延浙，吴军，等.老挝万象钾盐地质.昆明：云南科技出版社，2005.

[7]张良民.老挝——东南亚唯一的内陆国.香港：香港城市大学出版社，2005.

[8]石长胜.老挝经济法规选编.昆明：云南人民出版社，2006.

[9]黄范章.东亚经济蓝皮书.北京：经济科学出版社，2006.

[10]米粮.老挝人民民主共和国经济贸易法律指南.北京：中国法制出版社，2006.

[11]张瑞坤.走进老挝.北京：中国商务出版社，2006.

[12]谭延桐.老挝—遍开塔树花.南宁：广西民族出版社，2006.

[13]云南省农业科学院.云南的粮食安全问题及对策研究.北京：中国农业科学技术出版社，2007.

[14]覃主元.战后东南亚经济史(1945—2005).北京：民族出版社，2007.

[15]贺泽劲.老挝.北京：中国旅游出版社，2007.

[16]王守忠.越南·老挝·柬埔寨.新疆：新疆人民出版社，2008.

[17]卢光盛，吕星.投资东盟——老挝.昆明：云南教育出版社，2008.

[18]李晨阳.GMS研究(2009).昆明：云南大学出版社，2009.

[19]申旭.老挝史.昆明：云南大学出版社，云南人民出版社，2011.

[20]徐建国.东南亚国家对外经济关系研究.香港：中国经济文化出版社，1991.

[21]马树洪.当代老挝经济.昆明：云南大学出版社，2000.

[22]朱之鑫编.国际统计年鉴(2001).北京：中国统计出版社，2001年.

[23]马建堂.国际统计年鉴(2012).北京：中国统计出版社，2012年.
[24]能源——矿业第六个五年发展规划(2006—2010年).老挝：老挝国家政治出版社，2006.
[25]老挝人民民主共和国矿产法.1998.
[26]老挝人民民主共和国矿产法.2008.
[27]李景春，徐庆国，庞庆帮.老挝人民民主共和国地质矿产概况.过金属地质.2000(9).
[28]张瑞昆.老挝经济结构——老挝经济探析之一.东南亚纵横.2004(1).
[29]张瑞昆.老挝外援简析——老挝经济探析之二.东南亚纵横.2004(2).
[30]张瑞昆.老挝外贸回顾——老挝经济探析之三.东南亚纵横.2004(3).
[31]张瑞昆.老挝外资展望——老挝经济探析之四.东南亚纵横.2004(11).
[32]李兴振，刘朝基，丁俊.大湄公河次地区构造单元划分.沉积于特提斯地质.2004(4).
[33]方芸.老挝农业发展现状及前景.东南亚.2005(1).
[34]曹立群.世界人口增长的特点.世界经济.1982(5).
[35]王志刚，李建利.老挝矿产资源及相关投资政策.西部资源.2006(2).
[36]周行，毛昌祥，吕荣华.老挝的水稻生产现状.世界农业.2006(8).
[37]徐延春.谈老挝经济及其发展战略.东南亚纵横.2006(12).
[38]宋涛.老挝革新政策20年的发展和走向.当代世界.2007(2).
[39]潘玉军.老挝金属矿产分布及投资矿业政策规定.资源再生.2007(5).
[40]云鹤.老挝：2007—2008年回顾与展望.东南亚纵横.2008(1).
[41]屠年松，马勇.老挝电力产业发展现状及前景.东南亚纵横.2009(7).
[42]陈定辉.老挝：2009年发展回顾与2010年展望.东南亚纵横.2010(2).
[43]吕荣华，夏秀忠，刘开强，农保选，KhamtomVanthanouvong.老挝农业生产概况.广西农业科学.2010(41).
[44]陈定辉.老挝：2010年发展回顾与2011年展望.东南亚纵横.2011(2).
[45]王正立.老挝上地管理机构.国上资源情报.2011(3).
[46]贾玉伟，刘春学，刘小平.老挝矿产资源投资环境分析.科技风.2011(8).
[47]朱延浙，严城民，王泽传，谭波.老挝含煤地层与煤炭资源.中国煤炭地质.2012(1).

[48]陈定辉. 老挝：2011年发展回顾与2012年展望. 东南亚纵横. 2012(2).

[49]李邓. 老挝森林保护政策研究. 吉林大学. 2012(4).

[50]许正. 浅析老挝外资状况. 湖北科技学院学报. 2012(10).

[51]胡雄伟，吴良士. 老挝人民民主共和国地质特征与区域成矿. 矿床地质. 2009(1).

[52]马树洪. 老挝经济近况. 东南亚. 1994(3).

[53]素拉猜·西里盖. 1975年以后的老挝. 东南亚研究资料. 1986(2).

[54]蔡文枞. 老挝经济发展中的外援. 东南亚研究. 1990(3).

[55]黎明. 老挝政治经济概况. 东南亚纵横. 1990(2).

[56]祖述宪，程萍，温亮. 当代发展中国家死亡率下降的原因. 人口研究. 1996(3).

[57]《国际统计年鉴》. 世界银行WDI数据库，2009—2012年.

二、外文文献

[1]K. Barney. Local Vulnerability，Project Risk，and Intractable Debt：The Politics of Smallholder Eucalyptus Promotion in Salavane Province，Southern Laos. Smallholder Tree Growing for Rural Development and Environmental Services，Advances in Agroforestry Volume. Berlin：Springer Netherlands 2008

[2]Ian G. Baird. Open to All：Reassessing Capture Fisheries Tenure Systems in Southern Laos. Managing Coastal and Inland Waters. Berlin：Springer Netherlands，2010.

[3]Yasuyuki Kosaka，Shinya Takeda，Saysana Sithirajvongsa，Khamleck Xaydala. Plant diversity in paddy fields in relation to agricultural practices in Savannakhet Province，Laos. Economic Botany. New York：New York Botanical Garden Press，2006.

[4]Ashok K. Dutt. Laos and Core Areas in the Upper Mekong Valley. Southeast Asia：A Ten Nation Region. Berlin：Springer Netherlands，1996.

[5]W. Roder，B. Keoboualapha，V. Manivanh. Teak (Tectona grandis)，fruit trees and other perennials used by hill farmers of northern Laos. Agroforestry Systems. The Netherlands：Kluwer Academic Publishers，1995.

[6]Anoulak Kittikhoun. Small state, big revolution: geography and the revolution in Laos. Theory and Society. Berlin: Springer Netherlands, 2009.

[7]Frederick Z. Brown. The economic development of Vietnam, Laos, and Cambodia. Journal of Northeast Asian Studies. Berlin: Springer Netherlands, 1993.

[8]Andreas Heinimann, Cornelia Hett, Kaspar Hurni, Peter Messerli, Michael Epprecht, Lars Jørgensen, Thomas Breu. Socio-Economic Perspectives on Shifting Cultivation Landscapes in Northern Laos. Human Ecology. New York: Springer US, 2013.

[9]Sarinda Singh. Governing Anti-conservation Sentiments: Forest Politics in Laos. Human Ecology. New York: Springer US, 2009.

[10]K. Saito, B. Linquist, B. Keobualapha, K. Phanthaboon, T. Shiraiwa, T. Horie. Cropping intensity and rainfall effects on upland rice yields in northern Laos. Plant and Soil. The Netherlands: Kluwer Academic Publishers, 2006.

[11]Vongpaphane Manivong, R. A. Cramb. Economics of smallholder rubber expansion in Northern Laos. Agroforestry Systems. The Netherlands: Springer, 2008.

[12]Vongpaphane Manivong, R. A. Cramb. The Adoption of Smallholder Rubber Production by Shifting Cultivators in Northern Laos: A Village Case Study. Smallholder Tree Growing for Rural Development and Environmental Services Advances in Agroforestry. Berlin: Springer Netherlands, 2008.

[13]Chris Lyttleton, Pál Nyíri. Dams, Casinos and Concessions: Chinese Megaprojects in Laos and Cambodia. Engineering Earth. Berlin: Springer Netherlands, 2011.

[14]Kevin Kiernan. The Nature Conservation, Geotourism and Poverty Reduction Nexus in Developing Countries: A Case Study from the Lao PDR. Geoheritage. Berlin: Springer Berlin Heidelberg, 2013.

[15]Chalathon Choocharoen, Antonia Schneider, Andreas Neef, Pavlos Georgiadis. Income Options for the Poorest of the Poor: The Case of Cardamom in Northern Laos. Small-scale Forestry. Berlin: Springer Netherlands, 2013.

[16]S. Fujisaka. A diagnostic survey of shifting cultivation in northern Laos: targeting

research to improve sustainability and productivity. The Netherlands：Kluwer Academic Publishers，1991.

[17] Joanne Millar，John Connell. Strategies for scaling out impacts from agricultural systems change：the case of forages and livestock production in Laos. Agriculture and Human Values. Berlin：Springer Netherlands，2010.

[18] Maria Miguel Ribeiro，Wilhelm Zwirner. Applying Participatory Processes：Findings from a Supply Chain Analysis on the Commercialisation of Paper Mulberry Bark in Laos. Systemic Practice and Action Research. New York：Springer US，2010.

[19] John F. Richards，Elizabeth P. Flint. A Century of Land-Use Change in South and Southeast Asia. Effects of Land-Use Change on Atmospheric CO2 Concentrations. New York：Springer New York，1994.

[20] Jonathan C. Newby，R. A. Cramb，Somphanh Sakanphet，Sean McNamara. Smallholder Teak and Agrarian Change in Northern Laos. Small-scale Forestry. Berlin：Springer Netherlands，2012.

[21] Peter Ganea. Laos. Intellectual Property in Asia. MPI Studies on Intellectual Property，Competition and Tax Law，2009.

[22] Huitième congrès international de la Société de pathologie exotique，Vientiane，Laos，25–28 janvier 2010：les défis sanitaires de l' Asie du Sud-Est. Bulletin de la Société de pathologie exotique，2010.

三、网站：

[1] 联合国网站：http：//www. un. org/en/

[2] 亚洲开发银行：http：//www. adb. org/

[3] 世界银行：http：//www. worldbank. org/

[4] 世界银行数据库：http：//data. worldbank. org/

[5] 东盟秘书处：http：//www. aseansec. org/

[6] 老挝国会：http：//www. na. gov. la/

[7] 老挝外交部：http：//www. mofa. gov. la/

[8] 老挝计划与投资部：http：//www. investlaos. gov. la/

[9]老挝工业与商业部：http：//www. moc. gov. la/default. asp/

[10]老挝贸易促进中心：http：//www. laotrade. org. la/

[11]老挝国家银行：http：//www. bol. gov. la/

[12]老挝统计局：http：//www. nsc. gov. la/

[13]老挝航空公司：http：//www. laos-airlines. com/

[14]中国驻老挝大使馆经济商务参赞处：http：//la. mofcom. gov. cn/

[15]中国商务部：http：//www. mofcom. gov. cn/

[16]中国外交部：http：//www. fmprc. gov. cn/

[17]中国国家统计局：http：//www. stats. gov. cn/

[18]联合早报网：http：//www. zaobao. com/

[19]中国大百科数据库：https：//vpn2. nlc. gov. cn/

后 记

云南与东南亚的三个国家接壤：越南、老挝和缅甸。查询云南与接壤的三国之间的外贸数据，“十一五”期间，云南与缅甸贸易额占全省边贸总额的76.9%，与越南贸易额占全省边贸总额17.4%，与老挝贸易额占全省边贸总额的5.7%。云南与老挝的贸易额尽管每年增幅不小，但总体基数很小。

老挝的地理位置十分特殊。它是中南半岛唯一一个和GMS其他六国在地理上都有国土连接的国家，其地理位置之重要不言而喻。从20世纪80年代末进一步开放到现在，老挝一直是世界上10个发展最快的国家之一。1975年老挝人均GDP仅70～80美元，2008年老挝人均GDP达到800美元。现在，老挝人均GDP为1 300美元左右。2015年，计划实现人均GDP1 700美元。作为新兴的发展中国家，老挝正成为旅游者和投资者的热点目标。

云南，作为历史上中国与东南亚贸易往来的前站。在今天实施桥头堡战略和东盟一体化的大背景下，融入大湄公河次区域经济合作（GMS），是云南扩大边贸，促进地区发展的必然选择。如何在中南半岛上找到自己的落脚点呢？老挝是一个不错的选择。东南亚国家的一体化即将形成，区域合作的突破口就在云南面前。

细数与云南接壤的国家，东边，越南与中国面临南海领土之争；西边，缅甸政局动荡，大选后缅甸对少数民族地方武装采取何种政策和手段，在大国间如何争取平衡，将直接对口岸贸易产生影响。唯独中间，老挝的社会政治最稳定，且有过去20多年的开放基础。

老挝与云南有天然的友好关系。老挝有两大问题，一是贫困，一是毒品。20世纪90年代，云南帮助老挝铲除罂粟，种植水稻。杂交水稻的产量使得本地粮食产量翻番，解决了当地的粮食自给问题。对于云南来说，面对新的发展形势，如何坚持桥头堡战略，利用好邻近南亚、地接东南亚的区位优势，充分发掘潜力，整合并有效利用资源，抓住“一带一路”机遇，主动出击，进一步强化与老挝的友谊与合作，显得至关重要。

老挝有1/3的人口贫困。历史上，老挝长期战乱，受殖民统治，经济落后。加之内陆国的属性，地理位置并不显眼，使得老挝的发展并不太被外界所知。过去20年来，老挝一直走在一条努力脱贫的道路上。老挝政府提出“跟时间赛跑”，争取保持GDP增长不低于8%，还提出2020年走出不发达国家行列的目标，要摘除贫穷的帽子。

为下定决心解决贫困问题，每年10月17日到24日被定为老挝的国家消除贫困周。老挝稳抓两大方针，对外争取外联，老挝所有的重大东西都是“中国建”；对内建立家庭经济发展模式，鼓励家庭在7小时外开展家庭生产，经营农业、商业等经济活动。老挝于1997年加入东盟。根据中国—东盟自贸区的规定，2015年，老挝将实现对中国—东盟零关税。在此之前，老挝已经有了加入WTO的前期准备。

当前老挝的经济发展形势和国家政策不仅有利于老挝更加广泛深入地参与经济全球化进程，提高老挝产品的国际竞争力，还将大大提高政府的管理水平。而吸引的大量外国投资，将进一步扩大老挝的市场经济，为老挝提供更多就业机会和脱贫提供机会，推动老挝革新开放，加快老挝经济发展。百事待兴，大有可为，作为山水相连的云南，隔壁邻居的优惠的经济政策和喜人发展形势也是为我们创造了一个参与合作，共同发展的机会。希望本书的编辑出版能对老挝研究和中老两国进一步开展合作等问题做些力所能及的工作，提供尽可能详实的基础资料和情况报告。

本书的出版得到云南大学国际关系研究院、世界图书出版广东公司等单位的大力支持和帮助，诸位师友为我们的编写工作提出了许多有益的建议，大家共同努力玉成此书。在此深表谢意。本书的编辑出版，时间紧迫，工作量大，虽几经修改校核，但依然难免存在疏漏。诚望读者诸君批评指正。

编 者

2014年10月